Diverso 3

Curso de español para jóvenes

Diverso 3

Curso de español para jóvenes

Encina Alonso
Jaime Corpas
Carina Gambluch

Primera edición, 2016
Tercera edición, 2022

Produce: SGEL Libros
Avda. Valdelaparra, 29
28108 Alcobendas (Madrid)

© Encina Alonso, Jaime Corpas, Carina Gambluch
© SGEL Libros, S.L.
Avda. Valdelaparra, 29, 28108 Alcobendas (Madrid)

Dirección editorial: Javier Lahuerta
Edición: Belén Cabal
Corrección: Jaime Garcimartín

Diseño de cubierta: Thomas Hoermann
Fotografías de cubierta: Shutterstock
Diseño de interior y maquetación: Leticia Delgado

Ilustraciones: Kap: pág. 64. Pablo Torrecilla: págs. 14, 25, 35, 46, 56, 77, 123 y 140. Resto de ilustraciones: Shutterstock.

Fotografías: CORDONPRESS: pág. 14 foto 4, pág. 41, pág. 45, pág. 90. FERNANDO MARTÍNEZ CRUZ: pág. 25 (camiseta Kiss). HERMANOS OSPINA: pág. 61. MANEL LACORTE: pág. 20. NEIL HARBISSON: pág. 80. PIXABAY: pág. 32 foto Fiesta de los 15 años. RUBIO-RODÉS-Fundación Vicente-Ferrer: pág. 100. SHUTTERSTOCK: Resto de fotografías, de las cuales, solo para uso de contenido editorial: pág. 14 foto 1 (s buckley / Shutterstock.com), foto 3 (Helga Esteb / Shutterstock.com), foto 5 (DFree / Shutterstock.com), foto 6 (efecreata mediagroup / Shutterstock.com), pág. 28 foto Sant Jordi (Iakov Filimonov / Shutterstock.com), foto Las Fallas (Pecold / Shutterstock.com), foto La Independencia de México (tipograffias / Shutterstock.com), pág. 29 foto grande (Eduardo Rivero / Shutterstock.com), foto gaucho tocando la guitarra (Eduardo Rivero / Shutterstock.com), pág. 30 Ricardo Darín (Deni Makarenko / Shutterstock.com), pág. 32 foto Carnaval de Montevideo (Kobby Dagan / Shutterstock.com), pág. 34 foto Paulo Coelho (Denis Makarenko / Shutterstock.com), pág. 36 foto aula (LiliGraphie / Shutterstock.com), pág. 40 foto Malala Yousafzai (JStone / Shutterstock.com), pág. 42 foto 1 (Vlad Karavaev / Shutterstock.com), pág. 43 foto 1 (ChameleonsEye / Shutterstock.com), foto 4 (Alexandre Rotenberg / Shutterstock.com), pág. 51 (Istvam Csak / Shutterstock.com), pág. 53 foto 1 (scyther5 / Shutterstock.com), pág. 72 foto esgrima (Foto011 / Shutterstock.com), foto fútbol (Laszlo Szirtesi / Shutterstock.com), pág. 93 foto 2 (Ververidis Vasili / Shutterstock.com), foto 3 (tomas koch / Shutterstock.com), pág. 99 (Arnaldo Jr / Shutterstock.com), pág. 129 (Rob Crandall / Shutterstock.com), pág. 134 foto B (Tati Nova photo Mexico / Shutterstock.com), pág. 135 foto Sant Jordi (Iakov Filimonov / Shutterstock.com), pág. 137 (IROOM STOCK / Shutterstock.com), pág. 158 foto coche (IROOM STOCK / Shutterstock.com), pág. 174 foto 2 (Cintia Erdens Paiva / Shutterstock.com).

Para cumplir con la función educativa del libro se han empleado algunas imágenes procedentes de internet

Agradecemos a Jaume Capdevila, *Kap*, (Estado del bienestar, pág. 64), a Manel Lacorte (pág. 20), a Fernando Martínez Cruz (camiseta Kiss, pág. 25), a los hermanos Ospina (pág. 61), a Neil Harbisson (pág. 80) y a Rubio-Rodés y la Fundación Vicente Ferrer (pág. 100), que nos hayan cedido las imágenes.

ISBN: 978-84-9778-922-6

Depósito legal: M-12088-2015
Printed in Spain – Impreso en España
Impresión: Liber Digital, S.L.

Cualquier forma de reproducción, distribución, comunicación pública o transformación de esta obra solo puede ser realizada con la autorización de sus titulares, salvo excepción prevista por la ley. Diríjase a CEDRO (Centro Español de Derechos Reprográficos) si necesita fotocopiar o escanear algún fragmento de esta obra (www.conlicencia.com; 91 702 19 70 / 93 272 04 47)

Índice

Cómo es *Diverso*	6
Contenidos	8
Mapas: América Latina y España	12

LIBRO DEL ALUMNO

1 Diversidad	13
2 Tradición	23
3 Cambio	33
4 Convivencia	43
5 Información	53
6 Bienestar	63
7 Ciencia	73
8 Amor	83
9 Solidaridad	93
Gramática	103
Léxico	117

CUADERNO DE EJERCICIOS

1 Diversidad	123
2 Tradición	131
3 Cambio	139
4 Convivencia	147
5 Información	155
6 Bienestar	163
7 Ciencia	171
8 Amor	179
9 Solidaridad	187
Transcripciones	195

¿Cómo es *Diverso*?

DIVERSO es un curso para aprender español en un contexto global e intercultural. Ofrece un enfoque que atiende los valores y actitudes, la diversidad, la indagación, la acción y la reflexión sobre el mundo que nos rodea y sobre el propio aprendizaje.
Cada unidad se plantea alrededor de un concepto (diversidad, convivencia, bienestar, etc.).
Las unidades del **Libro del alumno** están divididas en cuatro partes:

1

Una portadilla para:
- presentar los contenidos de la unidad
- activar el conocimiento previo
- introducir y contextualizar los temas
- motivar a los alumnos

2

Tres secuencias didácticas que incluyen:
- distintos tipos de textos, tanto escritos como orales
- cuadros de léxico, gramática, comunicación, habilidad de aprendizaje, ortografía y pronunciación
- actividades variadas, motivadoras e interesantes en una secuencia que termina con la producción por parte del estudiante
- actividades y sugerencias que permiten repasar o profundizar los contenidos de la unidad

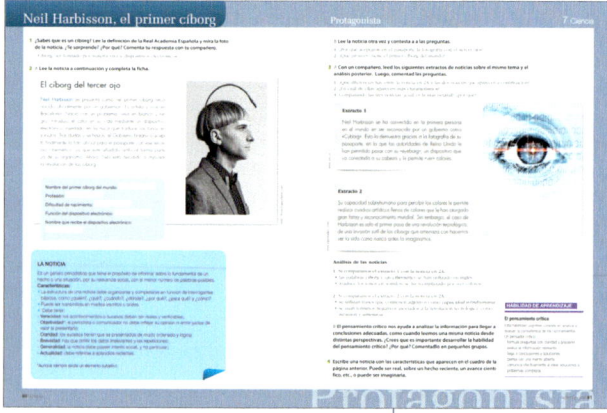

3

Una doble página con un protagonista:
- información sobre personajes relacionados con el concepto de la unidad
- actividades en torno a un género textual

4

Una página final que contiene:
- una propuesta de trabajo oral a partir de fotografías
- una acción final que recoge los contenidos principales de la unidad
- un breve cuestionario sobre los valores y las actitudes trabajados
- una reflexión final

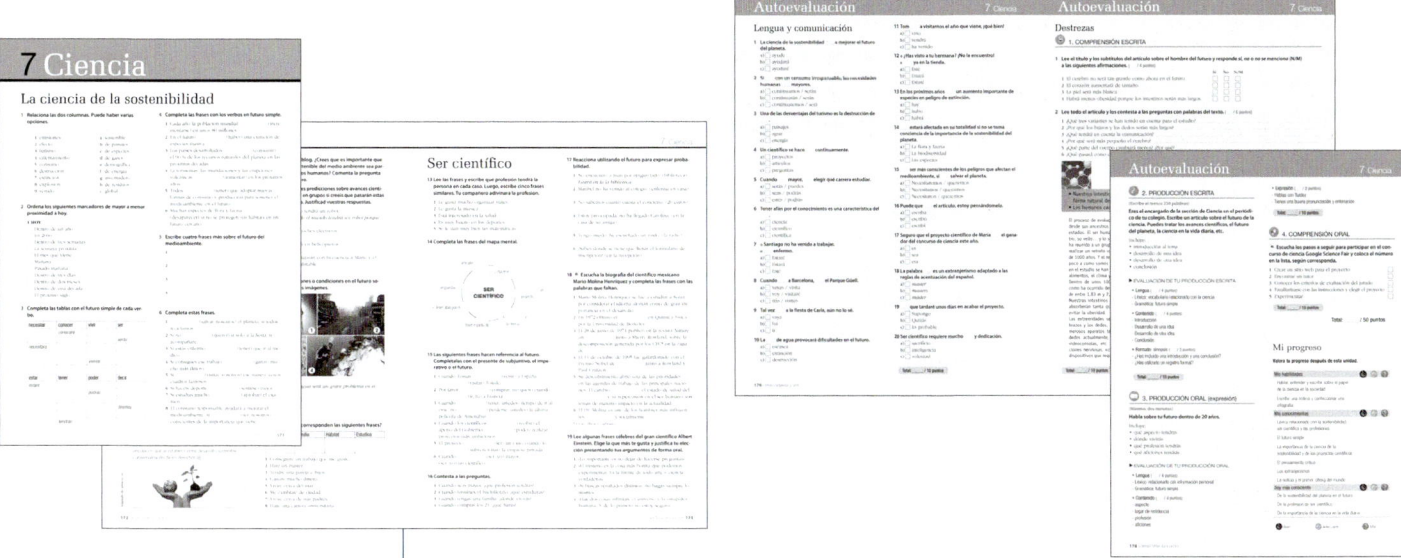

Cuaderno de ejercicios

- Se practican y refuerzan los contenidos trabajados en la unidad con ejercicios que favorecen las distintas formas de aprender.
- Incluye una **Autoevaluación** con un test de lengua y comunicación, actividades para evaluar sus destrezas y un apartado en el que los alumnos valoran su progreso.

Anexo

El libro incluye un **anexo de gramática y léxico**, así como las **transcripciones** de las grabaciones.

siete **7**

Contenidos

	1 Diversidad	**2 Tradición**
Conciencia crítica-reflexiva	Reflexionar sobre diferencias y similitudes entre las personas	Reflexionar sobre tradiciones y costumbres
Interculturalidad	La diversidad como algo positivo	La eliminación de estereotipos negativos
Competencias lingüísticas	**Gramatical:** - El adjetivo y los modificadores (*un poco, bastante, muy, demasiado*; adjetivo + *-ísimo*, superlativo) - Los artículos y los sustantivos - Repaso de los presentes (verbos que cambian en la raíz y verbos reflexivos) - Cuantificadores (*cada, cada uno, cualquier, cualquiera, todos*) **Léxica:** - Aspecto físico, hábitos, vocabulario relacionado con el aprendizaje **Fonológica / Ortográfica:** - El ritmo del español	**Gramatical:** - *Se* sin sujeto agente - Perífrasis verbales: *estar / llevar / seguir* + gerundio; *volver a / dejar de / estar a punto de / comenzar / empezar a* + infinitivo. - Cuantificadores: *demasiado, mucho, bastante, poco, alguno, ninguno, (casi) todo el mundo, la mayoría, (casi) nadie* **Léxica:** - Vocabulario relacionado con los estereotipos, costumbres y tradiciones **Fonológica / Ortográfica:** Las consonantes dobles: *cc, nn, ll, rr*
Competencia pragmática y sociolingüística	- Describir físicamente a una persona - Mostrar preferencia - Dar una opinión - Hablar de hábitos	- Expresar duración - Indicar una cantidad - Interpretar la importancia de las celebraciones, las costumbres y las tradiciones
Procedimientos y estrategias	- Analizar y comparar tipos de textos - Identificar ideas principales - Comparar estilos de aprendizaje	- Escribir comentarios en Instagram - Analizar la estructura y organización de un texto - Interpretar diferentes costumbres y tradiciones - Confeccionar un folleto
Actitudes y valores	Demostrar respeto y tolerancia por la diversidad	Apreciar y respetar nuestra propia cultura y las culturas ajenas
Tipologías textuales	- Fragmentos literarios - Texto expositivo - Cuestionario - Artículo - Entrevista	- Entrevista - Comentario en red social - Foro - Blog - Noticias - Folleto - Poema - Sinopsis
Habilidades del aprendizaje	La empatía	La gestión del tiempo
Acción - Reflexión	- Confeccionar un cuestionario para averiguar la mejor forma de aprender - ¿Qué nos hace diferentes? ¿Qué nos hace iguales?	- Confeccionar un folleto informativo sobre una celebración tradicional - ¿Qué presencia tienen las tradiciones en nuestra vida diaria? ¿Crees que las tradiciones son realmente necesarias? ¿Hasta qué punto tenemos que respetar las tradiciones de otras culturas y eliminar estereotipos?
Protagonistas	**Los hablantes de español en EE. UU.**	**Ricardo Darín**

3 Cambio	4 Convivencia	5 Información
Reflexionar sobre los cambios en la sociedad	Reflexionar sobre la convivencia	Reflexionar sobre cómo percibimos e interpretamos la información
Los cambios y las diferencias sociales en el mundo	Convivir respetando distintas culturas	Las fuentes de información y la comunicación intercultural
Gramatical: - Repaso de pasados: pretérito perfecto, pretérito imperfecto, pretérito indefinido **Léxica:** - Sociedad y mundo laboral - Vocabulario para expresar cambio - Vocabulario para expresar actitudes - Lucha social **Fonológica / Ortográfica:** *c, s, z*	**Gramatical:** - Pretérito pluscuamperfecto y repaso de todos los pasados - Conectores para relatar: *entonces, de repente, sin embargo, al final…* - Conectores para hablar de causa: *como, porque, es que* y de consecuencia: *por eso, así que…* **Léxica:** - Vocabulario relacionado con las religiones, la convivencia, la historia y los movimientos migratorios **Fonológica / Ortográfica:** La exclamación	**Gramatical:** - Imperativo afirmativo - Imperativo negativo - Pronombres de OD y de OI **Léxica:** - La publicidad - Las redes sociales **Fonológica / Ortográfica:** El acento gráfico: palabras agudas, llanas, esdrújulas y sobresdrújulas
- Expresar cambios - Comparar épocas diferentes - Analizar la situación social y política	- Expresar aprobación y desaprobación - Explicar la causa y la consecuencia - Contar acontecimientos - Indicar tiempo	- Hacer sugerencias - Dar instrucciones - Expresar opiniones
- Interpretar, comparar y analizar textos - Comentar y contrastar ideas con los compañeros	- Analizar el discurso escrito y los conectores discursivos - Contrastar textos - Construir mapas mentales - Traducir un poema	- Redactar instrucciones - Identificar y valorar fuentes de información - Asociar ideas y referencias - Construir mapas mentales
Adaptarse a nuevas situaciones	Tener conciencia de nuestra historia	Analizar y valorar distintas opiniones
- Artículo - Entrevista - Blog - Infografía - Informe - Biografías	- Reportaje - Reseña histórica - Biografía - Poema - Normas - Viñetas - Entrada de blog - Informe - Artículo de opinión	- Anuncios - Instrucciones - Encuesta - Carteles - Tuits - Canción - Blog
La resiliencia	La mediación	Habilidades de investigación
- Hacer una entrevista a una persona para averiguar cómo eran algunos aspectos sociales en su época - ¿Qué acciones se pueden hacer para mejorar el mundo y la calidad de vida de las personas? ¿Cómo crees que una pequeña acción de una persona puede contribuir a cambiar el mundo?	- Escribir una entrada en un blog sobre varias culturas que conviven - ¿Por qué razones conviven varias culturas en un mismo país? ¿Cómo se vive con varias culturas a la vez? ¿Son siempre positivas las migraciones?	- Redactar instrucciones - ¿Cuál es el objetivo de la publicidad? ¿Cómo nos comunicamos? ¿Son importantes las redes en tu vida?
Jóvenes que han cambiado el mundo	**Políticos europeos y convivencia**	**Los hermanos Ospina y su vídeo viral**

nueve **9**

Contenidos

	6 Bienestar	7 Ciencia
Conciencia crítica-reflexiva	Reflexionar sobre la importancia de la salud mental y física	Reflexionar sobre el papel de la ciencia en la sociedad
Interculturalidad	El bienestar en la sociedad	La divulgación de la ciencia en contextos interculturales

Competencias lingüísticas	**Gramatical:**
	- El presente de subjuntivo:
	  No creo / me parece / opino que… + subjuntivo
	  Es bueno / malo / mejor / necesario / importante / recomendable que + presente de subjuntivo
	  Te aconsejo / recomiendo / sugiero que + presente de subjuntivo
	- *Ser* y *estar*
	
	Léxica:
	- El estado de bienestar
	- Estados de ánimo
	- La personalidad
	- La salud
	- Deportes
	
	Fonológica / Ortográfica:
	La tilde diacrítica
		Gramatical:
		- El futuro simple
		  Si + presente + futuro
		  Cuando + presente de subjuntivo
		- Construcciones para expresar probabilidad:
		  A lo mejor + indicativo
		  Posiblemente, seguramente, probablemente, quizás / tal vez + indicativo / subjuntivo
		
		Léxica:
		- La sostenibilidad
		- Profesiones
		- Ser científico
		
		Fonológica / Ortográfica:
		Extranjerismos y préstamos lingüísticos

Competencia pragmática y sociolingüística	- Expresar opinión - Recomendar, aconsejar - Hablar de estados de ánimo	- Predecir - Hablar del futuro - Hacer hipótesis - Expresar probabilidad
Procedimientos y estrategias	- Interpretar una viñeta - Analizar la estructura de una conferencia - Traducir - Hacer un esquema - Responder a un cuestionario	- Asociar ideas e imágenes - Diferenciar entre información verdadera y falsa - Interpretar viñetas
Actitudes y valores	Aprender a sentirse bien	Mostrar una mente abierta hacia distintas opiniones
Tipologías textuales	- Viñeta - Conferencia - Foro - *Podcast* - Publicación digital - Blog - Artículo informativo	- Página web - Blog - Entrevista - Infografía - Noticia
Habilidades del aprendizaje	La atención plena	El pensamiento crítico
Acción - Reflexión	- Preparar una conferencia - ¿Qué nos proporciona más bienestar en nuestras vidas? ¿Qué debemos hacer para mantener o crear un buen estado de bienestar? ¿Te parece importante la atención plena (*mindfulness*)?	- Confeccionar una infografía sobre el impacto de la ciencia en nuestras vidas. - ¿De qué forma influye la ciencia en tu vida? ¿Eres consciente del valor de los avances científicos en la sociedad? ¿Qué papel tiene la ciencia en la cultura donde vives?
Protagonistas	**Vicente Simón y la atención plena**	**Neil Harbisson, el primer cíborg**

8 Amor

Reflexionar sobre el amor y la amistad

La universalidad del amor

Gramatical:
- *Me gusta / me sorprende / me preocupa / me entristece / me molesta* + *que* + subjuntivo
- *Ojalá / Ojalá que* + subjuntivo
- *Quiero / espero / pido / exijo* + *que* + subjuntivo
- *Para que* + subjuntivo

Léxica:
- Los sentimientos, el amor, la amistad

Fonológica / Ortográfica:
Mayúsculas y minúsculas

- Hablar de las emociones
- Formular deseos
- Expresar finalidad

- Valorar e interpretar poemas
- Escribir un resumen
- Construir una historia
- Componer un poema

La importancia de los factores afectivos

- Poemas
- Test
- Blog
- Canción
- Texto expositivo
- Diario
- Diapositivas
- Artículo de opinión
- Carta informal

La escucha activa

- Escribir un poema sobre el amor
- ¿Cómo se demuestra el amor? ¿Es necesario ser romántico? ¿Qué tipo de amor es el más importante para ti?

Dalí y Lorca

9 Solidaridad

Reflexionar sobre los intereses comunes de las personas

La solidaridad en la sociedad

Gramatical:
- El condicional:
Sugerencias y consejos: *deberías* + infinitivo / *podrías* + infinitivo / *yo que tú / yo, en tu lugar* + condicional
Deseos: *Me gustaría* + infinitivo.
- Estilo indirecto
- Imperfecto de subjuntivo de los verbos *ser, ir, tener* y *poder*

Léxica:
- El acoso, la discapacidad, la solidaridad y las ONG

Fonológica / Ortográfica:
Siglas y acrónimos

- Sugerir y aconsejar
- Transmitir mensajes de otra persona
- Expresar condiciones poco probables

- Deducir el significado a través del contexto
- Relacionar palabras y expresiones
- Distinguir entre diferentes tipos de acoso
- Clasificar tipos de mensajes

Mostrar solidaridad

- Carta al director
- Noticia
- Programa de radio
- Mensajes
- Página web
- Anuncios
- Programa de televisión

El trabajo colaborativo

- Escribir una carta al director de un periódico
- ¿De qué manera puedes ser solidario en tu ciudad? ¿Cuántas veces has participado en un evento solidario como voluntario? ¿Crees que la solidaridad puede mejorar el mundo? ¿Por qué?

La Fundación Vicente Ferrer

Mapas

1 Diversidad

- Hablar sobre la identidad
- Describir hábitos
- Investigar sobre la mejor forma de aprender
- Confeccionar un cuestionario sobre el aprendizaje
- Reflexionar sobre diferencias y similitudes entre las personas

- **Protagonistas:** Los hablantes de español en EE. UU.
- **Tipología textual:** La entrevista
- **Interculturalidad:** La diversidad como algo positivo
- **Actitudes y valores:** Demostrar respeto y tolerancia por la diversidad
- **Habilidades de aprendizaje:** La empatía

1 ¿Qué tipos de diferencias reflejan estas fotos?
2 ¿Qué tiene para ti de positivo la diversidad?
3 ¿Qué similitudes aprecias entre los compañeros de clase?
4 ¿Crees que las diferencias solo se perciben por lo exterior?

Identidades

1 A La diversidad empieza por el aspecto físico. Observa a estas personas y señala a quién corresponde cada frase. ¡Cuidado, sobran dos!

1. Lleva gafas y una barba bastante canosa.
2. Es altísimo y tiene unas piernas muy largas.
3. Es delgada, tiene el pelo corto y rizado y es muy guapa.
4. Es moreno, lleva perilla y el pelo larguísimo.
5. Tiene el pelo oscuro, lleva bigote y gafas.
6. Es rubia y muy fuerte.
7. Es un poco gorda, baja y lleva un tatuaje.
8. Es bastante mayor y lleva el pelo castaño y corto.

1 Carlos Santana
Músico

2 Margarita Salas
Bioquímica e investigadora

3 Guillermo del Toro
Director de cine

4 Gema Hassen-Bey
Deportista de esgrima

5 Lupita Nyong'o
Actriz

6 Pau Gasol
Jugador de baloncesto

Repasa Las partes del cuerpo, la ropa y los complementos.

B En una clase de lengua, los alumnos tienen que describir a su mejor amigo/-a. Lee la descripción que ha escrito un alumno y completa la tabla.

	Edad	Aspecto	Pelo	Ojos	Ropa	Piel	Rasgos especiales
Javier							

Mi mejor amigo se llama Javier y tiene veintitrés años. Es un chico muy original. Es pelirrojo, con el pelo muy corto, y ahora lleva perilla. También tiene un tatuaje en el brazo izquierdo, un símbolo que significa paz. Lleva unas gafas negras grandísimas que le dan un aspecto muy intelectual y tiene los ojos azules. Hace mucho deporte, es muy fuerte y de estatura media. Tiene la piel muy blanca porque no le gusta nada tomar el sol. Se compra la ropa en mercadillos de segunda mano y le encantan los sombreros y los chalecos.

GRAMÁTICA

El adjetivo y los modificadores

Los adjetivos concuerdan en género y número con el sustantivo.
Ana tiene el pelo oscuro y las piernas largas.

Para graduar el adjetivo se puede utilizar:
- **un modificador**, como *un poco, bastante, muy, demasiado…*: *Ángel es muy guapo.*
  - *Demasiado* hace que los adjetivos que acompaña tomen un valor negativo: *Ángel es demasiado gordo.*
  - Cuando utilizamos *un poco* con un adjetivo negativo, le restamos intensidad: *Es un poco gordo.*
- **un superlativo absoluto**, que termina en *-ísimo/a/os/as*: *Ángel es guapísimo.*
- **un superlativo relativo**: *Ángel es el más guapo del grupo.*

COMUNICACIÓN

La descripción física

¿Cómo es? ¿Qué aspecto tiene?
- *Es* gordo/-a, delgado/-a, flaco/-a, fuerte.
- *Es* alto/-a, de estatura media, bajo/-a.
- *Es* guapo/-a, feo/-a, atractivo/-a, calvo/-a.

- *Tiene / Lleva* el pelo negro, oscuro, castaño, rubio, rizado, liso, ondulado.
- *Es* rubio/-a, moreno/-a, pelirrojo/-a.

- *Tiene* los ojos grandes / pequeños, verdes / azules, expresivos / cansados.
  Tiene las pestañas largas.

- *Lleva* gafas, bigote, barba, un tatuaje, perilla, maquillaje.

Los adjetivos que pueden ser negativos se usan muchas veces en diminutivo: *gordo > gordito.*

Identidades

1 Diversidad

C Piensa en una persona que conoces y haz frases con los artículos, sustantivos, modificadores y adjetivos que aparecen en las columnas. Añade los verbos y otros elementos.

artículo	sustantivo	modificador	adjetivo
un, una, unos, unas el, la, los, las	señora, pelo, chico, actores, jugadora, profesora, piernas, gafas, bigote, niños, primo	un poco, bastante, muy, demasiado	alto, grande, liso, largo, gordo, mayor, guapo

La profesora de Matemáticas es una señora muy alta.
Mi primo es un poco gordo.

Avanza Busca una forma de clasificar y aprender las palabras femeninas y masculinas.

D Elegid dos personajes conocidos (hombre y mujer) y escribid una descripción de su aspecto físico. El resto de la clase tiene que adivinar quiénes son.

2 A La nacionalidad también nos describe, pero definirla no es tan fácil para algunas personas. Después de leer el texto, ¿qué nacionalidad crees que tiene la chica? ¿Por qué?

«Aquí se me considera Latina o Hispana, con letras mayúsculas. No sé, en realidad, qué quiere decir eso. Me identifico así cuando me es necesario: cuando tengo que rellenar formularios que no dan otra alternativa. [...] Pero sí sé lo que quiere decir para mí el ser puertorriqueña. Mi puertorriqueñidad incluye mi vida norteamericana, mi *espanglés*, el sofrito que sazona mi arroz con gandules[1], la salsa de tomate y la salsa del Gran Combo[2]. Una cultura ha enriquecido a la otra y ambas me han enriquecido a mí».

[1] Comida típica de Puerto Rico.
[2] Conocida orquesta de salsa.

Extraído del prólogo de Cuando era puertorriqueña, *de Esmeralda Santiago*

B ¿Cómo describes tu nacionalidad? ¿Conoces a alguna persona con varias nacionalidades u orígenes? Coméntalo con tus compañeros.

C (1) Escucha a este chico hablando de sus orígenes y contesta a las preguntas.

1. ¿Cuál es la nacionalidad del padre?
2. ¿Cuál es la nacionalidad de la madre?
3. ¿Qué lenguas habla?
4. ¿En qué países ha vivido?
5. ¿Qué países visita de vacaciones?
6. ¿De dónde son sus compañeros de clase?

D Comenta con un compañero cuál creéis que es su nacionalidad. Después, escribid un pequeño párrafo sobre este chico.

GRAMÁTICA

Los artículos y los sustantivos

- Hay dos tipos de artículos:
  - **Indeterminados:** se usan para nombrar el sustantivo por primera vez, para expresar su existencia *(un, una, unos, unas)*.
  - **Determinados:** identifican el sustantivo y se usan cuando nos referimos a algo o alguien que conocemos *(el, la, los, las)*.
  Hay **un*** hombre y **una** mujer. **El**** hombre lleva sombrero.
  * indeterminado, se habla de él por primera vez.
  ** determinado, ya se ha hablado de él.

- Los sustantivos, según el género, son:
  - **Masculinos.** Si terminan en:
    -o: *el pelo, el cuerpo, el ojo* (excepto *la foto, la mano, la radio, la moto*)
    -aje: *el viaje, el maquillaje, el lenguaje*
    -ema: *el problema, el sistema, el dilema*
    -or: *el profesor, el actor, el director*

  - **Femeninos.** Si terminan en:
    -a: *la barba, la perilla, la ropa*
    -ión: *la descripción, la información, la profesión*
    -dad: *la ciudad, la nacionalidad, la diversidad*
    -ora/-triz: *la profesora, la actriz, la directora*

- Pueden ser sustantivos masculinos o femeninos si terminan en:
  -nte: *el / la estudiante, el / la cantante*
  -ista: *el / la deportista, el / la tenista, el / la turista*

Hábitos

1 A Lee estos dos textos y señala a cuál de ellos se refieren estas afirmaciones.

	Poema	Test
1 Es un texto literario.		
2 El autor está a favor de los hábitos.		
3 La intención del autor es aconsejar.		
4 Los verbos están en presente.		
5 Hay repeticiones de palabras.		

Fragmento de «Muere lentamente», Martha Medeiros

Muere lentamente
quien se transforma en esclavo del hábito
repitiendo todos los días los mismos trayectos,
quien no cambia de marca,
no se atreve a cambiar el color de su vestimenta
o bien no conversa con quien no conoce.

10 buenos hábitos para la vida

Si tienes buenos hábitos, mejoras tu calidad de vida en todos los aspectos. ¿Cuáles tienes tú?

- Llevo una dieta equilibrada y bebo bastante agua.
- Duermo ocho horas cada día.
- Empiezo el día haciendo un poco de gimnasia.
- Me preocupa el medioambiente e intento ahorrar energía.
- Me mantengo informado de lo que pasa en el mundo.
- Mantengo una buena higiene de mi cuerpo y de mis dientes.
- Me gusta organizar y planear mis estudios y mi tiempo libre.
- Cuido las relaciones con mi familia y mis amigos.
- Intento tener un equilibrio mental y emocional.

Avanza Haz un esquema con las características de estos dos tipos de texto.

B ¿Estás de acuerdo con el test sobre los hábitos? ¿Te parecen todos buenos? ¿Tienes tú alguno de estos hábitos u otros similares? Coméntalo con un compañero.

C Ahora, busca en los textos todos los verbos en presente y clasifícalos en estos apartados.

Presentes irregulares: *muere*, _____
Verbos reflexivos: *se transforma*, _____
Verbos regulares: *cambia*, _____

Repasa Los verbos regulares de presente de indicativo.

D 🔊 Escucha el poema de Martha Medeiros y subraya los grupos rítmicos. Después, practica leyéndolo en alto con un compañero.

GRAMÁTICA

El presente de indicativo

Verbos que cambian en la raíz

empezar (e > ie)	volver (o > -ue)	repetir (e > -i)
emp**ie**zo	v**ue**lvo	rep**i**to
emp**ie**zas	v**ue**lves	rep**i**tes
emp**ie**za	v**ue**lve	rep**i**te
empezamos	volvemos	repetimos
empezáis	volvéis	repetís
emp**ie**zan	v**ue**lven	rep**i**ten

- Otros verbos:

e > ie: ent**e**nder, c**e**rrar, p**e**nsar, prefe**ri**r
o > ue: ac**o**starse, d**o**rmir, m**o**ver
e > i: r**e**írse, corr**e**gir, p**e**dir

GRAMÁTICA

Los verbos reflexivos

Levantarse

(yo)	**me** levanto
(tú)	**te** levantas
(él, ella, usted)	**se** levanta
(nosotros/-as)	**nos** levantamos
(vosotros/-as)	**os** levantáis
(ellos, ellas, ustedes)	**se** levantan

Otros verbos: *ducharse, lavarse, acostarse, vestirse*

ORTOGRAFÍA Y PRONUNCIACIÓN

El ritmo del español

- El ritmo es el compás de una lengua, la duración de los sonidos y su relación entre sí.
- En español, muchas veces se pronuncia un grupo de palabras como una sola.
- Las palabras átonas no tienen acento y por este motivo se enlazan con una palabra tónica que sí lo tiene. Por ejemplo, el artículo se pronuncia junto con el sustantivo y el adjetivo que lo califica, el verbo junto con el adverbio que lo modifica, etc.
Javier se compra la ropa en mercadillos. Aquí hay siete palabras, pero solo cuatro **grupos rítmicos** [Javi**é**r] [sek**ó**mpra] [larr**ó**pa] [enmercad**í**llos] con cuatro sílabas acentuadas.
- Al pronunciar en español se deben tener en cuenta y practicar estos grupos rítmicos para no pronunciar las palabras aisladas.

Hábitos

1 Diversidad

2 A Lee este cuestionario y elige la respuesta más adecuada según tus hábitos. Después, coméntalo con un compañero. ¿Sois muy diferentes? ¿En qué?

❶ Por la mañana…
- a me levanto cuando oigo el despertador.
- b me levanto siempre demasiado tarde.
- c me levanto muy pronto, antes de sonar el despertador.

❷ Si puedo,…
- a desayuno antes de ducharme.
- b desayuno después de ducharme.
- c me ducho por la noche.

❸ Normalmente, voy al instituto…
- a andando.
- b en autobús.
- c en coche.

❹ En las clases…
- a me gusta trabajar solo.
- b prefiero trabajar en grupo.
- c me gusta trabajar solo y en grupo.

❺ Al mediodía…
- a como con mis amigos o con mi familia.
- b prefiero comer solo.
- c no me importa comer con personas que no conozco.

❻ Prefiero…
- a hacer los deberes antes de cenar.
- b hacer los deberes después de cenar.
- c hacer una parte de los deberes antes de cenar y otra parte después.

❼ Por las noches…
- a ceno en mi habitación.
- b ceno enfrente del televisor.
- c ceno con mi familia en la mesa.

❽ Casi siempre…
- a leo antes de dormir.
- b miro el ordenador antes de dormir.
- c veo la televisión antes de dormir.

COMUNICACIÓN

Mostrar preferencia

- *Prefiero* + sustantivo
  Prefiero el café al té.

- *Prefiero* + infinitivo
  Prefiero ducharme antes de desayunar.

- *Me gusta / me interesa más… que*
  Me interesan más los deportes de aventura *que* el fútbol.

- *Lo que más / menos me gusta / interesa es*
  Lo que menos me gusta de mi trabajo *es* levantarme temprano.

B ③ Escucha estos cinco extractos de una conversación entre Victoria y Marcos, dos nuevos compañeros de clase, y señala en cada columna quién hace cada cosa.

	Victoria	Marcos
1 Prefiere levantarse pronto por la mañana.		
2 Se acuesta tarde.		
3 Le gusta ser flexible en sus planes.		
4 A veces tiene problemas para terminar los proyectos en el instituto.		
5 Lo que más le gusta es hacer deporte con otras personas.		
6 Prefiere ducharse por la noche.		
7 Le gusta ir hablando con otra persona por las mañanas.		

Repasa Los adverbios de frecuencia: *siempre, normalmente, a veces,* etc.

3 A Con un compañero, añade profesiones (en femenino y masculino) relacionadas con estos temas en este mapa mental. Puedes añadir otros temas.

PROFESIONES — comida — moda — cine — música

cocinero/-a, camarero/-a, dependiente/-a de un supermercado, agricultor(a), etc.

B Lee los hábitos de esta persona e intenta adivinar su profesión. Después, con un compañero, escribid otro texto similar. Los otros compañeros tienen que adivinar la profesión.

Trabaja a veces de día y a veces de noche. Usa un uniforme de color blanco. Trabaja en un hospital. Ayuda a los pacientes y a los médicos.

Estilos de aprendizaje

1 A Lee este artículo de una página web y señala cuáles de estas frases resumen ideas del texto.

1. La diversidad es un obstáculo en la enseñanza. ☐
2. El ser humano nace con la capacidad de aprender. ☐
3. El aprendizaje tiene lugar dentro y fuera del aula. ☐
4. Cada persona tiene una única forma de aprender. ☐
5. Todo aprendizaje depende de cómo se percibe, procesa y organiza la información. ☐
6. Las diferencias entre los alumnos se deben a factores muy distintos. ☐
7. Todos los estudiantes prefieren trabajar en grupo. ☐

Aprender
inicio | temas | vídeos | fotos | contacto | chat

Las diferentes formas de aprender

«Aprender es la capacidad innata más significativa que posee el hombre». El aprendizaje tiene lugar a través de actividades muy diversas. Aprendemos en la calle, en el campo de fútbol, en la escuela, en toda situación de la vida y a cualquier edad.

El proceso de aprender es individual e intransferible; nadie puede aprender por otro; cada individuo tiene su propia y única manera de aprender. Los estudios más recientes han demostrado que existen varios estilos en que los estudiantes aprenden. Y estos estilos dictan la forma en que se percibe, procesa, interpreta y organiza la información. A unas personas les interesa analizar la información; a otras, su aplicación práctica; y un tercer grupo prefiere buscar argumentaciones que expliquen lo aprendido.

Veamos a continuación algunas maneras de cómo se lleva a cabo este proceso de aprendizaje teniendo en cuenta lo descrito anteriormente:

A En relación a cómo se percibe la información
Algunos alumnos aprenden mejor cuando la información se representa de forma visual; otros retienen los contenidos de manera más fácil si se les da la explicación oralmente, asociando lo aprendido a otros sentidos, a la experiencia misma, etc.

B Teniendo en cuenta la forma de procesar la información
Algunos estudiantes tienden a globalizar y sintetizar la información que reciben para comprenderla mejor, mientras que otros optan por un análisis detallado, secuencial y exhaustivo de todos los contenidos.

C Basándose en la forma de organizar la información
Este factor explica por qué algunos estudiantes prefieren las tareas que requieren una planificación determinada y otros, sin embargo, se desenvuelven mejor en cualquier entorno donde el trabajo es más espontáneo y ágil.

D Considerando las relaciones interpersonales
Algunos estilos de aprendizaje están marcados por la forma de orientarlos en relación a los demás. El más cooperativo se relaciona con quienes prefieren el trabajo en grupo. El individual, con quien trabaja en forma independiente.

La manera en que interactúan estos factores en el proceso de aprendizaje de cada alumno da lugar a diferentes formas de aprender.

Extraído de: http://padresglobalizados.es.tl

B Vuelve a leer el artículo: ¿cómo aprendes tú mejor? Coméntalo en un grupo y buscad semejanzas y diferencias entre vosotros.

- Yo creo que proceso la información de forma global…
- Pues yo prefiero la información más detallada, me gusta aprender…

C Busca los cuantificadores que hay en el texto y escribe un ejemplo con ellos relacionado con la diversidad en el aprendizaje. Observa el cuadro de gramática.

Avanza Podéis hacer un mapa mental con los diferentes tipos de alumnos que aparecen en el texto.

GRAMÁTICA

Cuantificadores

- **Cada**
Considera todos los elementos de un grupo, uno por uno. Es invariable.
Cada alumno / Cada alumna aprende de forma diferente.

- **Cada uno / una**
Cada uno percibe la información de forma diferente.

- **Cualquier**
Se refiere a un miembro de un grupo de forma indeterminada, no señala uno concreto. Es invariable.
Puedes llamarme a cualquier hora.

- **Cualquiera**
Funciona como pronombre.
Puede venir cualquiera a la fiesta.

- **Todo el / toda la / todos los / todas las**
Considera a todos los elementos de un grupo en su conjunto.
El análisis de todos los contenidos es importante.

Estilos de aprendizaje

1 Diversidad

2 A Es necesario respetar la diversidad en el aprendizaje. Lee estos tres diálogos y señala en cuál de las respuestas se muestra más empatía.

1. Yo voy a escribir las palabras diez veces para aprenderlas.
   - [ ] a ¡Qué tonta! ¡Eso es una pérdida de tiempo!
   - [ ] b Yo nunca hago eso, yo las repito en voz alta.
   - [ ] c ¿Así las aprendes mejor? Me parece una buena idea.
2. ¿Me pasas el rotulador verde? Es que voy a subrayar los verbos.
   - [ ] a ¿Otro color? ¡Con tantos colores no puedes ver el texto!
   - [ ] b ¿Para qué te ayudan los colores? ¿Puedes recordar mejor los irregulares?
   - [ ] c Pareces un niño de primaria, con tanto color…
3. ¡No he entendido nada del vídeo! ¿Lo podemos ver otra vez?
   - [ ] a Yo sí que he entendido algo, pero antes también me costaba mucho.
   - [ ] b ¡Pues ya es la segunda vez que lo ponen!
   - [ ] c Por favor, otra vez, no.

B (4) Ahora, escucha los diálogos con la respuesta que muestra más empatía y comprueba las tuyas.

3 A ¿Cómo se llaman los cinco sentidos en español? ¿Cuáles utilizas más para el aprendizaje?

B Ahora, lee esta infografía. ¿Has aprendido algo nuevo?

HABILIDAD DE APRENDIZAJE

La empatía

- Es la capacidad para ponerse en el lugar del otro y saber lo que siente o incluso lo que puede estar pensando esa persona.
- Las personas empáticas son capaces de captar una gran cantidad de información sobre la otra persona a partir de su lenguaje no verbal, sus palabras, el tono de su voz, su postura, su expresión facial, etc. Y en base a esa información, pueden saber lo que están sintiendo.
- La empatía es una cualidad que permite entender los sentimientos de otra persona y reaccionar para hacerla sentir bien.

Los estilos de APRENDIZAJE SENSORIALES

La información se interpreta de acuerdo a cómo se percibe a través de los sentidos. Unas personas tienen unos sentidos más desarrollados que otros, pero la combinación de los cinco sentidos, o al menos de tres (vista, oído y tacto), suele favorecer el aprendizaje.

En cada uno de los estilos hay personas que tienen hipersensibilidad (sentidos demasiado desarrollados) o hiposensibilidad (poco desarrollados). Debemos ser conscientes de esta diversidad para no malinterpretar a los compañeros y pensar, simplemente, que no son buenos estudiantes porque son distraídos o hiperactivos.

LOS APRENDICES VISUALES
- Prefieren ver la información por escrito y tomar notas.
- Les gustan los colores, los dibujos, los diagramas y los esquemas.
- A veces, la información recibida a través de los ojos les resulta excesiva porque su percepción visual es muy selectiva.
- Si la pizarra está demasiado llena, si en las paredes hay demasiados pósteres, pueden sentir cierta ansiedad.

LOS APRENDICES AUDITIVOS
- Les gusta leer en voz alta para oírse.
- Aprenden palabras al escucharlas.
- Suelen ser muy sensibles a los ruidos y se desconcentran fácilmente con música o al oír hablar a los compañeros.
- Oyen perfectamente, pero les cuesta a veces escuchar.

LOS APRENDICES TÁCTILES Y QUINESTÉSICOS
- Les gusta mucho trabajar con tarjetas y con objetos que pueden tocar.
- Suelen ser alumnos inquietos que necesitan moverse y sentir el entorno para poder aprender.
- Buscan los estímulos que les faltan moviendo la pierna o golpeando el bolígrafo contra la mesa.
- Aprenden de forma más lenta pero más profunda, por lo que recuerdan mejor lo aprendido.

C Después de leer la infografía, comenta con tus compañeros en un grupo pequeño el tipo de aprendiz que eres.

Yo creo que soy en gran parte visual porque prefiero la información escrita…

LÉXICO

El aprendizaje

- ver - la vista - visual
- oír - el oído - auditivo/-a
- tocar - el tacto - táctil
- interpretar - la interpretación
- percibir - la percepción
- atender - la atención
- utilizar - la utilización

- usar - el uso
- asociar - la asociación
- seleccionar - la selección
- concentrarse - la concentración
- recordar - el recuerdo
- olvidar - el olvido
- aprender - el aprendizaje

Los hablantes de español en EE. UU.

1 A Lee esta entrevista y contesta a estas preguntas.

1. ¿Por qué fue Manel Lacorte a Estados Unidos?
2. ¿Qué diferencias encuentra entre España y Estados Unidos en lo relativo a las costumbres?
3. ¿Qué echa en falta?
4. Según el entrevistado, ¿de dónde proceden los hispanohablantes que viven en Estados Unidos?
5. ¿Por qué dice Lacorte que «el español de Estados Unidos es una lengua que no tiene nietos»?
6. De acuerdo con Manel Lacorte, ¿qué ventajas tiene hablar las dos lenguas?

ENTREVISTA

Manel Lacorte

Manel Lacorte lleva 25 años en los Estados Unidos. Es profesor de español en la Universidad de Maryland. Sus hijas hablan inglés, español y catalán.

Manel Lacorte es profesor de español en la Universidad de Maryland y autor de varios libros de lingüística.
Nos interesa mucho su larga trayectoria como docente e investigador y su visión sobre el mundo hispano en este país. Gracias por acceder a esta entrevista para nuestra revista de educación.
Muchas gracias a ustedes por el interés en mi experiencia en Estados Unidos, y espero, ante todo, que mi experiencia les sirva de ayuda.
Me gustaría empezar por preguntarle cuánto tiempo lleva viviendo en Estados Unidos y por qué vino a este país.
Vivo en Estados Unidos desde hace 25 años. Como muchos españoles que vivimos en este país, vine para perfeccionar mi inglés y tener una experiencia de un año en el extranjero, ¡pero nunca imaginé que sería una experiencia tan larga!
Usted es español, o sea que seguro que algunas costumbres de su país son muy diferentes aquí, en EE. UU. ¿Qué es lo que más le gusta y a lo que más le cuesta adaptarse?
Sí, hay muchas costumbres distintas entre los dos países. Lo que más me gusta de Estados Unidos es la diversidad cultural y étnica que puedes encontrar en todas partes. Como llevo mucho tiempo aquí, creo que estoy bastante adaptado a las costumbres de este país, pero todavía me cuestan algunas cosas; por ejemplo, los horarios de las comidas o de algunos lugares públicos.

¿Hay algo que echa en falta de España, algo que es muy diferente y que aquí no encuentra?
Bueno, lo que más echo en falta es a mi familia, y a muchos amigos que viven en España. Aparte de eso, echo en falta el clima mediterráneo de mi ciudad natal, Barcelona. A veces, es difícil encontrar algunos ingredientes para comidas específicas de España, como la fideuá o la paella, pero ahora los venden en algunas tiendas especializadas, e incluso en internet.

«Lo que más me gusta de Estados Unidos es la diversidad cultural y étnica que puedes encontrar en todas partes».

Como lingüista y profesor, ¿cuáles son las diferencias más grandes que encuentra entre el español de España y el de los hispanos aquí?
En lo lingüístico, hay bastantes sonidos y palabras distintos a los que puedes escuchar en España, porque Estados Unidos reúne a hispanohablantes de muchos países, y además existe mucho contacto con el inglés. Pero, en general, no hay problemas para la comunicación. Yo creo que las diferencias más importantes están relacionadas con el estatus político y social de la lengua. En este sentido, mucha gente en Estados Unidos todavía no considera el español como una segunda lengua del país, aunque la hablan más de 40 millones de personas.
¿Cómo ve el futuro del español en EE. UU.?
Hay muchos factores socioeconómicos y políticos que pueden influir en el futuro del español en Estados Unidos.

Protagonistas

1 Diversidad

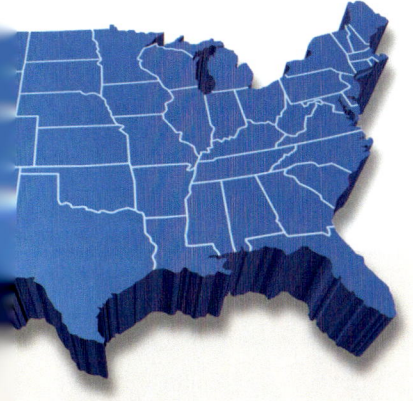

Creo que puede ir en aumento si los hablantes de español están motivados para mantenerlo generación tras generación. Hasta ahora, la primera generación de inmigrantes habla la lengua sin problemas; la segunda, ya tiene bastantes problemas; y la tercera no puede expresarse en la lengua de sus abuelos. Por esta razón, algunos investigadores dicen que «el español de Estados Unidos es una lengua que no tiene nietos».

¿Cómo es la situación lingüística en casa? ¿Cree que las familias hispanas hablan mucho el español o utilizan más el inglés?

El español ha sido siempre la lengua de casa, la que hablan los padres y la que, como mínimo, entienden los hijos. Pero hay encuestas recientes que indican que desde que la inmigración de países hispanohablantes es menor que en años anteriores las familias cada vez usan más el inglés en la comunicación tanto en casa como en otros espacios públicos.

¿Qué ventajas ve en este bilingüismo, al convivir con dos culturas y lenguas todos los días?

Creo que el bilingüismo y el multilingüismo tienen muchas ventajas, entre ellas, comprender mejor otras culturas, acceder directamente a información en otras lenguas, tener mejores opciones profesionales, etc. Personalmente, yo me siento muy afortunado de educar a mis dos hijas pequeñas en español, catalán e inglés, y de llevarlas a una escuela pública donde se pueden escuchar unas diez lenguas diferentes.

Muchas gracias por dedicarnos su tiempo y le deseamos mucha suerte en el futuro.

Muchas gracias a ustedes. Ha sido un placer hablar de mi experiencia.

B ¿Qué tres frases reproducen las opiniones del entrevistado?

1 Vine a Estados Unidos porque quería tener la experiencia de vivir en otro país.
2 Me gustan los horarios de las comidas aquí.
3 Hoy en día es bastante más fácil conseguir productos españoles en Estados Unidos.
4 Las diferencias del español de Estados Unidos y España son sobre todo de gramática.
5 Cada vez hay más personas que vienen de países latinoamericanos a Estados Unidos.
6 Las familias hispanohablantes hablan cada vez menos español en casa.

C Vuelve a leer la entrevista y contesta a estas preguntas.

1 ¿Qué tipo de entrevista te parece que es?
2 ¿Quién crees que podría ser el entrevistador?
3 ¿Cómo es el trato entre ellos?
4 ¿Dónde están incluidos los datos profesionales del entrevistado?
5 ¿Cómo están marcadas las preguntas y las respuestas?
6 Además del texto, ¿hay algún elemento visual en la entrevista?

D Ahora vas a hacer una entrevista a uno de los profesores de tu instituto. Puedes preguntar por cuestiones de aprendizaje, de la diversidad de estilos y estudiantes en una misma clase. Si es necesario, haz la entrevista en la lengua que utilicéis los dos y, después, tradúcela al español.

LA ENTREVISTA

- Es una conversación entre dos o más personas en la que se quiere obtener una información. Hay muchos tipos de entrevista: oral o escrita, de trabajo, de investigación, periodística, etc.
- Las características de la entrevista periodística suelen ser:
  • Normalmente, en las entrevistas orales, hay un saludo y una presentación de la persona que se va a entrevistar.
  • Se suele empezar con algún comentario amable para romper el hielo.
  • Existe un diálogo entre el entrevistador y el entrevistado.
  • La entrevista, aun cuando es escrita, refleja normalmente un lenguaje oral.
  • Suele ir acompañada de una foto de la persona entrevistada.
  • Al finalizar, suele haber una despedida y, normalmente, se dan las gracias.

- Algunas frases que puedes utilizar:
  Gracias por aceptar esta entrevista…
  Vamos a empezar por…
  Me gustaría comenzar por preguntarle…
  Muchas gracias por esta entrevista…

Acción - Reflexión

1 Diversidad

¿Qué te sugieren estas fotos? ¿Podrías ponerles título? ¿Qué es la diversidad cultural para ti: país de origen, edad, aspecto físico, profesión, hábitos u otras cosas?

Acción

En pequeños grupos, confeccionad un cuestionario para averiguar la mejor forma de aprender español. Podéis hacerlo de muchas maneras: con dibujos, diagramas, colores, en papel, en formato digital, con mapas mentales, etc.

1. Las preguntas pueden incluir la siguiente información:
   - cómo aprendéis (vocabulario, gramática, etc.);
   - cómo os preparáis para los exámenes y los proyectos;
   - cómo os gusta trabajar: en grupo / en parejas / de forma individual;
   - dónde os gusta sentaros en clase;
   - cómo hacéis los deberes;
   - a qué horas os gusta más estudiar;
   - cuáles son vuestras asignaturas favoritas; y
   - qué os resulta más fácil / difícil aprender.
2. Para el cuestionario, cada grupo escribe al menos diez preguntas. Por ejemplo:
   ¿Cómo estudias mejor?
   a) Sentado en una silla.   b) Tumbado en la cama.   c) Medio tumbado en el sofá.
3. Corregid las preguntas e intercambiad vuestro cuestionario con los otros grupos.
4. Contestad los cuestionarios de forma individual.
5. Después, de nuevo en vuestro grupo, comentad y comparad los resultados.

Actitudes y valores

Responde *sí* o *no*.

	Sí	No
- Respeto las diferencias de mis compañeros en su forma de trabajar.	☐	☐
- Aprendo de todos mis compañeros al trabajar juntos.	☐	☐
- Acepto las distintas formas de preguntar y de responder de mis compañeros.	☐	☐

Reflexión

- ¿Qué entiendes ahora por *identidad*? ¿Cómo definirías la tuya?
- ¿Qué nos hace diferentes?
- ¿Qué nos hace iguales?
- ¿Qué piensas de la diversidad?

2 Tradición

- Hablar sobre el diseño *vintage*
- Analizar estereotipos de nuestra sociedad
- Interpretar la importancia de las celebraciones y las tradiciones
- Confeccionar un folleto
- Reflexionar sobre costumbres y tradiciones

- Protagonista: Ricardo Darín
- Tipología textual: La sinopsis
- Interculturalidad: La eliminación de estereotipos negativos
- Actitudes y valores: Respetar nuestra propia cultura y las culturas ajenas
- Habilidades de aprendizaje: La gestión del tiempo

1 Relaciona las siguientes afirmaciones con cada foto.

a El gaucho, el asado y el mate, tradiciones de la Pampa argentina. ☐
b El *vintage*, ¿una manifestación cultural propia de la tradición o de la modernidad? ☐
c Los estereotipos en la publicidad y su impacto en las costumbres diarias. ☐
d Noche de San Juan, una tradición milenaria. ☐

2 ¿Qué observas en cada foto? ¿Puedes describir una en detalle?

3 Piensa en una tradición o costumbre que tienes tú o tu familia. ¿De dónde proviene?

4 ¿Qué importancia tienen las tradiciones en la cultura de un país?

Vintage

1 ¿Qué es el *vintage*? En parejas, observad el diagrama y utilizad la información de los círculos para completar la definición.

Vintage → está relacionado con términos como…
→ se aplica a objetos como…
→ los objetos datan del…
→ en síntesis, es una…

VINTAGE

- rememoración* de lo de antes *recuerdo
- siglo XX, entre los 40 y los 80
- muebles ropa vehículos
- antigüedad exclusividad calidad diseño

GRAMÁTICA

Perífrasis verbales

Son construcciones verbales formadas por un verbo conjugado más un gerundio o un infinitivo que, en algunos casos, va precedido de una preposición.

• **Perífrasis verbales con gerundio**

Estar + gerundio
- Describe un momento concreto del progreso de una acción.
  *Nuestra revista **está promoviendo** el vintage.*
- Señala una acción que se está realizando en el momento que se habla.
  *El editor **está hablando** por teléfono ahora.*

Seguir + gerundio
- Indica que una acción o un proceso anterior no se ha interrumpido.
  *El vintage **sigue teniendo** la estética del pasado.*

Llevar + gerundio
- Marca continuidad en la acción, indicando siempre la duración.
  *El diseño de los años 40 **lleva influyendo** en el mercado casi dos décadas.*

• **Perífrasis verbales con infinitivo**

Dejar de + infinitivo
- Señala interrupción de la acción.
  *Muchos países **dejan de mirar** la estética moderna para dar paso al diseño vintage.*

Empezar / Comenzar a + infinitivo
- Indica el inicio de una acción.
  *El término vintage se **empieza / comienza a utilizar** en el contexto del mobiliario.*

Volver a + infinitivo
- Marca la repetición de una acción.
  *Se **vuelve a descubrir** a nuevos diseñadores.*

Estar a punto de + infinitivo
- Señala que queda poco tiempo para realizar una acción.
  *La tienda **está a punto de** lanzar una nueva promoción.*

2 A 🔊 Escucha un fragmento de la entrevista a Alberto Cordero, editor de la revista *Vintage & Compañía*, y señala (X) la opción que consideres correcta. Después, compara tus respuestas con las de un compañero.

A ☐ 1 Los términos *retro* y *vintage* se pueden utilizar indistintamente.
  ☐ 2 *Retro* se refiere a algo elaborado actualmente y *vintage*, a una pieza producida en el pasado.
  ☐ 3 *Retro* designa una pieza que se utilizó en el pasado y *vintage*, una pieza moderna.

B ☐ 1 El *vintage* ha comenzado a influir en el mercado desde hace poco tiempo.
  ☐ 2 El *vintage* ha influido en el diseño de todo el siglo XX.
  ☐ 3 Se considera diseño *vintage* a las creaciones que se hacen a partir de los años 40.

C ☐ 1 Al principio, el término *vintage* se asoció, sobre todo, a los muebles.
  ☐ 2 El término se utilizó por primera vez en la moda.
  ☐ 3 El término *vintage* lo crearon los diseñadores a principios del siglo XX.

D ☐ 1 El interés por lo *vintage* comenzó en París en los años noventa.
  ☐ 2 La atracción por lo *vintage* comenzó en los años cincuenta.
  ☐ 3 La tendencia *vintage* apareció en los años setenta en España.

B Estas frases con datos de la entrevista están incompletas. Complétalas con las siguientes palabras o expresiones.

estamos a punto de • influyendo • se empieza a • sigue • está • descubrir • mirar

1 *Vintage* es una pieza que se elaboró en una época pasada, y actualmente _____ habiendo interés en el mercado por su diseño.
2 El diseño que se hace a partir de los años 40 se considera *vintage* y lleva _____ en el mercado actual casi dos décadas.
3 El término *vintage* _____ utilizar y difundir en el contexto de los muebles: cómodas, sillones, sillas, etc., con el fin de volver a _____ a grandes diseñadores del siglo XX.
4 Actualmente, nuestra revista _____ promoviendo la estética del *vintage* de forma sólida y _____ lanzar una edición especial en muchos países latinoamericanos.
5 Latinoamérica, poco a poco, ha dejado de _____ el diseño moderno como la estética predominante para dar importancia al *vintage*.

Avanza Investiga sobre el comienzo del diseño *vintage* en tu ciudad o en tu país y escribe un párrafo detallando la información.

Vintage
2 Tradición

3 A Observa la viñeta y completa la conversación entre madre e hija.

- Mamá, ¡me encanta tu vestido! ¿Es nuevo?
- ¡Ja, ja, ja! No, lo tengo _____ conocí a tu padre.
- ¡_____ más de treinta años! ¡Y ahora es lo último en moda!

B Lee el comentario en Instagram de Sara, una joven española aficionada a la moda *vintage*. ¿Qué te parece su reflexión? Coméntala con tu compañero.

A mí, Sara me parece un poco exagerada: ¡pagar ese precio por una camiseta!

Repasa La ropa y los complementos.

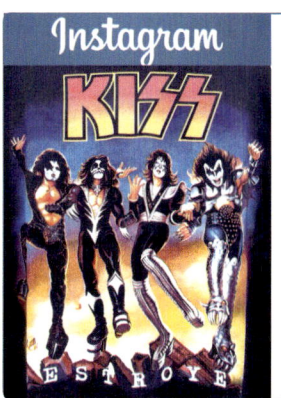

Sara

Acabo de pagar 300 € en Ebay por una camiseta original de una colección *vintage* del grupo Kiss. ¡Es que soy superfán de ellos! ¡No veo la hora de llevarla por la calle! He pagado mucho por la camiseta, pero es un dinero que tenía ahorrado desde hace mucho tiempo. Para mí, los años 70 son la mejor época de la historia y el grupo Kiss son lo más. Los escucho todo el día: cuando estoy en el metro, cuando corro por el parque, en mi casa... Los lugares donde los escucho son innumerables. ¡Es como una adicción!

♥ 38 Me gusta

C Lee el comentario en Instagram otra vez y completa las siguientes palabras con *cc*, *nn*, *ll* o *rr*.

1. ___evarla
2. ca___e
3. aho___ado
4. cole___ión
5. adi___ión
6. e___os.
7. co___o
8. i___umerable

D Observa el cuadro de ortografía y pronunciación. ¿Existen estas combinaciones de consonantes en tu lengua? Coméntalo con tu compañero.

4 Investiga sobre algún producto *vintage* y escribe un comentario en Instagram u otra red social describiendo por qué te has «enamorado» de esa pieza única.

COMUNICACIÓN

Expresar duración

- Se utiliza **desde** + tiempo (fecha, hora) y **desde que** + verbo para señalar el momento de una acción.
  - ● ¿**Desde cuándo** estudias diseño?
  - ■ **Desde** octubre.
  - **Desde que** aprobé el examen de español, estoy muy contenta.

- Se usa **desde hace** y **hace... que** para referirse al período que ha transcurrido desde el comienzo de algo.
  - El *vintage* aparece en todas las revistas de moda **desde hace** mucho tiempo.
  - **Hace** mucho tiempo **que** la moda *vintage* aparece en las revistas de moda.

ORTOGRAFÍA Y PRONUNCIACIÓN

Las consonantes dobles *cc*, *nn*, *ll*, *rr*

En español solo existen las siguientes combinaciones de consonantes dobles.

- *cc* y *nn* son grupos de dos sonidos que se pronuncian en sílabas diferentes:
  cc
  cole**cc**ión, le**cc**ión, se**cc**ión
  nn
  i**nn**ovar, co**nn**otación

- *ll* y *rr* son grupos que representan un sonido:
  ll
  Aparece en posición inicial o entre vocales. En la mayoría de los territorios de habla hispana se pronuncia como *y*:
  lluvia, ca**ll**e, co**ll**ar, e**ll**a
  rr
  Se usa entre vocales, nunca en posición inicial. Representa un fonema vibrante múltiple.
  co**rr**er, ca**rr**o, aho**rr**ar

Estereotipos

1 Muchas veces, la tradición, lo que heredamos de nuestra sociedad o de nuestra familia, puede ir unido a la creación de estereotipos. Lee la afirmación, responde a las preguntas y coméntalas en pequeños grupos.

> *En cierta ocasión le preguntaron al escritor británico Chesterton qué opinaba de los franceses. Se cuenta que Chesterton contestó simplemente: «No los conozco a todos».*

1. ¿Es un ejemplo de estereotipo la respuesta de Chesterton?
2. ¿Por qué contesta Chesterton: «No los conozco a todos»?
3. ¿Qué respondes tú si te hacen la misma pregunta?
4. ¿Qué es un estereotipo para ti?

2 Lee dos comentarios en un foro sobre estereotipos y después lee el cuadro de léxico. ¿A qué estereotipo se refiere cada uno?

> 1 Se piensa que el modo en que se deben comportar hombres y mujeres se transmite durante el proceso de socialización de una persona, ya que, desde muy pequeños, los niños y niñas crecen bajo unos modelos preestablecidos en función de si pertenecen al sexo masculino o femenino.

> 2 Después de diversos estudios, se afirma que en los medios de comunicación y audiovisuales se discrimina al personaje indígena, ubicándolo en una posición inferior y presentándolo con características físicas muy marcadas que lo diferencian de otros personajes.

GRAMÁTICA

Se sin sujeto agente

- Hay oraciones con **se** + **verbo** que no tienen sujeto agente (sujeto que realiza la acción). *Cuando* **se examinan** *costumbres en distintas culturas,* **se detectan** *estereotipos.* **Se cuenta** *que Chesterton contestó simplemente: «No los conozco a todos».*
- Estas oraciones sin sujeto agente son frecuentes en español; en otros idiomas se utilizan construcciones pasivas.

LÉXICO

Estereotipos

- de género
- étnicos
- sociales
- culturales
- positivos
- negativos

3 A Lee el blog del experto en comunicación intercultural Miquel Rodrigo y, con un compañero, propón un título.

INTERCULTURA
INICIO   NOTICIAS   CATEGORÍAS

No es fácil eliminar los estereotipos negativos que cada cultura tiene de la ajena. [...] Muchos de estos estereotipos están profundamente enraizados en el imaginario colectivo de una cultura.
[...] En el lenguaje de nuestra vida cotidiana solemos hablar de los franceses, los musulmanes, los occidentales, etc. Con mucha frecuencia, a la hora de hablar de estas agrupaciones utilizamos estereotipos que poco tienen que ver con la realidad, que es mucho más compleja. Además, hablar, por ejemplo, de los franceses es, en muchas ocasiones, un ejercicio de sobregeneralización. Esta sobregeneralización nos permite una economía mental, ya que el estereotipo preconcebido facilita la explicación de la realidad. El fijarse atentamente y el intentar descubrir el sentido de las cosas se vuelve innecesario. El estereotipo nos permite explicar hasta lo incomprensible: «Ya se sabe..., los franceses son así».
[...] Cuando se entra en relación con personas de culturas muy distintas se puede producir lo que se ha denominado un *choque cultural*. En este choque cultural no solo se produce una incomprensión del comportamiento ajeno, sino que también afloran una serie de emociones negativas: desconfianza, incomodidad, ansiedad, (1)_____ etc. Para superar este choque cultural hay que comunicarse. [...] La comunicación no es un simple intercambio de información. La comunicación implica también ser (2)_____ de compartir emociones. Es decir, hay que ser capaz de crear una relación de empatía. [...] No se trata (3)_____ de sentir lo que él o ella siente, sino que a través de las emociones (4)_____ nuestra comprensión. [...]

Rodrigo, M. (1999). *La comunicación intercultural.* Barcelona: Anthropos.

B Lee de nuevo el blog y responde a las tres preguntas con palabras del texto.

1. ¿Por qué es difícil eliminar los estereotipos negativos de otra cultura?
2. ¿Cuándo se produce lo que se conoce como *choque cultural*?
3. ¿Por qué es importante la empatía?

> Los ejercicios 3B-3D los debes realizar sin interrupciones y cronometrando tu tiempo. Una vez finalizados, calcula cuánto tiempo exactamente has tardado en completarlos. Después, compara tu tiempo con el de tus compañeros.

Estereotipos

2 Tradición

C Busca palabras o expresiones en el texto que signifiquen:

(líneas 1 a 5)
1. extranjera: _____
2. instalados: _____
3. diaria: _____

(líneas 6 a 11)
4. preestablecido: _____
5. cuidadosamente: _____
6. inútil: _____

D ¿Qué palabras faltan en los espacios en blanco (líneas 11 a 14)? Escoge cuatro de las siguientes ocho palabras y escríbelas en los espacios correspondientes.

simplemente • preocupación • incapaz • empatizar • felicidad • capaz • rápidamente • aumentar

4 ¿Cuánto tiempo tardaste en resolver 3B-3D? ¿Tienes tiempo para hacer todo lo que te propones? ¿Cómo organizas tu tiempo a lo largo de la semana? Coméntalo con tus compañeros.

5 A Observa las fotos. ¿Con qué tipos de estereotipos las relacionas? Coméntalo con tu compañero.

*La foto **A** se refiere a…*

B 6 Lee estas afirmaciones y decide si estás de acuerdo ✔ o no ✘. Después, escucha parte de un programa de radio sobre estereotipos y comprueba tus respuestas.

1. ☐ En carreras como Ingeniería o Tecnología el número de hombres y de mujeres es aproximadamente el mismo.
2. ☐ Existen muchos estereotipos y prejuicios contra las mujeres que estudian estas disciplinas.
3. ☐ Los prejuicios también existen a la hora de elegir juguetes.

C 6 Escucha la primera parte del programa otra vez y completa los espacios en blanco con los cuantificadores del cuadro de comunicación.

> En el programa de hoy vamos a presentar dos contextos que se ven afectados por prejuicios o estereotipos que preocupan, sin lugar a dudas, a (1)_____ gente.
> La diferencia de género que existe en disciplinas como la ingeniería o la tecnología es difícil de creer. El número de mujeres matriculadas en este momento en Ingeniería es del 25 % frente a un 74 % de estudiantes que son hombres. Hablamos con algunas de las chicas que representan a esa (2)_____ cantidad y ellas nos repiten que existen (3)_____ estereotipos y (4)_____ prejuicios en estos casos. Por ejemplo, el hecho de que desde pequeños, (5)_____ tiene asignada una serie de juguetes adaptados al género o de que (6)_____ cree que si eres informático, eres un friki.

Adaptado de: www.fundaciontelefonica.com

6 En parejas, preparad una presentación oral (máximo, dos minutos) de un caso relacionado con estereotipos de género, cultura, nacionalidad, étnicos, etc. Incluye: qué tipo de estereotipo es, cuál es la situación y tu reflexión personal.

Avanza Podéis grabar la presentación y escuchar la de otros compañeros.

HABILIDAD DE APRENDIZAJE

La gestión del tiempo

- Cualquier actividad que realicemos necesita tiempo. Aprender también requiere de un periodo planeado y organizado y es imprescindible desarrollar la habilidad de gestionar o administrar el tiempo para lograr no solo buenos resultados en el plano académico, sino también en el personal.
- Te sugerimos los siguientes pasos para autogestionar tu tiempo:
  1. Definir las actividades: haz una lista de las actividades **indispensables** que debes realizar.
  2. Jerarquizar esas actividades: ordena las actividades en función de su **prioridad e importancia**.
  3. Delimitar el tiempo de cada actividad: debes ser **realista** en cuanto al tiempo que te va a llevar cada actividad y calcularlo **de forma precisa**.
  4. Organizar un horario: conviene fijarse un **horario semanal** teniendo en cuenta todas las actividades que debemos realizar.

COMUNICACIÓN

Indicar una cantidad

Los cuantificadores se utilizan para indicar una cantidad no exacta o la ausencia de algo o alguien.

- *Demasiado/-a, demasiados/-as*
  demasiado ruido / **demasiadas** disciplinas
- *Mucho/-a, muchos/-as*
  mucha agua / **muchos** prejuicios
- *Bastante(s)*
  bastante presión / **bastantes** mujeres
- *Poco/-a, pocos/-as*
  poca gente / **pocos** valores
- *Algún(o/a), algunos/-as*
  algún periódico / **algunas** noticias
- *Ningún(o/a)*
  ningún país / no vino **ninguno** de mis amigos
- *(Casi) Todo el mundo*
  todo el mundo dice que es guapo.
- *La mayoría de* + sustantivo / *la mayoría* + verbo en tercera persona
  la mayoría de las **personas** cree que se deben eliminar los estereotipos.
  la mayoría **cree** que se deben eliminar los estereotipos.
- *(Casi) Nadie*
  (casi) **nadie** sabe si se puede cambiar la mentalidad de la gente.

Costumbres y celebraciones

1 A Observa el calendario de algunas de las fiestas populares y tradicionales de países de habla hispana. ¿Cuáles conoces? Señálalo en el calendario y comenta las fiestas con tu compañero.

ENERO	FEBRERO	MARZO	ABRIL
Los Reyes Magos	Carnaval	Las Fallas	Sant Jordi
MAYO	**JUNIO**	**JULIO**	**AGOSTO**
El Día de la Madre	El Inty Raymi	Los Sanfermines	La Pachamama
SEPTIEMBRE	**OCTUBRE**	**NOVIEMBRE**	**DICIEMBRE**
La Independencia de México	La fiesta del caballo en Argentina	El Día de los Muertos	La Navidad

LÉXICO

Celebraciones, costumbres y tradiciones

- la fiesta popular
- la leyenda popular
- la celebración tradicional
- la feria
- el baile tradicional
- la comida típica
- el folclore
- la danza

- el carácter satírico / religioso / pagano
- el homenaje
- las costumbres
- la identidad
- el rito

- la Semana Santa
- la Navidad
- el Año Nuevo
- la Nochevieja
- el Ramadán
- la Januká

- tener origen en / originarse en
- consistir en
- conmemorar
- festejar
- celebrar
- transmitir de generación en generación

B Lee la información sobre algunas fiestas populares del calendario y completa la frase con la opción que consideres correcta.

1 Todas las celebraciones tienen lugar…
   - a el mismo día cada año.
   - b todos los años.
   - c cada dos años.

2 El origen de estas fiestas es…
   - a pagano.
   - b pagano o histórico.
   - c religioso.

SANT JORDI
Fecha: 23 de abril. **Lugar:** Cataluña. **Origen:** leyenda popular.
Descripción: fiesta que se celebra en todas las localidades catalanas. El ritual, de origen pagano, consiste en pasear, comprar una rosa, libros o ambas cosas, para regalárselos a familiares y amigos. La fecha coincide con el Día del Libro.

LAS FALLAS
Fecha: Entre los días 15 y 19 de marzo. **Lugar:** Valencia, España.
Origen: pagano.
Descripción: fiesta popular en la que se construyen unas figuras conocidas como *ninots* y que tienen carácter satírico sobre temas de actualidad. Se hacen *mascletás*, espectáculos de petardos y fuegos artificiales, en los que se obtienen composiciones musicales a través del ruido de las explosiones de pólvora.

LA PACHAMAMA
Fecha: 1 de agosto. **Lugar:** noroeste argentino, Bolivia y Perú.
Origen: pagano. **Descripción:** la Pachamama (Madre Tierra) es la diosa suprema honrada por los aborígenes de los pueblos andinos. El rito milenario en esta celebración consiste en ofrecer a la tierra alimentos como muestra de gratitud por las bendiciones de la naturaleza.

LA INDEPENDENCIA DE MÉXICO
Fecha: 16 de septiembre (a media noche). **Lugar:** todas las ciudades de México. **Origen:** histórico.
Descripción: las personas se reúnen fuera del palacio municipal y el gobernador se encarga de dar el famoso grito de independencia: «¡Viva México!».

Extraído de: http://es.slideshare.net

C Lee las afirmaciones y señala a qué celebración corresponden (J = Sant Jordi; F = las Fallas; M = la independencia de México; P = la Pachamama).

1 Se le da importancia a la naturaleza.
2 Se producen ruidos muy fuertes.
3 Tiene lugar en América del Norte.
4 Es de carácter histórico.
5 Coinciden dos fechas importantes.
6 Se honra a una diosa.

Costumbres y celebraciones

2 Tradición

2 A Observa el folleto de la celebración del Día de la Tradición en Argentina. ¿Son todos estos elementos necesarios para este tipo de texto? Coméntalo con tu compañero.

FOLLETO: FOTOS • ILUSTRACIONES • LENGUAJE FORMAL • TIPOS DE LETRA DIFERENTES • COLORES • INFORMACIÓN

B Lee las tradiciones mencionadas en el folleto y escribe el título apropiado para cada una.

La comida • El fútbol • El mate • La música • El tango • El lunfardo

10 DE NOVIEMBRE

Esta fecha es importante para transmitir las costumbres de generación en generación, para enseñar a los niños muchas de las tradiciones que no conocen y para compartir con las familias parte de la historia argentina.

Algunas de estas tradiciones:

(1) _____: infusión típica realizada con yerba y agua caliente. Es una de las costumbres más importantes en Argentina. Ir a casa de una familia o de un amigo y tomar mate es lo más normal del mundo en nuestro país. Se toma en cualquier momento: cuando hace calor, cuando hace frío, cuando se está solo, durante la noche, a la mañana, con desconocidos, mientras se charla...

(2) _____: el asado es una de las comidas típicas del país. Hecho con carne de vaca y cocinado a la parrilla o a las brasas, es acompañado con ensaladas y es el motivo para hacer reuniones familiares o entre amigos. El locro, las empanadas de humita, las tortas fritas criollas y el dulce de leche también son comidas y alimentos tradicionales argentinos.

(3) _____: abarca las actividades gauchescas, la música y el baile argentinos. Se utilizan instrumentos como el bombo, la guitarra, la quena, el charango, etc. Entre los bailes típicos folclóricos se pueden destacar: el pericón, el cielito, el gato, el malambo y el chamamé, entre otros. Y entre las actividades típicas de los gauchos: la doma, los festivales de ponchos y las tareas relacionadas con el campo, los caballos, etc.

(4) _____: baile tradicional argentino. A diferencia del folclore, el tango es una danza más urbana que se baila en pareja. Es un baile sensual y pasional de característicos movimientos que pueden ser desde suaves a más fuertes. El tango es una tradición que, si bien en la actualidad no es muy escuchado por los jóvenes, lo conocemos gracias a nuestros abuelos y padres. Dos de los cantantes más importantes de tango fueron Carlos Gardel y Julio Sosa.

(5) _____: es una gran pasión argentina. Se ha convertido en el pasatiempo de la mayoría de los hombres y —en menor medida— de las mujeres, que disfrutan de ir a la cancha, ver un partido por la televisión o escucharlo por la radio. Un deporte que transmite pasión a sus seguidores y se revaloriza de generación en generación.

(6) _____: es otra de las características que nos diferencia. Es una mezcla y fusión de lenguas, costumbres y formas de hablar. Algunos ejemplos de palabras en lunfardo: dinero es *guita*; desorden o ruido, *batifondo*; hablar es *chamuyar*; loco es *chiflado*; dormir es *apolillar*; trabajo es *laburo*; etc.

Información obtenida de: http://burbujitaas.blogspot.com.ar

Historia

El Día de la Tradición se celebra en Argentina el 10 de noviembre. Esta fecha conmemora el aniversario del nacimiento de José Hernández. Este escritor fue el autor del libro *Martín Fierro*, donde se describe la vida de los gauchos argentinos. Se festeja este día en homenaje a Hernández y en reconocimiento de la identidad y las costumbres argentinas.

C Lee la historia del 10 de noviembre y responde a las siguientes preguntas.
1. ¿Por qué se celebra el Día de la Tradición en esa fecha?
2. ¿Quién es Martín Fierro?
3. ¿Qué se reconoce ese día?

D (7) Escucha, lee y recita el verso del *Martín Fierro*. ¿Te gusta? Presta atención a los últimos versos: ¿dónde vive el gaucho?

> Vive el águila en su nido
> el tigre vive en la selva,
> el zorro en la cueva ajena,
> y en su destino *incostante**
> solo el gaucho vive errante
> donde la suerte lo lleva.
>
> José Hernández, *Martín Fierro*

Avanza Busca alguna tradición de otro país hispano. Luego prepara una pequeña presentación para mostrarla en la clase.

* inconstante

Ricardo Darín

1 A Ricardo Darín forma parte de la tradición y de la modernidad en el cine hispano. Lee la información sobre él y completa la profesión que falta.

B 🔊 Escucha una pequeña parte de una entrevista a Darín y contesta: ¿cuál es la razón por la que nunca quiso ir a Hollywood?

C ¿Estás de acuerdo con la opinión de Darín con respecto a «pensar en otro idioma»? Coméntalo con tu compañero.

2 A Los siguientes textos son sinopsis de seis películas protagonizadas por Ricardo Darín. Hay dos que no tienen título. En parejas, leed la información de las películas destacadas de este actor y escribid los títulos que faltan.

Nombre: Ricardo «Chino» Alberto Darín
Nacimiento: Argentina, 16/01/1957
Profesión: _____, director y guionista.

Películas destacadas:
Nueve reinas, El hijo de la novia, Luna de Avellaneda, El aura, El secreto de sus ojos (ganadora del Óscar a la mejor película de habla no inglesa), *Carancho, Un cuento chino, Elefante blanco, Tesis sobre un homicidio, Relatos salvajes, Truman,* etc.

1 Truman

Julián y Tomás, dos amigos de la infancia con un pasado en común, se reúnen después de muchos años y pasan juntos unos días inolvidables con la compañía del perro de Julián. Este va a ser su último encuentro, su despedida.

2 _____

Rafael dedica 24 horas al día a su restaurante, está divorciado, ve muy poco a su hija, no tiene amigos y evita comprometerse con su novia. Además, hace mucho tiempo que no visita a su madre, internada en un geriátrico porque sufre Alzheimer. Una serie de acontecimientos inesperados le obligan a replantearse su vida. Entre ellos, la intención que tiene su padre de cumplir el viejo sueño de su madre: casarse por la iglesia.

3 El secreto de sus ojos

Benjamín Espósito es oficial de un juzgado de instrucción de Buenos Aires recién retirado. Obsesionado por un brutal asesinato ocurrido veinticinco años antes, decide escribir una novela sobre el caso, del cual fue testigo y protagonista. Reviviendo el pasado, viene también a su memoria el recuerdo de una mujer, a quien ha amado en silencio durante todos esos años.

4 _____

Roberto, un hombre marcado por un duro revés que arruinó y paralizó su vida hace más de veinte años, vive atrincherado frente al mundo y en completa soledad. Sin embargo, un día, Roberto se encuentra con un chino, Jun, y a partir de entonces comienza una forzada y extraña convivencia entre ambos, pues Roberto no habla chino y Jun ni una palabra de español.

5 Relatos salvajes

La película consta de seis episodios que alternan la intriga, la comedia y la violencia. Sus personajes se ven empujados hacia el abismo y hacia el innegable placer de perder el control en situaciones cotidianas, cruzando la delgada línea que separa la civilización de la barbarie.

6 Luna de Avellaneda

Un club de barrio que vivió en el pasado una época de esplendor, está atravesando una crisis que pone en peligro su existencia. La única salida posible es convertirlo en un casino, pero esto se aparta de los ideales y de los fines para los que fue fundado en los años 40: un club social, deportivo y cultural. Los descendientes de los fundadores van a debatir entre la posibilidad de salvarlo a cualquier precio o conservar el espíritu original del club.

Protagonista

2 Tradición

B En las seis películas se pueden ver elementos que se relacionan con costumbres, tradiciones y recuerdos. Lee las afirmaciones y relaciónalas con la sinopsis correspondiente.

a ☐ Se ven costumbres de la vida diaria relacionadas con el suspense, el humor y la agresión.
b ☐ Aparece una relación de amistad de muchos años.
c ☐ Se debate entre mantener la tradición u optar por la modernidad.
d ☐ Se distinguen hábitos de dos culturas diferentes.
e ☐ Se hace referencia a una costumbre religiosa.
f ☐ El protagonista evoca su amor por una mujer.

C Lee las sinopsis de nuevo. ¿A qué película crees que corresponden estas imágenes? Escribe el título. Comenta tus opciones con un compañero.

LA SINOPSIS

- Es un resumen general de una obra en particular. Puede ser una película, una obra de teatro, un libro, etc.

- Características generales:
  Objetivo:
  Informar
  Estructura:
  • Siempre se incluye el título de la obra.
  • Se utiliza el presente, en general.
  Contenido:
  • Se mencionan los protagonistas.
  • Se presentan y describen los aspectos más relevantes.
  • Por lo general, no incluye una visión crítica del tema.
  • No se desvela el final.
  • Se ofrece una visión general de manera resumida.
  • Se añaden elementos motivadores para atraer al receptor.

1 _____

2 _____

3 _____

4 _____

D ¿Qué película(s) te gustaría ver? ¿Por qué? Coméntalo con un compañero.

3 Escribe la sinopsis de dos películas que has visto.

Acción - Reflexión

2 Tradición

Mira las fotos. ¿Conoces alguna de estas celebraciones? Elige una foto, investiga y describe qué se celebra, cuándo, por qué, etc.

Día de los Muertos · Primera comunión · Carnaval de Montevideo · Fiesta de los 15 años

Acción

En grupos, confeccionad un folleto de alguna celebración tradicional de vuestro país u otra que os interese de otro país. La clase va a votar el mejor folleto.

Debéis tener en cuenta:
- El formato del folleto: título, ilustraciones / fotos, tipos de letra, registro, receptor.
- El contenido: nombre de la celebración, fecha, origen, descripción etc.
- La organización para presentarlo en clase: trabajo en grupos, repartición de roles, etc.
- Los criterios que se tienen en cuenta para elegir el folleto: lengua, contenido y presentación.

Actitudes y valores

Marca (X) lo que se corresponde con tu actitud.

- Respeto las opiniones de compañeros de distintas culturas en el trabajo en grupo. ☐
- Aprecio mis propias tradiciones culturales. ☐
- Disfruto del aprendizaje de otras tradiciones y costumbres. ☐

Reflexión

- ¿Qué presencia tienen las costumbres y tradiciones en nuestra vida diaria?
- ¿Crees que las tradiciones son realmente necesarias?
- ¿Hasta qué punto tenemos que respetar las tradiciones de otras culturas y eliminar estereotipos?

3 Cambio

- Hablar sobre las transformaciones en el ámbito laboral
- Comparar la educación en diferentes épocas
- Analizar la situación actual de la mujer
- Hacer una entrevista
- Reflexionar sobre los cambios en la sociedad

- Protagonistas: Jóvenes que han cambiado el mundo
- Tipología textual: La biografía
- Interculturalidad: Los cambios y las diferencias sociales en el mundo
- Actitudes y valores: Adaptarse a nuevas situaciones
- Habilidades de aprendizaje: La resiliencia

1 ¿A qué etapa de la vida corresponde cada foto?
2 ¿Qué características tiene cada etapa de la vida? Elige uno de los siguientes aspectos y coméntalo: aspecto físico, salud, situación económica, educación o tiempo libre.
3 ¿En qué etapa crees que se producen más cambios?
4 ¿Cuál crees que es la mejor etapa? ¿Por qué?

Transformaciones en el mercado laboral

1 Lee la siguiente cita. ¿Qué crees que quiere decir su autor? Coméntalo con tus compañeros.

> Las personas cambian cuando se dan cuenta del potencial que tienen para cambiar las cosas.
> *Paulo Coelho* (1947), escritor brasileño

Avanza Busca otra cita sobre los cambios y compártela con tus compañeros.

2 A En pequeños grupos: ¿qué cambios sociales y económicos creéis que se han producido en los últimos años en vuestro país?

Hay menos gente en el paro porque se han creado nuevas empresas...

B Lee las siguientes afirmaciones sobre las recientes transformaciones en el mercado de trabajo en Europa y señala si crees que son verdaderas (V) o falsas (F). Después, lee el artículo y comprueba tus respuestas.

1. Recientemente ha habido grandes cambios a diferentes niveles.
2. Ha disminuido el número de parados.
3. Ha aumentado la población en edad de trabajar.
4. Las mujeres tienen mejores notas en los estudios que los hombres.
5. Hasta ahora se ha valorado mucho más el conocimiento y la información que la fuerza física y la capacidad productiva.

LAS TRANSFORMACIONES SOCIALES Y LOS CAMBIOS EN EL MERCADO DE TRABAJO

Los cambios sociales que se han producido en Europa y en el conjunto de las sociedades occidentales han sido muy profundos y han afectado al mercado de trabajo, la economía y los estilos de vida de los ciudadanos. [...]

Estas conclusiones tienen validez para las sociedades occidentales, particularmente la europea, donde, a pesar de las lógicas desigualdades entre Estados, se ha producido un crecimiento económico alentador y una transformación del mercado de trabajo basada en el aumento de la población activa, pero también del número de parados.

Si tratamos de sintetizar las principales transformaciones sociales [...] que han afectado al empleo, podemos señalar:

A La modificación de las pirámides demográficas causada por el alargamiento de la esperanza de vida y la caída de la natalidad.

B La extensión de los sistemas educativos por la universalización de la escolarización obligatoria de los 3 a los 16 años. [...]

C La importante incorporación de la mujer al mercado de trabajo una vez alcanzado un nivel de escolarización y de éxito escolar superiores a los de los varones y una radical transformación de las estructuras familiares.

D Los cambios en las pautas de consumo, en la interrelación con el entorno y el tiempo y en los estilos de vida que se expresan en cambios en los gastos de las familias y en la necesidad de adquirir nuevos servicios, la organización distinta del tiempo del trabajo y del tiempo libre y la modificación del sistema de valores.

E El desarrollo de las nuevas tecnologías de la información y de la comunicación ha supuesto no solo un cambio radical en los sistemas de producción y comercialización de las empresas, sino también una notable modificación de las pautas de consumo.

[...] Los expertos consideran que estamos entrando en una nueva era postindustrial donde el conocimiento y la información van a ser más relevantes que la fuerza física, la capacidad productiva y, quizás, el propio capital.

www.educaweb.com

LÉXICO

Sociedad y trabajo
- el crecimiento económico
- la crisis económica
- el mercado laboral
- el consumo
- la producción
- la población activa / la población en paro
- el empleo
- la natalidad
- la mortalidad

GRAMÁTICA

El pretérito perfecto

- Utilizamos el pretérito perfecto para hablar de acciones y experiencias realizadas en el pasado y que están relacionadas con el momento en el que hablamos.

	haber	+ participio
(yo)	he	
(tú)	has	
(él, ella, usted)	ha	cambiado
(nosotros/-as)	hemos	tenido
(vosotros/-as)	habéis	conseguido
(ellos, ellas, ustedes)	han	

Participios irregulares:

hacer – **hecho**   escribir – **escrito**
decir – **dicho**   poner – **puesto**
abrir – **abierto**   morir – **muerto**
romper – **roto**   volver – **vuelto**
ver – **visto**   descubrir – **descubierto**

- Normalmente se utiliza con marcadores de tiempo, como **hoy, este/-a mañana / mes / año, alguna vez / muchas veces, nunca, últimamente...**
Estos marcadores indican que el periodo del que hablamos incluye el presente.
Este año **ha aumentado** *el número de parados.*

- También lo utilizamos si hay un cambio de situación **(ya)** o no **(todavía no)**.
En mi país ya **ha disminuido** *el paro.*
La mujer todavía no **ha conseguido** *la igualdad.*

Transformaciones en el mercado laboral

3 Cambio

C Ahora relaciona las siguientes palabras con las subrayadas en el texto, y escríbelas a continuación.

1 diferencias
2 estimulante
3 intensos
4 resumir
5 cambio
6 desarrollo
7 modelos
8 integración
9 época
10 importante
11 completo/-a
12 comprar

D Lee de nuevo las principales transformaciones sociales que se mencionan en el texto: ¿a cuál se refiere cada una de las siguientes afirmaciones? Escribe la letra correspondiente al lado de cada frase (de la A a la E).

1 ☐ Han aumentado los años de escolarización obligatoria y ahora hay más gente que continúa formándose después de los 16 años.
2 ☐ Las nuevas tecnologías han transformado las empresas.
3 ☐ Ha aumentado la esperanza de vida de las personas.
4 ☐ La incorporación de la mujer al mercado de trabajo ha cambiado las estructuras familiares.
5 ☐ La gente ha cambiado la manera de consumir debido a un cambio en el estilo de vida.

3 A Diego lleva tres meses trabajando en una empresa. Observa las imágenes y lee las frases: ¿en qué crees que ha cambiado desde que trabaja? Márcalo y, después, coméntalo en pequeños grupos.

Diego antes

Diego ahora

1 a ☐ Se ha cortado el pelo.
　b ☐ Se ha dejado barba.
2 a ☐ Se ha vuelto más responsable.
　b ☐ Se ha vuelto más imprudente.
3 a ☐ Ha engordado un poco.
　b ☐ Ha adelgazado.
4 a ☐ Se ha hecho socio de un club de emprendedores.
　b ☐ Se ha hecho fan de un grupo de *hip hop*.
5 a ☐ Ha cambiado de casa.
　b ☐ Se ha quedado en el piso que comparte con sus amigos.

Repasa Las perífrasis de la unidad 2.

B 9 Ahora escucha a Diego y a un amigo y comprueba tus respuestas.

C Y tú, ¿en qué has cambiado en el último año? Escríbelo utilizando las expresiones de cambio del cuadro de comunicación.

Yo he cambiado mucho. Me he vuelto más responsable y ahora estudio más.

COMUNICACIÓN

Expresar cambios

- **Volverse**
Para expresar un cambio no voluntario:
Julián **se ha vuelto** muy pesimista (tacaño / responsable / introvertido / amable…).

- **Hacerse**
Para expresar un cambio voluntario:
Mi hermano **se ha hecho** budista (abogado / comunista…).

- **Engordar / Adelgazar / Crecer / Dejarse**
Para expresar un cambio físico:
He **adelgazado / engordado** cinco kilos.
Tu hijo **ha crecido** mucho.
Se **ha dejado** el pelo largo (barba / bigote...).

Otros verbos relacionados con el cambio:
- **Transformar / Cambiar (de)**
Las nuevas tecnologías **han transformado** los sistemas de producción.
Luisa **ha cambiado de** trabajo (de casa / de amigos / de deporte / de manera de pensar…).

- **Aumentar / Crecer / Disminuir / Descender**
En los últimos años **ha aumentado / ha crecido** el consumo.
La mortalidad **ha disminuido / ha descendido** este año.

Evolución de la educación

1 Mira la fotografía: ¿cómo eran los colegios a principios del siglo pasado? Completa las frases con los siguientes verbos.

era • escribían • recibían • se estudiaba • dejaban • había • llegaban • eran

1. No _____ con bolígrafos.
2. La educación _____ muy estricta.
3. Los niños _____ castigos.
4. No _____ español como segunda lengua.
5. Pocos niños _____ a bachillerato.
6. Muchos colegios no _____ mixtos.
7. Muchos niños _____ los estudios antes de los 14 años.
8. No _____ ordenadores ni proyectores.

Repasa El vocabulario relacionado con los objetos que hay en una clase.

2 A (10) Los estudiantes de un instituto en España han hecho un trabajo y han entrevistado a sus abuelos para saber cómo era la escuela en su época. Escucha a una de las abuelas entrevistadas y responde a las preguntas.

1. ¿A qué época se refiere la abuela? ¿Qué pasaba en España en esa época?
2. ¿Cuántas escuelas había en el pueblo?
3. ¿Tenían todos los niños la misma edad en la clase?
4. ¿Qué había en la clase?
5. ¿Qué hacían antes de empezar la clase?
6. ¿Qué tenían que hacer cuando entraba un profesor en clase?
7. ¿A qué edad dejaban la escuela muchos niños?

B Después de presentar el trabajo, algunos alumnos han comentado por escrito qué les ha parecido la experiencia. ¿Qué aspectos crees que trata cada uno en sus conclusiones?

1. La educación de la mujer
2. La democratización de la educación
3. El trabajo infantil

GRAMÁTICA

El pretérito imperfecto

Con el presente de indicativo describimos personas, cosas, situaciones y hechos en la actualidad; con el pretérito imperfecto las describimos en el pasado.

Antes, no **había** ordenadores en los colegios.

Verbos regulares:

-ar	-er/-ir	
estudiar	aprender	escribir
estudi**aba**	aprend**ía**	escrib**ía**
estudi**abas**	aprend**ías**	escrib**ías**
estudi**aba**	aprend**ía**	escrib**ía**
estudi**ábamos**	aprend**íamos**	escrib**íamos**
estudi**abais**	aprend**íais**	escrib**íais**
estudi**aban**	aprend**ían**	escrib**ían**

Verbos irregulares:
El pretérito imperfecto solo tiene tres verbos irregulares.

ir	ser	ver
iba	era	veía
ibas	eras	veías
iba	era	veía
íbamos	éramos	veíamos
ibais	erais	veíais
iban	eran	veían

Muchos colegios no **eran** mixtos.

JOSÉ ANDRÉS LÓPEZ

He aprendido que antes estudiar era más difícil que ahora, y llegar hasta el bachillerato o estudiar una carrera solo lo hacían los privilegiados porque la mayoría tenía que dejar los estudios para ponerse a trabajar y ayudar a la familia.

LOURDES CAMACHO

Este trabajo me ha hecho pensar que tengo mucha suerte porque puedo elegir mi destino, puedo decidir qué quiero estudiar y qué quiero hacer en mi vida. Mis abuelos, como muchos niños de esa época, no podían porque no tenían recursos.

MARISA ROBLES

Me alegro de vivir en esta época porque las niñas en esos años tenían muy pocas posibilidades. Mi abuela iba a un colegio religioso y lo único que les enseñaban era a leer, escribir, rezar y coser. Entonces, las mujeres tenían muy pocas posibilidades de hacer algo en la vida. Las educaban para ser madres y criar a sus hijos.

C ¿Te ha sorprendido algún aspecto del trabajo de los alumnos? Coméntalo con tus compañeros.

Evolución de la educación 3 Cambio

3 A En la entrevista anterior, la abuela y su nieta hablan sobre la actitud ante los errores. ¿Crees que los errores son positivos o negativos? ¿Sabes qué es la resiliencia? Lee el siguiente fragmento de un blog y señala cuál de las siguientes definiciones de resiliencia crees que es la correcta.

1. Es la capacidad para superar situaciones adversas y aprender de ellas. ☐
2. Es una actitud que se caracteriza por transformar la visión real de uno mismo por una visión incorrecta y negativa. ☐
3. Es saber aceptar algo que no se cree justo para solucionar un problema. ☐

LÉXICO

Actitudes
- superar un obstáculo / un problema
- quedarse estancado/-a
- lograr recuperarse
- luchar por algo
- conseguir algo
- aprender de un error
- tomar una actitud positiva
- reaccionar frente a las adversidades

Inicio | Informes y estudios | Contáctanos | Sala de prensa

CAER, LEVANTARSE, APRENDER Y VOLVER A EMPEZAR: **RESILIENCIA**
Por Isabel Soria del Río

Hay momentos y situaciones en la vida o en el trabajo que afectan de manera traumática a las personas, afectan a las decisiones y generan estrés. Cada individuo reacciona de manera diferente frente a las adversidades: algunos toman actitudes positivas, superan los obstáculos admirablemente y tratan de sacar aprendizajes de esas situaciones. Otros se quedan estancados en sus recuerdos negativos.
A aquellas personas que logran recuperarse fácilmente, que aprenden de los problemas y mantienen un espíritu de esperanza frente a las adversidades se las consideran resilientes.

Fuente: blog.inspiringbenefits.com

B Lee las experiencias de tres alumnos de un instituto. ¿A quién se refieren estas frases? Márcalo con una X.

	TERESA	ADRIANA	PABLO
1 No se ha quedado estancado/-a y ha decidido luchar por lo que le gusta.			
2 Ha adoptado una actitud negativa y no ha superado su problema.			
3 Tiene una visión positiva y ha conseguido aprender de sus errores.			

» TERESA COMAS
Teresa ha dejado para el último momento un trabajo para la asignatura de Historia y ahora no tiene tiempo de hacerlo. Va a sacar una mala nota y lo acepta, porque ahora ya no puede hacer nada. Ha decidido que es la última vez que le ocurre y que la próxima vez va a planificar mejor su tiempo y a organizarse de otra forma.

» ADRIANA GÓMEZ
Adriana tiene 17 años. Esta semana ha tenido un examen de Español y lo ha suspendido. Su profesora ha hablado con ella para convencerla de que tiene que entender por qué ha sacado malas notas y luchar por cambiar la situación, pero Adriana no quiere, se siente muy mal, y ha decidido dejar la asignatura.

» PABLO RAMOS
A Pablo le gusta mucho el fútbol. Tiene muy buena coordinación, pero no corre mucho. Ha intentado jugar de delantero y de defensa, pero sabe que no lo hace muy bien. Desde hace unos días juega de portero y sus compañeros están muy contentos porque con él han conseguido ganar más partidos que antes. Sabe que su experiencia en otros puestos lo ha ayudado a entender cómo se juega y a poder aplicar esos conocimientos a la portería.

C ¿Te parece que todos son personas resilientes? Comentadlo en parejas.
Me parece que Teresa…

D (11) Un psicólogo del instituto comenta la actitud de estos alumnos. Escucha y comprueba tus respuestas.

Avanza Escribe una pequeña anécdota con un ejemplo de resiliencia.

HABILIDAD DE APRENDIZAJE

La resiliencia
La resiliencia consiste en ser capaz de superar adversidades, de corregir errores, aprender de las malas experiencias y aplicar ese aprendizaje en el futuro.

Revolución de la mujer

1 ¿En qué ha cambiado la situación de la mujer en los últimos cien años? Trabaja en grupos con tus compañeros. Investigad y escribid frases con algunos de los cambios en los siguientes ámbitos.

derechos • educación • trabajo • vida familiar • costumbres

Antes, la mujer no podía votar.

2 A Leed la siguiente infografía sobre algunos logros de la mujer a lo largo de la historia y comparadlos con vuestra lista. Observa primero las palabras en negrita: ¿sabes su traducción en tu idioma?

CINCO LOGROS DE LA MUJER EN LA HISTORIA

El 8 de marzo es el Día de la Mujer y nos sirve para recordar todas sus conquistas a lo largo de la historia. Todo comenzó en 1911 en Nueva York, con el incendio en la fábrica de camisas Triangle Shirtwaist, en el que murieron 146 trabajadoras y que provocó un nuevo movimiento de lucha por los **derechos** de las mujeres. Un hecho que generó innumerables **manifestaciones**, **huelgas** y **movilizaciones** para conseguir el desarrollo de políticas laborales y sociales justas en Estados Unidos, así como la creación del Sindicato Internacional de Mujeres Trabajadoras Textiles, el cual inspiró la fundación de posteriores organizaciones dedicadas a preservar la salud de la mujer en el trabajo.

Derecho de sufragio
La mujer tuvo derecho a voto sin restricciones en Nueva Zelanda en 1893. Fue el primer país en el mundo que decidió ofrecer a las mujeres la posibilidad de elegir un gobierno.

Educación
Las primeras universidades datan del siglo XI, pero aunque la primera mujer que consiguió llegar a la universidad fue Elena Lucrecia Cornaro, en el siglo XVII, en la Universidad de Padua (Italia), la mayoría de las mujeres no pudieron acceder a la educación superior hasta el siglo XX, y únicamente en naciones con un mayor desarrollo del sistema educativo.

Política
La primera mujer que ocupó el cargo de jefa de Gobierno fue Sirimavo Ratwatte Dias Bandaranaike, en Sri Lanka. Conocida como la Señora B, gobernó su país en tres ocasiones: 1960-1965, 1970-1977 y 1994-2000.

Trabajo
En 1910 se proclamó el Día Internacional de la Mujer Trabajadora (actual Día de la Mujer) en el contexto de la II Conferencia Internacional de Mujeres Socialistas, que se celebró en Dinamarca.

Ropa
En 1934 se crearon los primeros vaqueros para mujeres: Lady Levi's. La minifalda se hizo popular en Inglaterra en los años 60, gracias a la diseñadora Mary Quant.

Información extraída de www.biobiochile.cl y de Wikipedia

B Vuelve a leer el texto y responde a las preguntas.

1 ¿Qué suceso generó un nuevo movimiento social para defender los derechos de las mujeres?
2 ¿Dónde y cuándo pudieron votar las mujeres por primera vez?
3 ¿Cuál fue el primer país que tuvo una mujer como jefa del gobierno?
4 ¿Cuándo empezaron las mujeres a ir a la universidad?
5 ¿En qué época empezaron las mujeres a llevar pantalones?

C Busca en el texto todos los verbos irregulares en pretérito indefinido. Después, escribe al lado de cada uno su infinitivo.

murieron - morir

3 A La situación de la mujer no es igual en todo el mundo. Lee el informe de la página siguiente sobre la situación de la mujer en América Latina y el Caribe y completa con estas frases.

1 para promover la igualdad de género
2 siguen existiendo altos niveles de desigualdad
3 incluye un poderoso instrumento regional
4 surgen nuevas formas de violencia contra las mujeres
5 han asumido importantes compromisos

GRAMÁTICA

El pretérito indefinido

Para hablar e informar sobre acciones y acontecimientos del pasado que se presentan finalizados y ocurrieron en un momento del pasado que no tiene relación con el presente.

-ar	-er	-ir
aprobar	ofrecer	decidir
aprobé	ofrecí	decidí
aprobaste	ofreciste	decidiste
aprobó	ofreció	decidió
aprobamos	ofrecimos	decidimos
aprobasteis	ofrecisteis	decidisteis
aprobaron	ofrecieron	decidieron

Revolución de la mujer

3 Cambio

La mujer en América Latina y el Caribe

Los países de América Latina y el Caribe (A) _____ en lo que se refiere a los derechos de la mujer. Todos ellos han ratificado la Convención sobre la Eliminación de Todas las Formas de Discriminación contra la Mujer [...]. El sistema interamericano de derechos humanos (B) _____ para combatir la violencia contra las mujeres: la Convención de Belém do Pará. En consonancia con los acuerdos internacionales y con la Plataforma de Acción de Beijing, y tras muchos años de trabajo en favor de los movimientos de mujeres, varios países decidieron actuar (C) _____ a través de la modificación de sus constituciones, la creación de ministerios o institutos de asuntos de la mujer, la reforma de sus códigos civiles, la tipificación de la violencia de género como delito y el establecimiento de cuotas de género para los cargos políticos.

A pesar de que casi todos los Estados de la región están considerados como países de ingreso medio, (D) _____ y exclusión social, especialmente entre las mujeres, los pueblos indígenas y afrodescendientes, y los jóvenes. De acuerdo con el Informe sobre Desarrollo Humano para América Latina 2010, en esta región se encuentran 10 de los 15 países con mayores niveles de desigualdad del mundo. La seguridad pública es una preocupación creciente y (E) _____ [...].

www.unwomen.org

B Lee de nuevo el informe y señala la respuesta correcta.

1 **Algunos / Todos** los países han acordado la eliminación de todas las formas de discriminación contra la mujer.
2 **Muchos / Algunos** países cambiaron sus constituciones, crearon institutos de la mujer o reformaron sus códigos civiles.
3 **En casi todos / En todos** hay mucha desigualdad y exclusión social entre algunos sectores de la población.
4 **La mayoría / La minoría** de los países con mayores niveles de desigualdad del mundo se encuentran en América Latina y el Caribe.

Repasa Los cuantificadores en la unidad 2.

C Comentad en grupos en qué situaciones creéis que la mujer está discriminada.

Las mujeres no tienen el mismo salario que muchos hombres por el mismo trabajo.

4 A (12) Lee el cuadro sobre las letras C, S y Z. Después, escucha y escribe algunas de las palabras que has visto en esta unidad.

1 _____   3 _____   5 _____   7 _____
2 _____   4 _____   6 _____   8 _____

B (13) Escucha ahora a dos personas. Mercedes es de Madrid y Bibiana, de Buenos Aires. Escribe quién dice las siguientes palabras: M o B.

1 convención ☐
2 social ☐
3 preocupación ☐
4 internacional ☐
5 acción ☐
6 decisión ☐
7 modificación ☐
8 discriminación ☐
9 alcanzar ☐
10 creación ☐

GRAMÁTICA

Verbos irregulares en pretérito indefinido

tener	ser / ir	dar
tuv-**e**	fui	di
tuv-**iste**	fuiste	diste
tuv-**o**	fue	dio
tuv-**imos**	fuimos	dimos
tuv-**isteis**	fuisteis	disteis
tuv-**ieron**	fueron	dieron

Otros verbos que terminan como el verbo **tener**: estar (**estuv-**), hacer (**hic-**), poner (**pus-**), venir (**vin-**), poder (**pud-**), saber (**sup-**).
*El acceso de las mujeres a la educación superior no **tuvo** lugar hasta el siglo XX.*
*Tereshkova **fue** la primera mujer astronauta.*

Irregulares en la 3.ª persona del singular y del plural:

conseguir (e > i)	dormir (o > u)	leer (i > y)
conseguí	dormí	leí
conseguiste	dormiste	leíste
cons**i**guió	d**u**rmió	le**y**ó
conseguimos	dormimos	leímos
conseguisteis	dormisteis	leísteis
cons**i**guieron	d**u**rmieron	le**y**eron

e > i: *repetir, sentir, seguir, competir, elegir, medir, preferir, servir*
o > u: *morir*
i > y: *oír, caer*

ORTOGRAFÍA Y PRONUNCIACIÓN

Las letras C, S y Z

En gran parte de España, C/Z y S representan sonidos distintos, pero en el resto de lugares de habla hispana representan el mismo sonido. Algunas normas ortográficas:

C - Las palabras que terminan en **-z**, al ir en plural, cambian la **z** por la **c**: *lápiz-lápices*.
  - Los verbos terminados en **-zar** cambian la **z** por **c** antes de la letra **e**: *empezar-empecé*.
  - Se escriben con **c** todos los verbos terminados en **-ducir** (*conducir, traducir, reproducir...*) y en **-cer** (*aparecer, ofrecer, conocer...*).
  - Las palabras terminadas en **-cia, -cie** y **-cio**: *advertencia, superficie, inexperiencia...*

Z - La letra **z**, se utiliza con sustantivos que terminan en **-ez, -eza**: *naturaleza, validez...*

S - Van con **s** las palabras que terminan en **-sivo**: *intensivo, represivo...*
  - También las nacionalidades o gentilicios que terminan en **-és, -esa**: *inglés, francesa...*

treinta y nueve **39**

Jóvenes que han cambiado el mundo

1 En pequeños grupos, escribid una lista de personas que han ayudado a mejorar el mundo y señalad por qué. Después podéis ponerla en común con la clase.

Nelson Mandela consiguió eliminar el apartheid *en Sudáfrica…*

2 A Lee los siguientes textos. ¿Qué son?

○ sinopsis   ○ artículos   ○ biografías   ○ anuncios

RYAN HRELJAC

A los seis años (1998), Ryan Hreljac se enteró de que los niños en África deben caminar kilómetros cada día para llevar agua a sus casas. Decidió, entonces, construir pozos para ellos. El primer pozo de Ryan se encuentra en la escuela primaria Angolo, al norte de Uganda. Actualmente, su fundación, Ryan's Well, ha completado hasta hoy 667 proyectos en 16 países, beneficiando a 714.000 personas.

KATIE STAGLIANO

En 2008, con nueve años, Katie Stagliano llevó a casa una pequeña col como una actividad de su escuela. Al cuidarla, creció hasta pesar 20 kilos. Katie la llevó a un comedor popular, donde sirvió de alimento para 275 personas. Cuando vio la cantidad de gente a la que podía ayudar, comenzó a cultivar jardines para donar las cosechas. Hoy, estas donaciones siguen alimentando a miles de personas.

DYLAN MAHALINGAM

Cofundó a los nueve años la organización Lil' MDGs, que tiene el objetivo de utilizar internet para mejorar el mundo en el que vive. Después de un viaje a la India, decidió emprender este proyecto, que consiste en capacitar a jóvenes de todas partes del planeta para que participen en los Objetivos de Desarrollo del Milenio (ODM).
Estos ocho objetivos, establecidos por las Naciones Unidas, incluyen acabar con la pobreza y el hambre, la educación universal, la igualdad de género y la lucha contra el VIH. Su organización ha movilizado a más de 3 millones de niños en todo el mundo para trabajar en una variedad de temas, con más de 24 mil voluntarios regulares provenientes de 41 países.

MALALA YOUSAFZAI

Esta joven estudiante, activista y bloguera pakistaní, se hizo famosa por el atentado que sufrió cuando iba a la escuela. A partir de entonces no ha dejado de defender el derecho a la educación de las mujeres y, por ello, recibió el Premio Nobel de la Paz. Tiene su propia fundación para garantizar la educación a las niñas: Malala Fund.

Información extraída de: http://mundoeconene.com

Protagonistas   3 Cambio

B Resume en una frase qué es lo más importante que ha hecho cada uno de los personajes mencionados en el artículo. ¿Qué tienen todos ellos en común?

Ryan Hreljac: *Creó una fundación para...* _____
Katie Stagliano: _____
Malala Yousafzai: _____
Dylan Mahalingam: _____

C ¿Cuáles de las siguientes características tienen los textos anteriores?

	Sí	No
1 Destacan los logros de esas personas.		
2 Utilizan fechas y marcadores temporales.		
3 Los hechos se describen con verbos en presente.		
4 Se incluyen datos personales.		
5 Informan sobre el lugar de nacimiento.		

LA BIOGRAFÍA

- Resume los principales hechos en la vida de una persona.

- Pasos para escribir una biografía:
  • Decide sobre quién vas a escribir la biografía.
  • Busca información sobre la persona y ordénala.
  • Organiza tus pensamientos antes de comenzar a escribir y piensa qué partes de la vida de la persona tienen más interés. Pregúntate: ¿por qué es especial esta persona?; ¿qué acontecimientos marcaron la vida de esta persona?
  • Redacta la biografía con los contenidos más destacables.

- La biografía puede tener varios formatos (escrito, oral, audiovisual) y diferentes extensiones (más larga o más corta). Puede ser cronológica o narrativa.
  • La **biografía cronológica** se organiza a partir de fechas y es común utilizar el presente histórico:

  1881: Pablo Ruiz Picasso nace en Málaga el 25 de octubre. Es hijo primogénito de José Ruiz Blasco, vasco de nacimiento, pintor, profesor de la Escuela de Bellas Artes de Málaga y conservador del Museo Municipal. Su madre, María Picasso López, es de origen italiano por línea paterna.

  1891: La familia deja Málaga y se traslada a La Coruña, donde el padre obtiene una plaza de profesor en la Escuela de Bellas Artes.

  • La **biografía narrativa** resalta aspectos o logros de la persona y suele escribirse en pasado (pretérito indefinido o imperfecto):

  Pablo Diego José Ruiz Picasso, conocido luego por su segundo apellido, nació el 25 de octubre de 1881 en el n.º 36 de la plaza de la Merced de Málaga. El padre era profesor de dibujo en la Escuela Provincial de Artes y Oficios. La primera infancia de Pablo transcurrió entre las dificultades económicas de la familia y una estrecha relación entre padre e hijo. El niño era un escolar bastante perezoso y muy distraído, pero con facilidad para el dibujo...

3 Escribe una biografía sobre un personaje que ha hecho algo importante para cambiar el mundo. Después, preséntasela a la clase.

Acción - Reflexión

3 Cambio

Mira las siguientes fotos: ¿qué temas crees que tratan cada una? En parejas, elegid una foto y comentad qué cambios se han producido recientemente (o no) sobre ese tema.

Acción

Haz una entrevista a uno de tus abuelos o a una persona mayor de tu entorno sobre cómo era uno de los siguientes aspectos en su época.

El trabajo   La educación   La igualdad de género

1 Puedes grabar la entrevista o escribirla.
2 Escribe una conclusión comparando los resultados de la entrevista con la situación actual.
3 Presenta tu trabajo a la clase de forma oral o escrita (puedes utilizar diferentes recursos: fotografías, audiovisuales, etc.).

Actitudes y valores

Valora la actividad que has realizado. Responde *sí* o *no*.

	Sí	No
- La entrevista me ha servido para valorar los derechos que tengo.	☐	☐
- He aprendido que las situaciones difíciles pueden superarse.	☐	☐
- Con las presentaciones de mis compañeros he descubierto aspectos de la vida de la gente mayor que no conocía.	☐	☐

Reflexión

- ¿Qué acciones se pueden realizar para mejorar el mundo y la calidad de vida de las personas?
- ¿Cómo crees que una pequeña acción de una persona puede contribuir a cambiar el mundo?
- ¿Son todos los cambios positivos?

4 Convivencia

- Hablar sobre culturas que conviven
- Describir reglas sobre la convivencia
- Comparar movimientos migratorios
- Escribir una entrada en un blog sobre la convivencia
- Reflexionar sobre los movimientos migratorios

- **Protagonistas:** Políticos europeos y convivencia
- **Tipología textual:** El artículo de opinión
- **Interculturalidad:** Convivir respetando distintas culturas
- **Actitudes y valores:** Tener conciencia de nuestra historia
- **Habilidades de aprendizaje:** La mediación

1 Relaciona estos títulos con las fotos.

a Huir del país para salvar la vida ☐
b Diversidad es creer que ser diferentes es positivo ☐
c Más similitudes que diferencias ☐
d El apoyo de la familia ☐

2 ¿Es posible la convivencia pacífica entre diversas culturas?

3 ¿Por qué se margina o discrimina a determinadas personas?

4 ¿Qué papel desempeñan las lenguas en la convivencia de las diversas culturas?

Comunicación intercultural

1 A (14) Convivir en una nueva cultura es, sin duda, una experiencia muy importante. Escucha en un programa de radio esta encuesta a tres personas que no viven en su país y completa la tabla.

	Razón por la que se fue de su país	Razón por la que se queda	Factores positivos	Factores negativos
Alejandro, cubano (España)		Conseguir dinero.	Personas que ayudan.	
Marta, española (Reino Unido)	Mejorar el currículo.		Tener un buen trabajo. Conocer a gente interesante.	
Roberto, mexicano (Estados Unidos)		Terminar el proyecto.		No conoce a nadie.

B ¿Conoces a personas que viven fuera de su país de origen? Comentad en pequeños grupos las siguientes cuestiones.

- Razones para cambiar de país
- Razones para quedarse o marcharse del país de acogida
- Factores positivos y negativos de la convivencia con la nueva cultura

Conozco a varias personas que se han marchado porque no encuentran trabajo.

2 A Antes de leer la reseña histórica sobre la Escuela de Traductores, intenta contestar a estas preguntas con un compañero.

1. ¿Sabes qué culturas y religiones convivían en la península ibérica en la Edad Media?
2. ¿Cómo se transmitía el conocimiento en aquella época?
3. ¿Cuál crees que ha sido el papel de la traducción de libros para la transmisión de la cultura?

B Ahora, lee el texto y señala si estas frases son verdaderas (V) o falsas (F). Justifica tus respuestas con frases del texto.

1. Los musulmanes en la Edad Media extendieron sus conocimientos por Occidente.
2. Los libros que llevaron los árabes a al-Ándalus se tradujeron al castellano antiguo.
3. La mayoría de los libros traducidos eran de ciencias.
4. Toledo fue una ciudad árabe y después, cristiana.
5. En la ciudad había cinco culturas que convivían.
6. Todos los documentos y libros eran de origen árabe.

LÉXICO

Religiones
- el islam – musulmán(ana)
- el cristianismo – cristiano/-a
- el judaísmo – judío/-a
- el budismo – budista
- el hinduismo – hindú

- convertirse al cristianismo / al budismo, etc.
- ser musulmán / judío, etc.

La Escuela de Traductores de Toledo

En el siglo XII los árabes llevaron a al-Ándalus (la actual Andalucía) muchos documentos y libros árabes, judíos y griegos que trataban de conocimientos traídos de todo el mundo antiguo. Los cristianos eran conscientes de que esos conocimientos eran imprescindibles para consolidar su poder. Así, decidieron traducir al latín las obras que **habían traído** los árabes. Las principales materias que trataban eran la medicina, las matemáticas, la astrología, la astronomía, la magia y la filosofía.

Alfonso VI de Castilla **había reconquistado** Toledo a los árabes en 1085 y muy pronto lo convirtió en un centro cultural. En esta ciudad se refugiaron muchos judíos, y algunos musulmanes, que **habían huido** de almorávides y almohades[1]. Dentro del núcleo urbano se crearon comunidades de cristianos y judíos que vivían pacíficamente y **habían adoptado** el lenguaje, el estilo de vida y la cultura árabes. Por lo tanto, Toledo se convirtió en la Ciudad de las Tres Culturas. En el siglo XII surgió allí la Escuela de Traductores de Toledo, que convirtió a esta ciudad en un importante núcleo intelectual a nivel europeo.

En la escuela, el trabajo se organizaba en equipo mediante una cadena de traducciones sucesivas. Los mozárabes, cristianos que entendían el árabe porque vivían en territorio árabe, traducían del árabe al romance (al castellano antiguo); a su vez, los clérigos de la catedral toledana, que conocían el latín, traducían del romance al latín. Igualmente, los judíos de Toledo traducían del árabe al hebreo y del hebreo al latín. De manera que la llamada Escuela de Traductores de Toledo consiguió enriquecer la cultura occidental al incorporar los conocimientos que los árabes **habían copiado** y habían conservado de otros, aportando los suyos propios.

(1) Los almorávides y almohades fueron grupos de árabes que provenían del norte de África.

Adaptado de: http://spainillustrated.blogspot.de

Avanza Escribe un resumen sobre qué era la Escuela de Traductores de Toledo.

Comunicación intercultural

4 Convivencia

C Observa en el texto los verbos en negrita e indica qué ocurrió antes y qué ocurrió después en las frases subrayadas. ¿Por qué crees que se utiliza este pasado en las frases?

D Completa estas frases con verbos en el pretérito pluscuamperfecto.

Cuando se fundó la Escuela de Traductores…
1. la ciudad de Toledo ya _____ (ser) cristiana antes.
2. muchos judíos _____ (refugiarse) en ella.
3. los judíos y los cristianos _____ (adoptar) costumbres árabes.
4. Toledo _____ (convertirse) en la ciudad de las tres culturas.
5. los árabes ya _____ (traer) muchos libros a Toledo.
6. Alfonso VI _____ (reconquistar) el territorio a los árabes.

GRAMÁTICA

El pretérito pluscuamperfecto
- Se utiliza para expresar un pasado anterior al pasado de la narración.
- Se forma con el pretérito imperfecto del verbo *haber* + el participio pasado del verbo.

había habías había habíamos habíais habían	+	adopt**ado** s**ido** convert**ido**

*Los cristianos decidieron traducir al latín las obras que **habían traído** los árabes.*

3 Escribe en pasado esta pequeña biografía de Julio Cortázar, reconocido escritor y traductor.

Julio Cortázar **nace** en Bruselas en 1914, cuando los alemanes ya **han invadido** esa ciudad. A los cuatro años **va** a Argentina, pero la familia **ha vivido** antes en Suiza y en Barcelona. Cuando se **traslada** a París con una beca, ya **ha publicado** antes en Argentina poemas y cuentos breves. En los años sesenta, Cortázar se **convierte** en una de las principales figuras del llamado *boom* de la literatura hispanoamericana. Su viaje a Cuba en 1962 **constituye** una experiencia decisiva en su vida: el intelectual introvertido que **ha sido** hasta entonces se **convierte** en un activista político. Tres años antes de morir, ya **ha adoptado** la nacionalidad francesa, sin renunciar a la argentina. **Fallece** en París en 1984, y un poco antes **ha muerto** su segunda mujer.

Repasa El lenguaje de opinión, acuerdo y desacuerdo.

4 A En grupos, traducid este fragmento de un poema. Podéis usar un diccionario. ¿Os resulta fácil o difícil? ¿Por qué?

Alguien escribe en mí, mueve mi mano,
escoge una palabra, se detiene,
duda entre el mar azul y el monte verde.
Con un ardor helado
contempla lo que escribo.

Fragmento del poema «Escritura» del libro *Calamidades y milagros*.

Octavio Paz, México (1914-1998), Premio Nobel de Literatura.

HABILIDAD DE APRENDIZAJE

La mediación
- La mediación consiste en procesar una información recibida y dar un significado equivalente en otra lengua. Las actividades de mediación incluyen:
  - La interpretación oral, que va desde la interpretación simultánea de congresos a una interpretación informal en situaciones sociales.
  - La traducción escrita, que comprende desde la traducción exacta y literaria hasta el resumen y la paráfrasis de textos.
- Ambas son habilidades de aprendizaje porque sirven para aprender y comparar conceptos y estructuras.

B Discutid en grupos pequeños estas cuestiones sobre la traducción.
1. ¿Es posible traducir un poema?
2. ¿Qué problemas tiene la traducción?
3. ¿Utilizas tú la traducción para aprender español?
4. ¿En qué momentos? ¿Por qué?

Relaciones sociales

1 A La convivencia, a veces, genera conflictos. En grupos pequeños, realizad una lluvia de ideas de los conflictos que pueden surgir cuando se vive en la misma casa.

La limpieza de los espacios comunes, los ruidos, etc.

B Las normas de convivencia ayudan a la solución de conflictos. Leed estas en pequeños grupos y comentad cuáles aprobáis. Después, reescribidlas cambiando lo que os parezca necesario.

NORMAS PARA UNA BUENA CONVIVENCIA
Si quieres vivir feliz y en paz con otras personas, debes…

1. Respetar las posesiones que tienen los otros. No coger cosas sin permiso.
2. Limpiar los lugares comunes (cocina y baño) después de usarlos.
3. Escuchar los problemas de los demás.
4. Tener empatía y estar siempre dispuesto a ayudar.
5. Ser sincero y honrado en todo momento.
6. Evitar el lenguaje ofensivo.
7. Saber cuándo te equivocas y pedir perdón.
8. Ser solidario y cooperar con los demás.
9. Fomentar el autocontrol, no perder los nervios y tener calma.
10. Respetar todas las normas anteriores.

Encuentro bien la norma número 1; creo que pedir permiso es muy importante…

C Ahora, en grupos de cuatro, siguiendo la misma estructura, escribid las normas de convivencia de la clase de Español.

Avanza Podéis hacer un póster para las normas. Añadid dibujos y las firmas de todos y pegadlo en la pared para el resto del curso.

2 A Mira las viñetas de la familia Sánchez y emparéjalas con los diálogos. Después, decide cuáles de ellas son conflictos y cuáles no.

1. **Julia:** Oye, Félix, ¿cuándo vas a salir? ¡Llevas una hora dentro!
   Félix: Pues tienes que esperar un poco más…
   Julia: Pero es que he quedado con David para ir al cine y voy a llegar tarde.

2. **Madre:** ¡Eh! A ver quién recoge la mesa hoy…
   Félix: Yo ya lo hice ayer.
   Julia: Pues yo antes de ayer.
   Sonia: Yo la he puesto, así que os toca a vosotros.
   Padre: ¡Venga! La recogemos todos juntos. ¿De acuerdo?

3. **Madre:** Vale, entonces, si tú pasas el aspirador, yo limpio el cuarto de baño…
   Padre: ¡Muy bien! Y después nos vamos al cine.
   Madre: ¡Estupendo!

4. **Sonia:** ¡Me has vuelto a coger los pantalones!
   Julia: ¡Qué dices! Yo no me los he puesto. Seguro que están en el armario. ¡Mira, aquí están!
   Sonia: ¡Ah! Perdona.

COMUNICACIÓN

Expresar aprobación y desaprobación

- *Me parece (muy) mal / bien* + sustantivo / infinitivo
  Me parece muy bien limpiar todos juntos.

- *Veo / Considero / Encuentro* + adjetivo
  Considero exagerado tener que escribir y firmar las normas.

Relaciones sociales

4 Convivencia

B Ahora, lee estas frases. Hay dos que no son verdad, ¿cuáles son?

1. Como Félix lleva mucho tiempo en el cuarto de baño, Julia se enfada.
2. El padre va al supermercado, **por eso** la madre pasa el aspirador.
3. Sonia se enfada **porque** piensa que su hermana ha cogido sus pantalones.
4. Los chicos riñen, **así que** la madre recoge la mesa sola.

C Observa los conectores en las frases del ejercicio anterior. ¿Puedes cambiar el resto de las frases siguiendo este modelo?

1. **Como** Félix lleva mucho tiempo en el cuarto de baño, Julia se enfada.
   a. Julia se enfada **porque** Félix lleva mucho tiempo en el cuarto de baño.
   b. Félix lleva mucho tiempo en el cuarto de baño, **por eso** Julia se enfada.
   c. Félix lleva mucho tiempo en el cuarto de baño, **así que** Julia se enfada.

D (15) Escucha y lee los diálogos y fíjate en las exclamaciones. Después, con un compañero, volved a leer los diálogos en alto y concentraos en la entonación.

E En grupos, escribid dos diálogos más. Después, aprendedlos de memoria y representadlos en la clase. Algunas ideas:

Uno de los hijos llega tarde a casa. / Nadie quiere sacar a pasear al perro.

3 A Observa este blog de un grupo de las islas Canarias. Ahora, lee y contesta a estas preguntas.

1. ¿A quién va dirigido?   2. ¿Cuál es su objetivo?   3. ¿De qué temas trata?

INICIO   PARTICIPA   ENLACES

Blog de **convivencia positiva**
¡contamos con tu participación!

Escrito por Canarias Convivencia el 5 febrero.
Posteado en Inicio-Convivencia Positiva

Bienvenido/-a a este blog, que surge como recurso de ayuda para impulsar el modelo de convivencia positiva.
Los centros que apuestan por este modelo constatan que tiene efectos importantes en el **bienestar de todos los miembros de la comunidad educativa** y en el ambiente de aprendizaje en el centro. Muchos centros están desarrollando actuaciones de convivencia positiva. Nuestra intención es dar visibilidad y ofrecer las experiencias de nuestras siete islas en este espacio de encuentro.
Docentes y alumnado que se dan oportunidades…

Escrito por Convivencia positiva el 27 noviembre.

Muchos alumnos y alumnas han tenido ocasión de resolver sus conflictos gracias a la empatía, a realizar cambios, a pedir perdón y, en general, al desarrollo de habilidades sociales.
Cada día aumenta el número de docentes que confían en modelos de convivencia positiva, que ven los resultados (a corto, medio y largo plazo) y que utilizan estilos dialogantes, empáticos y cercanos. Una forma de ser y estar en las aulas apropiada a los tiempos que corren y a las demandas de una sociedad en continuo cambio y en conflicto. Docentes que han encontrado en la disciplina positiva la manera de respetar y ser respetados.

Adaptado de: www.gobiernodecanarias.org

B En los dos últimos párrafos, busca palabras que significan:

1. solucionar confrontaciones
2. crece
3. profesores
4. el momento actual

COMUNICACIÓN

Causa y consecuencia

Conectores para expresar causa: *como, porque, es que*

- **Como:** se usa cuando se expresa la causa primero.
  Como Félix lleva mucho tiempo en el cuarto de baño, Julia se enfada.
- **Porque**: se usa después de la oración principal y antes de la causa.
  Julia se enfada *porque* Félix lleva mucho tiempo en el cuarto de baño.
- **Es que:** se utiliza en el lenguaje coloquial, preferentemente hablado y, normalmente, para justificarse.
  • Julia, ¿por qué estás tan enfadada?
  ■ ¡*Es que* Félix lleva mucho tiempo en el cuarto de baño!

Conectores para expresar consecuencia: *por eso, así que*

- **Por eso** va detrás de un punto o una coma.
  Félix lleva mucho tiempo en el cuarto de baño, *por eso* Julia se enfada.
- **Así que** une las dos frases.
  Félix lleva mucho tiempo en el cuarto de baño, *así que* Julia se enfada.

ORTOGRAFÍA Y PRONUNCIACIÓN

La exclamación

Se usa para expresar emociones, sentimientos y estados de ánimo. Hay dos tipos:
- **Total.** Cuando es toda una frase. La entonación es ascendente.
  ¡Llevas una hora dentro!
- **Parcial.** Cuando van introducidas por un pronombre, adverbio o adjetivo exclamativo. La entonación enfatiza la primera palabra.
  ¡Qué dices!

Interjecciones

Son palabras que expresan sentimientos y emociones. Algunos ejemplos son:
¡Ay! (dolor), ¡oh! (admiración, pena), ¡huy! (asombro), ¡ah! (sorpresa, comprensión de lo oído), ¡eh! (llamada de atención).
A veces se usan como interjecciones adjetivos, sustantivos, verbos o adverbios.
¡Oye!, ¡Estupendo!, ¡Mira!, ¡Venga!, ¡Vamos!, ¡Vaya!

Emigración

1 A ¿Cómo emigran las personas a otro país? ¿Son siempre bienvenidos? ¿Cuáles son las razones?

B Lee este fragmento de un libro sobre los españoles que fueron a vivir a América y contesta a estas preguntas.
1. ¿Cómo se acogió a los españoles en América?
2. ¿En qué medio de transporte llegaban?
3. ¿A qué países fueron mayoritariamente?
4. ¿Qué tipo de personas llegaban a América: profesiones, clase social, etc.?
5. ¿Qué significó este éxodo para España?
6. ¿Qué significó la llegada de tantos españoles para los países americanos?

LÉXICO

La convivencia
- la emigración / emigrar
- la integración / integrarse
- la adaptación / adaptarse
- el rechazo / rechazar
- la aceptación / aceptar
- la acogida / acoger
- la tolerancia / tolerar

Salidas a América

MÉXICO, país que se había singularizado por apoyar a la República española durante la Guerra Civil,[1] acogió a los refugiados españoles sin limitaciones y mantuvo el reconocimiento oficial de la República en el exilio hasta su extinción en 1977.

La actitud de acogida de los exiliados por parte del general Lázaro Cárdenas, presidente de México, fue contundente. […] En el verano de 1937 acogió ya a 500 niños evacuados. Y en 1939, al conocer las condiciones infrahumanas en que se encontraban los refugiados españoles en los campos del sur de Francia, puso en marcha una generosa política de asilo. A partir de abril de 1939 llegaron a México, procedentes de Francia, los barcos *Flandra*, *Sinaia*, *Ipanema* y *Mexique* con refugiados españoles.

El número total de refugiados españoles que llegaron a México se aproximó a los 20 000. Era gente profesionalmente muy cualificada. Allí llegó una parte muy importante de la intelectualidad española, que en el primer tercio del siglo había situado a España en un nivel científico, artístico y literario muy elevado: catedráticos universitarios, científicos, escritores, arquitectos, ingenieros, directores de cine, actores y actrices, periodistas, médicos, juristas, historiadores, pedagogos, militares, músicos, traductores, editores… Incorporados a la vida cultural mexicana, dejaron en ella una huella muy transformadora. También llegaron refugiados españoles a Cuba, República Dominicana, Colombia, Venezuela y otros países iberoamericanos. […]

Este espectacular éxodo de una parte muy significativa de la intelectualidad española supuso una dolorosa pérdida. Para los países hispanoamericanos receptores supuso un gran enriquecimiento. Algunas universidades americanas experimentaron con la incorporación de catedráticos e investigadores españoles cambios traducidos en un gran salto adelante. Piénsese, por ejemplo, que la Universidad Autónoma de México llegó a tener un 60 % de profesores españoles.

[1] La Guerra Civil española fue el resultado de un golpe de estado contra la Segunda República y duró tres años, de 1936 a 1939. Como consecuencia, muchos españoles contrarios a las ideas del nuevo régimen tuvieron que exiliarse.

Exiliados y emigrados, de Félix Santos

Repasa Las cifras, los porcentajes, las épocas y las fechas.

Emigración   4 Convivencia

C Lee este estudio de emigración del Ministerio de Cultura sobre los latinoamericanos que viven en España y contesta a las preguntas.

1. ¿De qué tres países llegan más latinoamericanos a España?
2. ¿Qué tipo de personas llegan de América? ¿Cuál es su perfil: profesión, clase social, etc.?
3. ¿Por qué fueron tantos latinoamericanos a España en los últimos años del siglo XX?

Se calcula que el 43 % de los extranjeros provienen de América Latina, principalmente de Ecuador (13 %), Colombia (8 %), Bolivia (6 %), Perú (5 %), República Dominicana (2 %), Argentina (2 %), Paraguay (1,5 %) y Brasil (1 %). De acuerdo con estas cifras, los hispanoamericanos constituyen la minoría cultural más importante de España, con casi 1 500 000 personas, lo que representa casi el 30 % de la población total de extranjeros.

Por sectores de actividad económica, los latinoamericanos se concentran fundamentalmente en: construcción (15,9 %), una actividad realizada principalmente por hombres; actividades del hogar (14,5 %), realizadas principalmente por mujeres; comercio (14,2 %); hostelería (13,8 %); y actividades inmobiliarias (12,4 %). Conforman una población joven, cuya edad promedio se estima en 36 años. La mayoría ocupan empleos de baja calificación, aunque su nivel educativo es equivalente al de los españoles.

Comenzaron a llegar a España en el último cuarto del siglo XX, motivados por los factores de expulsión de sus países: violencia, desempleo, inestabilidad política… Durante los años 70, el exilio político, caracterizó la primera oleada de argentinos y chilenos; cubanos, brasileños y algunos uruguayos destacan también en esta época. Posteriormente, en los años 80, la inmigración la protagonizaron los nacionales de Colombia, Ecuador, República Dominicana y Perú, y en los inicios de los años 90 llegaron cubanos y paraguayos.

Durante la primera década del siglo XXI, debido a la crisis, muchos han regresado a sus países. Recientemente, ha aumentado la llegada de venezolanos.

Extraído de: www.mequieroir.com

D Ahora con un compañero, comparad los dos textos. Tened en cuenta:
- el formato (texto, estructura, registro, etc.);
- el contenido;
- la intención del autor (informativa, crítica, de denuncia, etc.); y
- el público al que va dirigido.

En el segundo texto no se habla de la acogida que se les ha dado a los emigrantes.

2 A (16) Escucha dos fragmentos de los testimonios de Eloísa y Marco, familiares de personas que emigraron para vivir una vida mejor, y señala (X) quién dice estas frases. Pueden ser los dos.

	Eloísa	Marco
1 Se exilió **porque** era de izquierdas.		
2 **Como** tenía un piso, pudo llevar a su familia.		
3 **De repente,** su vida cambió al enamorarse.		
4 **Entonces** se dio cuenta de que allí los campos de refugiados eran terribles.		
5 **Sin embargo,** la vida no fue nada fácil.		
6 **Pero** un día le ofrecieron un trabajo.		
7 **Al final,** los dos consiguieron trabajos.		

B Si conoces a alguien que ha emigrado a otro país, graba una pequeña entrevista con esa persona. Si no, en parejas, podéis realizar un juego de rol donde uno es un emigrante y el otro el entrevistador.

Avanza Si preferís, en lugar de una entrevista, podéis contar la historia.

COMUNICACIÓN

Conectores para relatar

- Para indicar tiempo:

  Cuando, entonces, de repente, al final
  Cuando mi madre llegó a España…
  Entonces reunieron el dinero.
  De repente, de un día para otro, su vida cambió.
  Al final consiguieron trabajo.

- Para oponer:

  Pero, sin embargo
  Tenían muchos problemas, **sin embargo** eran felices.
  Pero un día le ofrecieron trabajo.

- Para añadir:

  No solo / Sino
  No solo mejoró nuestra situación, **sino** que pudimos reunirnos.

cuarenta y nueve **49**

Políticos europeos y convivencia

1 A En grupos pequeños, pensad y comentad estos temas: ¿qué movimientos migratorios han tenido lugar en los últimos siglos en Europa? ¿En qué consiste hoy en día su diversidad cultural? ¿Crees que existen problemas de convivencia?

B Ahora, lee este artículo de opinión y señala si estas frases son verdaderas (V) o falsas (F), de acuerdo con el artículo. Justifica tu respuesta en las que son falsas.

1. La inmigración es una de las razones por las que hay más diversidad en Europa. ☐
2. Conservar la cultura de origen es malo si alguien quiere integrarse en un nuevo país. ☐
3. A causa de los emigrantes, los habitantes de Europa son cada vez más viejos. ☐
4. El racismo y la intolerancia son mayores cada día en Europa. ☐
5. Según el artículo, los europeos no pueden ser, como los americanos, una mezcla de culturas. ☐
6. Los autores creen que los emigrantes residentes deben tener los mismos derechos que el resto de los ciudadanos. ☐

La convivencia en la Europa del siglo XXI

La diversidad cultural ha sido una característica constante de la historia europea. Ha sido la fuente de muchos de los mayores logros de nuestro continente. Sin embargo, cuando se ha gestionado de forma inapropiada, también ha desempeñado un papel en algunas de sus mayores tragedias.

La diversidad ha aumentado en las últimas décadas debido a las nuevas olas de inmigración, y seguirá haciéndolo, al menos por dos motivos. En primer lugar, la mayoría de aquellos que han llegado a Europa en las últimas décadas, y sus descendientes, tienen la intención de quedarse. Muchos siguen apegados a la herencia cultural de sus países de origen. ¿Qué tiene esto de malo? [...] Esta diversidad puede contribuir a la creatividad que Europa tanto necesita, ahora más que nunca.

En segundo lugar, Europa está envejeciendo, lo que significa que se necesitan más inmigrantes. Sin ellos, la Comisión Europea estima que solo en la UE, en los próximos 50 años, la fuerza de trabajo va a reducirse prácticamente en 100 millones de personas [...].

Por lo tanto, la diversidad es el destino de Europa. Está forjando nuestro futuro en un mundo que evoluciona rápidamente, y seguirá haciéndolo. Así pues, es de vital importancia que los europeos encaren sus desafíos con más eficacia y determinación [...]. Esta vez no pueden permitirse equivocarse en cómo hacer frente a la situación. Por desgracia, hay indicios de que corren el peligro de estar haciendo precisamente esto.

Estos indicios son evidentes: una intolerancia creciente, un mayor apoyo a los partidos xenófobos y populistas, la discriminación, la presencia de una población de migrantes no documentados que prácticamente no tienen derechos, comunidades «paralelas» cuyos miembros apenas interactúan con la sociedad que los rodea, el extremismo islámico, la pérdida de libertades democráticas, y los intentos de restringir la libertad de expresión con el presunto interés de defender la libertad de religión.

[...]

Si se puede ser afroamericano o italoamericano, ¿por qué no un europeo «con guiones»: turco-alemán, norafricano-francés o asiático-británico?

Estamos convencidos de que podemos ser esa Europa, pero solo si todos los residentes a largo plazo de los países europeos son aceptados como ciudadanos de pleno derecho y si todos, con independencia de su credo, cultura o etnicidad, son tratados por igual por la legislación, las

El País, mayo, 2011

Protagonistas

4 Convivencia

EL ARTÍCULO DE OPINIÓN

- Es un texto periodístico en el que autor (o autores) expresan sus reflexiones, opiniones y razonamientos sobre un tema.

Se divide en:
- Exposición o tesis
- Análisis
- Conclusión

Características:
- Se considera un género literario.
- Las reflexiones y argumentos son lo más importante.
- Se analiza y se busca formar una opinión en el lector.
- Se usan expresiones como: *opino, pienso que, en mi opinión, mi punto de vista es, voy a exponer,* etc. O en plural: *pensamos, reflexionamos,* etc.
- Se incluye el nombre del autor / de la autora.

C Vuelve a leer el artículo y contesta a estas preguntas.

1. ¿Qué elementos ves en este artículo para decir que es de opinión?
2. ¿Qué sentido tiene aquí esta pregunta y las comillas? *Si se puede ser afroamericano o italoamericano, ¿por qué no un europeo «con guiones»: turco-alemán, norafricano-francés o asiático-británico?*
3. ¿Qué recursos lingüísticos (verbos, adjetivos, etc.) utilizan los autores para reforzar sus argumentos?
4. ¿Cuál crees que es el propósito comunicativo del artículo: dar una opinión, analizar una situación o evaluar un hecho histórico?
5. ¿Cuál es la tesis o exposición del tema en concreto?
   a. La diversidad en Europa es positiva y puede crear una sociedad mejor.
   b. Es un problema que haya tanta diversidad en Europa.
   c. Se debe parar el crecimiento de la diversidad en Europa.
6. ¿A qué conclusión se llega?

D Subraya dos o tres frases del artículo que te parecen interesantes y compártelas con tus compañeros. Después, comentad las ideas del artículo: ¿con cuáles estáis de acuerdo y con cuáles no? ¿Conocéis algún otro ejemplo de convivencia de distintos pueblos?

autoridades y sus conciudadanos. Al igual que todos los demás ciudadanos de una democracia, deberían participar en la elaboración de las leyes, pero ni la religión ni la cultura pueden ser una excusa para vulnerarlas.
[...]
Si se sigue este camino, estamos plenamente convencidos de que Europa puede ser un lugar mejor y más esperanzador de lo que es en la actualidad.

Firman este artículo: Javier Solana, Emma Bonino, Joschka Fischer, Timothy Garton Ash, Martin Hirsch, Danuta Hübner, Ayse Kadioglu, Sonja Licht y Vladimir Lukin.

Acción - Reflexión

4 Convivencia

La convivencia no es siempre fácil y muchas veces surgen problemas. Mira estas fotos: ¿de qué crees que hablan estas personas? ¿Por qué motivos crees que pueden estar hablando mal de sus compañeros de trabajo o de piso?

Acción

En pequeños grupos, vais a escribir una entrada en un blog para promover la convivencia de gente joven en vuestro barrio o ciudad. No olvidéis hacer referencias al pasado: como había sido el barrio, como fue después y cómo es ahora.

1. Decidid el formato del blog.
2. Discutid qué temas vais a incluir.
3. Repartíos el trabajo y buscad información en libros o en internet.
4. Escribid un esquema con las ideas que vais a incluir.
5. Redactad los diferentes apartados.
6. Volved a leer todo despacio intentando corregir cuestiones de:
   - ortografía y puntuación;
   - gramática (concentraos en el uso de los pasados);
   - vocabulario (si es variado, si el registro es correcto, etc.); y
   - recordad poner un título, el nombre de los autores y fotos, distintas tipografías, etc.

Actitudes y valores

Responde *sí* o *no*.

	Sí	No
- Soy más consciente de cómo se vive en un barrio.	☐	☐
- He aprendido sobre la convivencia entre culturas.	☐	☐
- Acepto las distintas formas de trabajar de mi compañero.	☐	☐

Reflexión

- ¿Por qué razones conviven varias culturas en un mismo país?
- ¿Cómo se vive con varias culturas a la vez?
- ¿Son siempre positivas las migraciones?

5 Información

- Considerar el valor de la publicidad
- Hablar de instrucciones en nuestra vida diaria
- Analizar la importancia de las redes sociales
- Redactar instrucciones
- Reflexionar sobre cómo percibimos e interpretamos la información
- Protagonistas: Los hermanos Ospina y su vídeo viral
- Tipología textual: El blog
- Interculturalidad: Las fuentes de información y la comunicación intercultural
- Actitudes y valores: Analizar y valorar distintas opiniones
- Habilidades de aprendizaje: Las habilidades de investigación

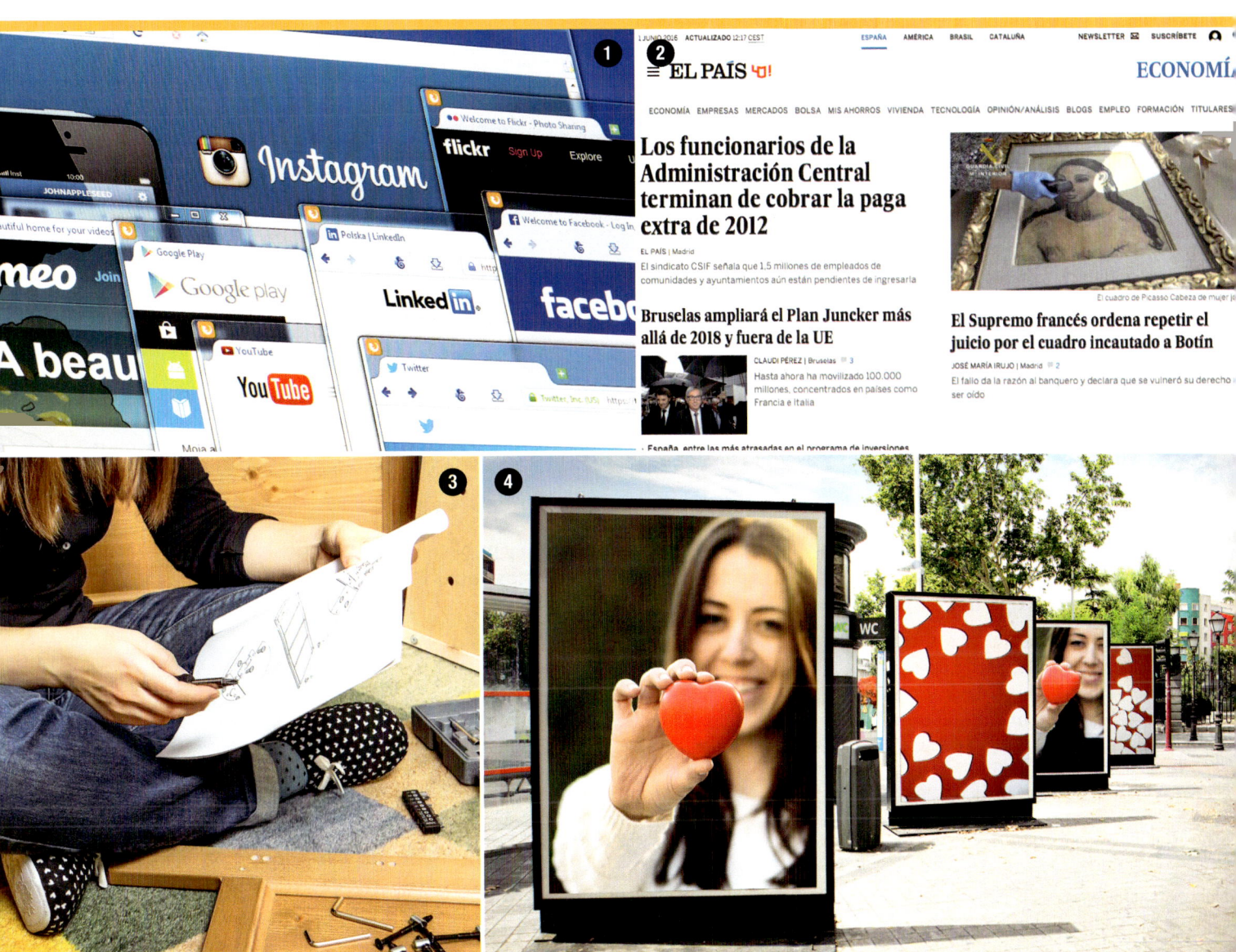

1 Las fotos muestran distintas fuentes de información. Relaciona las cuatro que correspondan.

- a ☐ un libro
- b ☐ la publicidad
- c ☐ una revista
- d ☐ un periódico digital
- e ☐ una instrucción
- f ☐ redes sociales

2 ¿A qué fuente de información prestas más atención en tu vida diaria?

3 ¿Para qué utilizas la información en cada caso?

4 ¿Cuál crees que es la fuente de información más importante?

Publicidad

1 A Observa las siguientes fotos: ¿te imaginas la vida sin publicidad? ¿Cuál es el propósito de la publicidad? Coméntalo con tu compañero.

Yo no me imagino una vida sin publicidad, es parte de nuestra vida diaria, cuando queremos comprar o vender un producto...

LÉXICO

La publicidad
- el anuncio
- la campaña publicitaria
- el producto
- el servicio
- el *marketing*
- la agencia de publicidad

- anunciar / publicitar
- promocionar un producto
- visitar una página web
- solicitar información
- llamar a un número de teléfono

B ¿Cuáles de las siguientes palabras están, según tú, relacionadas con la publicidad?

~~producto~~ • calle • consumo • romper • vender • comprar • mesa • persuadir • caminar • comunicación • informar • llegar • cliente • bicicleta • creatividad

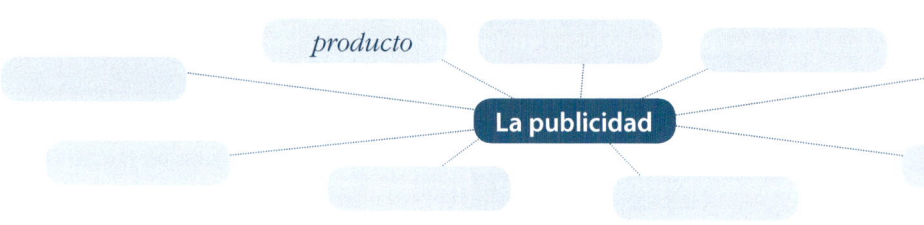

C En pequeños grupos, comparad vuestros mapas mentales, justificad vuestra elección de las palabras y escribid una definición de *publicidad*.

La publicidad es una forma de...

2 A Los anuncios son una fuente muy importante de comunicación y publicidad. Normalmente buscan causar un impacto y persuadir. Lee estos anuncios: ¿a qué tipo de campaña corresponden?

1 Es un anuncio de un producto. ☐
2 Es un anuncio de un servicio. ☐
3 Es una campaña de turismo. ☐
4 Es una campaña de salud. ☐

Publicidad 5 Información

B ¿Qué promocionan los anuncios anteriores? Coméntalo con tu compañero.

El anuncio A es una campaña para promocionar hábitos saludables.

C Observa los verbos en negrita de los eslóganes de cada anuncio y contesta a las preguntas.

A **Bebe** agua
B **Descubre** Tenerife
C **Compara** precios
D **Viajá** con Argenta y Aerolíneas Argentinas

1. ¿Qué indica el verbo en cada eslogan? ¿Ordena o sugiere?
2. ¿Qué diferencia hay entre el verbo del cuarto eslogan y el resto?
3. Mira el cuadro de gramática y responde:
   a ¿Cómo cambia la forma de los verbos en cada caso si nos referimos a *vosotros*?
   b ¿Cómo cambian las formas de los verbos si nos referimos a *usted*?
   c ¿Cómo cambian las formas de los verbos si nos referimos a *ustedes*?
4. ¿Qué otros verbos, además de los verbos en los eslóganes, están en imperativo en los anuncios?

3 ¡Ahora os toca a vosotros! En grupos, elaborad un anuncio utilizando el imperativo. Puede ser de una campaña, un producto o un servicio.

4 A (17) Escucha este anuncio en la radio: ¿qué se publicita?

1. Una página web. ☐
2. Un servicio para el diseño de una página web. ☐
3. Una campaña. ☐
4. Una tienda *online*. ☐

B (17) Escucha de nuevo el anuncio y escribe los verbos entre paréntesis en imperativo.

1. _____ (encontrar) la solución.
2. _____ (visitar) nuestra página web.
3. _____ (llamar) al 29157168.
4. _____ (ser) inteligente.
5. _____ (seleccionar) lo mejor del mercado.

Avanza Puedes confeccionar el anuncio gráfico de Diseños Montevideo que acabas de escuchar.

GRAMÁTICA

El imperativo

- Se utiliza para dar instrucciones, consejos, sugerencias y órdenes.

- Las opciones son:

	informal	formal
singular	tú / vos*	usted
plural	vosotros/-as	ustedes

* En muchos países de Latinoamérica se reemplaza el *tú* por el *vos*, lo que también hace que cambie el imperativo.

	cantar	leer	escribir
(tú)	cant**a**	le**e**	escrib**e**
(vos)	cant**á**	le**é**	escrib**í**
(vosotros/-as)	cant**ad**	le**ed**	escrib**id**
(usted)	cant**e**	le**a**	escrib**a**
(ustedes)	cant**en**	le**an**	escrib**an**

- Los verbos irregulares tienen la misma irregularidad en imperativo que en presente de indicativo: *emp**ie**zas* [presente], *emp**ie**za* [imperativo].

- Son irregulares los siguientes verbos en las formas *tú*, *usted* y *ustedes**.

	tú	usted	ustedes
poner	pon	ponga	pongan
hacer	haz	haga	hagan
tener	ten	tenga	tengan
venir	ven	venga	vengan
salir	sal	salga	salgan
decir	di	diga	digan
traducir	traduce	traduzca	traduzcan

* En el sur de España (principalmente en Andalucía y Canarias) y en toda Hispanoamérica solo se utiliza *ustedes*, no *vosotros*.

Los verbos *ser* e *ir* presentan formas especiales.

	ser	ir
(tú / vos)	sé	ve
(vosotros/-as)	sed	id
(usted)	sea	vaya
(ustedes)	sean	vayan

Instrucciones

1 ¿Cuándo necesitamos instrucciones en nuestra vida cotidiana? Haced una lista en pequeños grupos y comentadla con los compañeros.

Cuando compro un producto.

2 A Observa los cuatro textos a continuación y contesta a las preguntas.

1. ¿Dónde encuentras estos textos?
   1 _____ 2 _____ 3 _____ 4 _____
2. ¿Aparecen escritos siempre?
   1 _____ 2 _____ 3 _____ 4 _____
3. ¿Qué tipo de información ofrecen?
   1 _____ 2 _____ 3 _____ 4 _____
4. ¿Lees estos textos habitualmente?
   1 _____ 2 _____ 3 _____ 4 _____

COMUNICACIÓN

Las instrucciones

- Indican las acciones que deben realizarse para llevar a cabo correctamente una tarea.
- Suelen incluir conectores que expresan orden: *primero, en primer lugar, luego, finalmente,* etc.
- Se utilizan generalmente:
  - con **imperativo**:
    1. **Llevad** *una alimentación planificada y equilibrada.*
    2. **Haced** *ejercicio físico regularmente.*
    3. **Respetad** *los horarios de las comidas.*
  - con **infinitivo**:
    *Primero, **colocar** una pequeña cantidad de gel...*
    *Luego, **tocar** ligeramente con los dedos...*
    *Por último, «**agitar**» los dedos por todo el cabello...*
  - con *si* + presente + imperativo:
    ***Si necesitáis** apoyo emocional, **haced** participar a vuestra familia y a los amigos.*

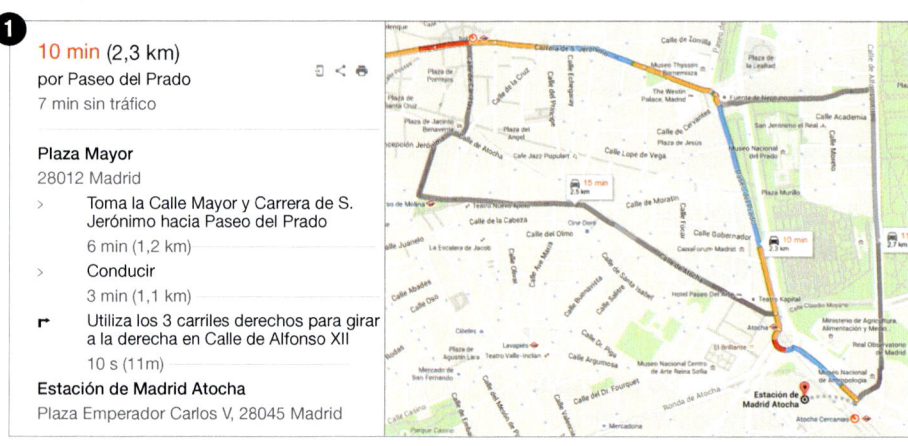

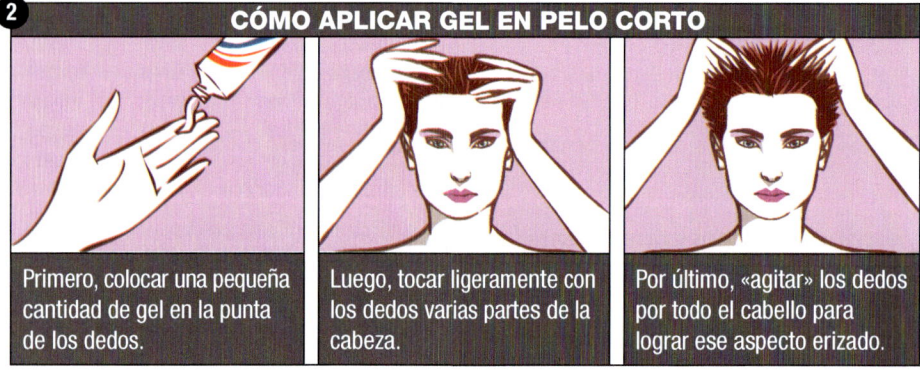

¡Atención a la obesidad y el sobrepeso!
Instrucciones para mantener un buen estado nutricional.

Dirigido a jóvenes

1. Llevad una alimentación planificada y equilibrada.
2. Haced ejercicio físico regularmente.
3. Respetad los horarios de las comidas. No comáis entre horas alimentos ricos en grasa.
4. No descuidéis los lácteos en vuestra dieta.
5. No olvidéis que los hidratos de carbono son nuestra principal fuente de energía.
6. Si no queréis engordar, no abuséis de la comida rápida.
7. Comed despacio y sin distracciones.
8. Comed con moderación y variedad.
9. Si necesitáis apoyo emocional, haced participar a vuestra familia y a los amigos en la práctica de los buenos hábitos alimentarios.
10. No hagáis dietas o no toméis fármacos para la obesidad sin consultar antes a vuestro médico.

Adaptado de: www.msssi.gob.es

Instrucciones

5 Información

Para mejorar tus habilidades de investigación:

- *Siempre menciona las fuentes utilizadas, tanto en trabajos escritos como orales.*
- ***No olvides** analizar y valorar las fuentes de información. Reflexiona sobre su calidad.*
- *Sé concreto y **no te extiendas** en tu trabajo innecesariamente.*
- *Formula preguntas de investigación claras y precisas.*
- *Cita de forma correcta y recuerda que tienes que respetar las palabras exactas del autor y ponerlas entre comillas.*

Extraído de: www.teresaviviano.com

B Observa los verbos en imperativo negativo que aparecen resaltados en los textos 3 y 4: ¿cómo cambia la forma? Observa el cuadro de gramática y escribe una instrucción más para el texto 3 utilizando el imperativo negativo.

C Lee los textos y completa la tabla.

	Texto 1	Texto 2	Texto 3	Texto 4
1 Se utiliza el imperativo.				
2 Se utiliza el infinitivo.				
3 Hay conectores para indicar los pasos a seguir.				
4 Se distinguen visualmente los pasos a seguir.				
5 Las imágenes son necesarias para comprender el texto.				

D Modifica el imperativo del texto 4 a la forma *vosotros*.

E Elige uno de estos temas y da las instrucciones.

- Ir del instituto a tu casa
- Estudiar para un examen
- Instalar una nueva aplicación
- Hacer tu comida favorita
- Compartir un vídeo en Facebook
- Preparar una fiesta

Avanza Podéis grabar las instrucciones y presentarlas en clase.

3 En grupos, realizad una búsqueda en internet sobre «las habilidades de investigación». Analizad los siguientes puntos:

1. Fuentes de las publicaciones:
   ¿son artículos de revistas?, ¿artículos académicos?, ¿blogs?, ¿foros?, etc.
2. Calidad de las publicaciones:
   ¿son fiables?, ¿cómo lo sabéis?
3. Material citado:
   ¿se cita algún trabajo en esas publicaciones?, ¿cuáles?
4. Comparación de las publicaciones:
   ¿en qué se diferencian?, ¿cuál te gusta más y por qué?

GRAMÁTICA

El imperativo negativo

Las formas para ***usted*** y ***ustedes*** son iguales que en el imperativo afirmativo.

	cantar	leer	escribir
(tú / vos)	no cant**es**	no le**as**	no escrib**as**
(vosotros/-as)	no cant**éis**	no le**áis**	no escrib**áis**
(usted)	no cant**e**	no le**a**	no escrib**a**
(ustedes)	no cant**en**	no le**an**	no escrib**an**

Cuando la primera persona del presente de indicativo tiene una raíz irregular, todas las personas del imperativo negativo tienen raíz irregular.

	presente	imperativo negativo
hacer	hago	no hagas no hagáis no haga no hagan

Los verbos *ser*, *ir* y *estar* presentan formas especiales.

	ser	ir	estar
(tú / vos)	no seas	no vayas	no estés
(vosotros/-as)	no seáis	no vayáis	no estéis
(usted)	no sea	no vaya	no esté
(ustedes)	no sean	no vayan	no estén

El verbo *estar* es especial por la posición del acento.

HABILIDAD DE APRENDIZAJE

La investigación

- Para investigar con eficacia es necesario desarrollar habilidades como la consulta de las fuentes de referencia, la comprobación de la calidad de cada fuente, etc. También es necesario saber citar con precisión y mencionar las fuentes utilizadas en un trabajo.

- En la actualidad, con la existencia de internet, la biblioteca electrónica y todos los avances tecnológicos, las habilidades de investigación tienen mucho que ver con la capacidad de comparar, contrastar, validar la información disponible y hacer una selección para reducir el volumen de datos a una cantidad manejable.

Las redes sociales

1 A 🎧18 ¿Estás atrapado/-a en el mundo digital? Escucha un programa de radio en el que se entrevista a dos chicos de 18 años, Berta y Luis, y completa la información en la tabla. Después, añade tu respuesta.

Preguntas	Berta	Luis	Tú
1 ¿Cuántas horas al día pasas con tu móvil?	Más de 5	6 o 7	
2 ¿Cuánto tiempo puedes pasar sin tu móvil?			
3 ¿Qué red social utilizas más?			
4 ¿Con qué frecuencia chequeas las redes?			
5 ¿Qué contenidos compartes más?			
6 ¿Por qué utilizas las redes sociales?			
7 Si estás con la familia o los amigos, ¿utilizas el móvil para enviar mensajes, fotos, etc.?			

B Haz la misma entrevista a dos compañeros y comenta a la clase si crees que tus compañeros están atrapados en el mundo digital.

Repasa Las expresiones de opinión.

2 A Los carteles son una fuente de comunicación muy habitual para hacer campañas. ¿Qué mensaje quieren transmitir los siguientes carteles? Coméntalo con tu compañero.

B Analiza el siguiente mensaje del texto 1 y contesta a las preguntas.

SI TU CHICO TE HACE SENTIR MIEDO, CUÉNTALO
1. ¿A quién va dirigido el anuncio?
2. ¿A quién se refiere *te* en la primera frase?
3. ¿Qué significa *sentir miedo*?

C Estas campañas utilizan el imperativo afirmativo y el negativo, pero además, en algunos casos utilizan un pronombre. Observa estas estructuras y completa la tabla señalando a quién o a qué se refieren los pronombres.

| 1 | Cuéntalo (texto 1) | lo | |
| 2 | No los tomes (texto 3) | los | |

3 A 🎧19 A continuación vas a escuchar a personas en dos situaciones diferentes. Elige qué foto corresponde a cada situación.

LÉXICO

Redes sociales

Los nombres de las redes sociales no cambian en español, y se escriben con mayúsculas:
WhatsApp   WeChat   LinkedIn
Twitter *   Instagram   Snapchat

* tuitear / tuit / tuitero/-a

- ser adicto/-a a
- estar enganchado/-a a...
- estar atrapado/-a en...
- chequear Facebook
- tener wifi / internet / señal de internet / cobertura / conexión a internet
- enviar / mandar un mensaje por el móvil / celular
- quedarse sin batería
- publicar / subir una foto / un evento
- el móvil / el celular / el dispositivo móvil
- el cargador
- la red (social)

GRAMÁTICA

Los pronombres de objeto directo (OD)

El objeto directo es la persona o cosa que recibe de forma directa la acción del verbo.

Marcos compró **cuatro tablets** estas navidades. **Las** compró porque estaban rebajadas.

	singular	plural
1.ª persona	me	nos
2.ª persona	te	os
3.ª persona	lo, la	los, las

Se colocan:
- antes de un verbo conjugado o imperativo negativo.
  Me compré una tablet.
  No te olvides del examen.
- Detrás de un imperativo afirmativo.
  Cuéntalo.
  Protégete.

Las redes sociales

5 Información

B 🔊19 **Escucha de nuevo y contesta a las siguientes preguntas para cada situación.**

Situación 1
1 ¿Qué buscan los ladrones en la tienda?
2 ¿Les va a dar la dependienta lo que piden?

Situación 2
1 ¿Quién habla?
2 ¿A quién les dedica la canción?

C Las siguientes frases están extraídas de las interacciones que has escuchado. Los pronombres resaltados son de objeto indirecto. Lee el cuadro de gramática y traduce las frases a tu lengua.

1 ¡De**nos** todos los móviles de la tienda!
2 Vamos a dar**les** todo.
3 **Les** dedico esta canción…
4 Dad**les** un fuerte aplauso…

D Los pronombres de OD y OI pueden aparecer también juntos en la misma oración. Transforma las frases anteriores como en el ejemplo.

*¡De**nos** todos los móviles de la tienda! → ¡Dé**nos**los!*

4 Lee la cuenta de Twitter de Marta e imagina qué tipo de persona es a través de las personas que sigue. Después, identifica los pronombres de OD y de OI en los diferentes tuits. Resalta los de OD y subraya los de OI. ¿A qué hacen referencia en cada caso?

| 🐦 | TUITS | SIGUIENDO | SEGUIDORES | ME GUSTA |

El rincón de la Literatura @Rinconliteratura 6 m
Les recomiendo el último libro de Giménez Bartlett. ¡No puedes parar de leerlo!

Deportes 5 @deportes5 20 m
¡Otro gol! El portero no lo vio y Martínez no falló.

Teatro Marconi @teatromarconi 30 m
Estreno de *Un tranvía llamado deseo*. ¿No la has visto aún?
clásicomoderno/marconi

Daniela Méndez @mendezd 38 m
Se lo he regalado a Gustavo @mariagonzalez

Chelo Cabrera @Cheloca 2h
@Luisasilva Nos enviaron esta foto. ¡Qué bien viven!
♥ Carmen ♥ Dani

5 A Mira estas palabras de la unidad y clasifícalas según la sílaba tónica. Unas tienen tilde y otras no.

información • publicidad • redes • periódico • página • mercado • anuncio • producto • jóvenes • cronológicamente • cabello • además • mensaje • gramática • móvil • cargador • social

1 ■■■■⬇	2 ■■■⬇■	3 ■⬇■■	4 ⬇■■■

B Lee las reglas de acentuación y escribe la tilde si es necesario.

| trabajo | segun | calor | instituto | compañero | dificil | academico |
| viñeta | formal | tilde | conoci | sociales | proyecto | medico |

GRAMÁTICA

Los pronombres de objeto indirecto (OI)

El objeto indirecto es la persona (o la cosa) destinataria de la acción.

	singular	plural
1.ª persona	me	nos
2.ª persona	te	os
3.ª persona	le, se	les, se

Se colocan de igual forma que los pronombres de OD, pero los pronombres de OI siempre preceden a los pronombres de OD.
● ¿*Me* enviaste el correo de la profesora?
■ *Te* lo envié ayer.

Los pronombres *le / les* se convierten en *se* cuando acompañan a los pronombres de OD *lo, la, los, las*.
● ¿*Le* has contado la nueva noticia a Carlos?
■ No, pero *se la* voy a contar.

ORTOGRAFÍA Y PRONUNCIACIÓN

El acento gráfico: palabras agudas, llanas, esdrújulas y sobresdrújulas

Las palabras tienen una sílaba que se pronuncia con más intensidad: la **sílaba tónica**. A veces, la vocal de esta sílaba lleva acento gráfico o tilde. Para saber cuándo es necesario utilizar la tilde hay que tener en cuenta las siguientes reglas:

1 Agudas: la sílaba tónica es la última y llevan tilde si terminan en vocal, *n* o *s: canción*.
2 Llanas: la sílaba tónica es la penúltima y llevan tilde cuando no terminan en vocal, *n* o *s: móvil*.
3 Esdrújulas: la sílaba tónica es la antepenúltima y llevan tilde siempre: *crítico*.
4 Sobresdrújulas: la sílaba tónica es la anterior a la antepenúltima y llevan tilde siempre: *rápidamente*.

Nota: el acento de cada palabra es muy importante no solo para su pronunciación, sino porque en muchos casos determina su significado. Por ejemplo, *(yo) lavo* es la forma conjugada de la primera persona del presente de *lavar* y *(él / ella) lavó* es la de la tercera persona del pretérito indefinido.

Los hermanos Ospina y su vídeo viral

1 El vídeo viral es un producto de las nuevas formas de comunicarnos. ¿Conoces alguno? ¿De qué trata?

2 A 🔊 Escucha y lee un fragmento de una canción que se convirtió en viral y contesta a las siguientes preguntas.

1. ¿Qué hizo el autor para mejorar su español?
2. ¿Dónde aprendió el español?
3. ¿Cuál es el consejo que da?
4. ¿Por qué es tan difícil hablar español?

QUÉ DIFÍCIL ES HABLAR EL ESPAÑOL

Yo viajé por distintos países,
conocí las más lindas mujeres,
yo probé deliciosa comida,
yo bailé ritmos muy diferentes.

Desde México fui a Patagonia,
y en España unos años viví,
me esforcé por hablar el idioma,
pero yo nunca lo conseguí…

Qué difícil es hablar el español,
porque todo lo que dices tiene otra definición.
Qué difícil entender el español,
si lo aprendes, ¡no te muevas de región!

Qué difícil es hablar el español,
porque todo lo que dices tiene otra definición.
Qué difícil entender el español,
Yo ya me doy por vencido, «para mi país me voy».

B Observa el texto que aparece en la página siguiente, de los autores de esta canción, los hermanos colombianos Nicolás y Juan Andrés Ospina, y señala la opción correcta.

El texto es:
1. un folleto ☐
2. una entrada de blog ☐
3. un artículo ☐

C Fíjate en las palabras resaltadas del texto y clasifícalas en verbos, adjetivos, sustantivos y adverbios. Luego tradúcelas a tu idioma.

D Ahora lee el blog y señala si las siguientes afirmaciones son verdaderas (V) o falsas (F). Justifica tu respuesta con palabras del texto.

1. Los hermanos Ospina comenzaron a darse cuenta de la repercusión de su canción a la semana de subirla a YouTube (párrafo 1). ☐
2. Estaban ya acostumbrados a recibir tanta atención por su trabajo (párrafo 2). ☐
3. Solo publicaron esa canción, y no lograron seguir con el proyecto (párrafo 3). ☐
4. Para los hermanos Ospina, ha sido una experiencia muy agradable (párrafo 4). ☐

E Lee el blog de nuevo y escribe algunas de las características que aparecen en este tipo de texto según la información que se da en la descripción de un blog.

Título de la entrada	*«Ser viral con acento español»*
Objetivo	*informar, describir, reflexionar…*
Formato	
Contenido	

3 Escribe una entrada de blog con tu reflexión personal sobre un vídeo viral que has visto recientemente.

Protagonistas

5 Información

Ser viral con acento español
Juan Andrés y Nicolás Ospina

[1] La verdad es que la repercusión de la canción «Qué difícil es hablar el español» nos tomó **totalmente** por sorpresa. Queríamos comenzar un proyecto para poder combinar música con humor y por eso compusimos la canción. Apenas la subimos a YouTube, reventó en las redes sociales como un poderoso virus, que se regó por el mundo entero en cuestión de días. ¡Fue increíble! Sabíamos que la canción les iba a gustar a nuestros amigos, **posiblemente**, pero nunca nos imaginamos semejante bombardeo virtual. Unas horas después de haberla compartido, estábamos respondiendo entrevistas a medios de comunicación de todo el mundo, contestando *emails*, propuestas, comentarios, halagos, ¡pero también insultos!

[2] No estábamos preparados para recibir tanta información y nos sentimos muy estresados; al fin y al cabo, no teníamos página web, no entendíamos cómo se **financian** los videos en YouTube y no teníamos más que un par de canciones en el repertorio del dúo que apenas comenzábamos (y que aún no tenía nombre).

[3] Sin embargo, ya ha pasado algún tiempo y lo más importante para nosotros de toda esta experiencia, más allá de la fama **fugaz**, fue que nos impulsó a **consolidar** el proyecto Inténtalo Carito*: http://intentalocarito.com/videos/. En la actualidad presentamos nuestro proyecto en varios países y seguimos componiendo y subiendo videos; gracias a esa gran ola virtual, nos hemos conectado con mucha gente que hoy nos sigue en las diferentes facetas de nuestro trabajo como músicos independientes.

[4] Hemos participado y seguimos participando de este extraño mundo de la **viralidad** virtual con canciones como *Qué difícil es hablar el español*, que integran la **búsqueda** creativa y honesta de nuestro trabajo como músicos, y ha sido muy **gratificante** poder compartir esa parte de nosotros con tanta gente. Esperamos seguir haciéndolo, ¡y esperamos siempre recibir sus comentarios!

* Recibe este nombre porque así se llama la primera canción de este proyecto, que dedicaron a su prima Carolina (Carito) para su boda.

Comentarios

María del Carmen, España
¡Fantástica canción!

Kirsty Parker, Reino Unido
Me ha servido mucho la canción en la clase de español, ¡Muchas gracias! Excelente trabajo.

Marius Webber, Alemania
¡Me he sentido identificado!

Pedro Martínez, Colombia
Se merecen las casi 9 000 000 de visualizaciones y ¡más!

EL BLOG

Es un sitio web que se compone de textos publicados por uno o varios autores. Se publica con mucha frecuencia y se ordena cronológicamente de modo inverso, es decir, el último blog publicado es el primero que vemos en pantalla.

Características generales:
- Los blogs pueden ser: personales, temáticos, periodísticos, educativos, políticos, científicos, empresariales, etc.
- Es una herramienta claramente social y, en general, reúne a personas con los mismos intereses o inquietudes.

Objetivo:
- Hay múltiples objetivos entre los más destacados: describir, informar, argumentar, opinar, apelar, atraer y reflexionar.

Formato:
- Cada entrada lleva un título.
- Es atractivo visualmente. Contiene fotos, ilustraciones, vídeos, animaciones, etc.
- La información se clasifica por fecha, etiquetas y categorías.
- El texto es fácil de leer y no es demasiado extenso.
- Contiene enlaces internos y externos.
- El registro suele ser informal, aunque puede ser formal también, según el tipo de blog.
- Es un texto subjetivo, en general.

Contenido:
- Se expresan opiniones, ideas, argumentos..., y se posibilita que el lector responda con sus comentarios, lo que hace que el blog sea flexible, fluido e interactivo.

Acción - Reflexión

5 Información

Mira las fotos. ¿Cuál crees que es el producto que se publicita en cada una de ellas? (Puede haber varias opciones). Elige una foto e inventa un breve anuncio de radio.

Acción

Opción 1
En grupos, redactad instrucciones para informar sobre:

- un producto que elijáis
- una campaña de prevención
- una campaña de turismo

La clase va a votar cuáles son las mejores instrucciones.

Opción 2
En grupos, redactad instrucciones divertidas:

- Instrucciones para contestar un WhatsApp mientras te habla tu madre.
- Instrucciones para explicar el funcionamiento de un producto nuevo.
- Instrucciones para llegar tarde a un sitio.

La clase va a votar cuáles son las mejores instrucciones.

Cómo redactar las instrucciones:

1. Recordad que debéis incluir las acciones necesarias para realizar una actividad.
2. Escribid los pasos que hay que seguir de forma ordenada y sin saltarse ninguno.
3. Acompañad el texto con fotos, gráficos, ilustraciones…, si es posible.
4. Utilizad el imperativo para la redacción.
5. Añadid conectores.
6. Revisad las instrucciones para verificar que son claras y precisas.

Actitudes y valores

Responde *sí* o *no* a estas afirmaciones.

	Sí	No
- Soy respetuoso con las opiniones de otros compañeros.	☐	☐
- Estoy abierto a distintas opciones de trabajo.	☐	☐
- Analizo y evalúo la información antes de incluirla en mi trabajo.	☐	☐

Reflexión

- ¿Cuál es el objetivo de la publicidad?
- ¿Cómo nos comunicamos?
- ¿Son importantes las redes sociales en tu vida?

6 Bienestar

- Hablar sobre el estado de bienestar
- Dar consejos para reducir el estrés
- Analizar los beneficios del ejercicio físico
- Preparar una conferencia
- Reflexionar sobre qué nos proporciona bienestar
- Protagonista: Vicente Simón y la atención plena
- Tipología textual: El artículo informativo
- Interculturalidad: El bienestar en la sociedad
- Actitudes y valores: Aprender a sentirse bien
- Habilidades de aprendizaje: La atención plena

1. ¿Qué actividad se realiza en cada foto?
2. ¿Crees que se sienten felices estas personas? ¿En qué basas tu respuesta?
3. ¿Qué actividades te hacen sentir feliz?
4. ¿Qué cosas son importantes para ser feliz?

El estado de bienestar

1 Lee la definición de *bienestar* y, con un compañero, tradúcela a tu idioma.

> **Bienestar:** estado vital de una persona que se caracteriza por sentirse bien con la propia vida, experimentar con frecuencia emociones positivas y tener una buena salud física y psíquica.

2 A ¿Sabes qué es el *estado de bienestar*? Completa la definición con las siguientes palabras.

educación • desempleo • vivienda • salud

Son las actividades con fines sociales desarrolladas por los gobiernos a través de los presupuestos del Estado: las transferencias en dinero (por ejemplo, pagos de subsidios de (1) _____ o pensiones), los cuidados sanitarios (un sistema de (2) _____ universal y gratuito), la (3) _____ (garantizar el acceso al conocimiento de todos los ciudadanos) y la provisión de (4) _____, alimentación y otros servicios asistenciales.

> **Avanza** Haz un mapa mental con el vocabulario que se puede incluir en los cuatro apartados: educación, trabajo, vivienda y salud. Por ejemplo: *Educación: becas de estudios…*

B Observa la viñeta. ¿Cuál crees que es el mensaje? ¿En qué situación está el estado de bienestar en tu país? Coméntalo con tu compañero.

3 A 🔊21 Un experto en economía habla sobre la situación del estado de bienestar en su país. Lee las frases. Después, escucha la conferencia y señala cuáles son verdaderas (V) o falsas (F), según el experto.

1. Un buen nivel del estado de bienestar aumenta los desequilibrios sociales.
2. Los avances en medicina contribuyen a reducir el gasto.
3. Cada vez se necesitan más recursos para mantener el estado de bienestar, porque ahora hay menos pensionistas.
4. El Estado recauda menos dinero, entre otras razones, por el fraude fiscal.
5. Es importante mejorar la gestión pública para evitar la corrupción.

LÉXICO

El estado de bienestar
- prestación / ayuda
- pensión
- beca
- subsidio de desempleo / paro

Servicios sociales:
- sanidad / sistema sanitario
- enseñanza / sistema educativo

Impuestos:
- recaudación de impuestos
- fraude fiscal
- economía sumergida
- gestión pública
- ingresos
- gasto público

COMUNICACIÓN

Dar una conferencia

- **Saludo**
  Buenos días / tardes / noches…
  Es un placer / honor estar con ustedes…
  Gracias por invitarme a…
  Buenas tardes y gracias por invitarme a…

- **Presentación del tema**
  Como (todos) sabemos…
  Todo el mundo dice que…
  Voy a hablar de…
  Como todos sabemos, *la situación actual es…*

- **Puntos a tratar**
  En primer / segundo / tercer / cuarto lugar…
  El primer / segundo / tercer / punto / tema es…
  Por un lado…, por otro (lado)…
  Por este motivo / por esta razón…
  No solo…, sino también…
  El primer *problema es el paro.*

- **Conclusión**
  En conclusión,
  Resumiendo,
  Para terminar,
  Resumiendo, *para solucionar este problema…*

- **Despedida**
  Muchas gracias (por)…
  Ha sido un placer…
  Muchas gracias. Ha sido un placer…

El estado de bienestar

6 Bienestar

B (21) Observa la estructura de la conferencia en la página anterior y relaciona las dos partes de las frases. Después, escucha y comprueba.

1. Buenas tardes. Es un placer estar con todos ustedes para hablar sobre… ☐
2. Como todos sabemos, el estado de bienestar incluye… ☐
3. En primer lugar, en los últimos años ha crecido… ☐
4. En segundo lugar, la crisis ha reducido… ☐
5. Un tercer punto son los altos niveles… ☐
6. El cuarto aspecto que tenemos que valorar… ☐
7. La conclusión, pues, es que el estado de bienestar… ☐
8. Muchas gracias… ☐

a. que hemos conocido hasta ahora está en peligro.
b. la situación en la que se encuentra nuestro estado de bienestar.
c. la recaudación de impuestos y el Gobierno dispone de menos dinero.
d. por su atención.
e. prestaciones como las pensiones o el subsidio de paro.
f. la demanda de recursos necesarios para financiar el estado de bienestar.
g. de fraude fiscal.
h. es la necesidad de mejorar la eficiencia en la gestión pública.

4 A Lee las opiniones de dos ciudadanos en un foro sobre el estado de bienestar en su país. ¿Cuál tiene una actitud más positiva? ¿En qué te basas para dar tu opinión?

Maribel, 21 años

Yo **opino que** el estado de bienestar no va a desaparecer. **No creo que** en el futuro los jubilados dejen de recibir las pensiones, ni tampoco que la educación para todos desaparezca… Seguro que entre todos los ciudadanos encontramos formas de mantener todos los servicios públicos. **Me parece que** es solo una cuestión de unirnos y también de elegir bien a nuestros gobernantes.

Néstor, 21 años

Pues yo **creo que** va a ser muy difícil continuar con el estado de bienestar. **No me parece que** estemos en una situación de poder mantener todo el sistema que tenemos si no encontramos una forma de recaudar más dinero con los impuestos. **No pienso que** las cosas cambien en los próximos años. Vamos a tener que trabajar todos mucho si queremos un país menos pobre.

Repasa Las diferentes formas para dar opinión y expresar acuerdo y desacuerdo.

B Observa la forma verbal que utilizan Maribel y Néstor en cada una de sus opiniones y escribe los verbos que van a continuación de las siguientes estructuras. ¿En qué casos no usan presente de indicativo?

Afirmativo
Opino que _____
Me parece que _____
Creo que _____

Negativo
No creo que _____
No me parece que _____
No pienso que _____

C ¿Cuál es tu opinión sobre la situación del estado de bienestar en tu país? Completa las frases con presente de indicativo o de subjuntivo, según tu opinión. Después, escribe una frase más.

1. **Creo que / No creo que** el estado de bienestar _____ (ser) bueno.
2. **Opino que / No opino que** la calidad de la sanidad _____ (ir) a desaparecer.
3. **Me parece que / No me parece que** _____ (haber) un gran problema con la calidad de la educación.

GRAMÁTICA

El presente de subjuntivo

- Con frecuencia se usa en oraciones subordinadas que empiezan con *que*; por ejemplo, al negar la opinión *(no creer que)*.
  No creo que sea un problema tan grande.
- Tiene la misma terminación que el imperativo negativo.
  ¡No **cambies** de tema!

-ar	-er	-ir
cambiar	responder	decidir
cambie	responda	decida
cambies	respondas	decidas
cambie	responda	decida
cambiemos	respondamos	decidamos
cambiéis	respondáis	decidáis
cambien	respondan	decidan

Verbos irregulares:

ser	estar	ver
sea	esté	vea
seas	estés	veas
sea	esté	vea
seamos	estemos	veamos
seáis	estéis	veáis
sean	estén	vean

ir	saber	dar
vaya	sepa	dé
vayas	sepas	des
vaya	sepa	dé
vayamos	sepamos	demos
vayáis	sepáis	deis
vayan	sepan	den

COMUNICACIÓN

Dar opinión

- Si es afirmativa o interrogativa:
  Creo / Pienso / Opino / Me parece que + indicativo
  Creo que el estado de bienestar *está* en peligro.
  ¿Piensas que el estado de bienestar *está* en peligro?

- Si es negativa:
  No creo / No pienso / No opino / No me parece que + presente de subjuntivo
  No creo que el estado de bienestar *esté* en peligro.
  *No me parece que haya** una crisis en estos momentos en mi país.

  *haya (presente de subjuntivo del verbo *haber*)

Estrés

1 ¿Sabes qué es el estrés? ¿Quién crees que sufre más estrés: los jóvenes o los adultos? Coméntalo con tu compañero.

Yo creo que los que sufren más estrés son los adultos, porque…

2 A ¿Crees que tienes una vida muy estresante? ¿Qué situaciones te producen más estrés o ansiedad? Señálalas y coméntalo con tu compañero.

- [ ] Los exámenes
- [ ] Los deberes o los trabajos de clase
- [ ] Las exposiciones orales en clase
- [ ] Las actividades extraescolares
- [ ] Las competiciones deportivas
- [ ] Tu futuro profesional
- [ ] El poco tiempo libre
- [ ] Las relaciones con los compañeros

• *Yo me pongo muy nervioso cuando tengo un examen.*
■ *Yo estoy tranquilo si estudio y me preparo bien los temas.*

> **Repasa** Agrupa con *ser* o *estar* las expresiones que conoces para hablar de estados de ánimo y carácter.

B 🎧22 Escucha a una psicóloga en un *podcast* hablando sobre el estrés. Lee los siguientes consejos y marca los que menciona.

1. Es necesario que hagas una actividad física, porque relaja.
2. Es muy bueno reír. Te sugiero que rías mucho.
3. Si tienes un problema, es importante que lo hables con alguien.
4. Si tienes que hacer muchas cosas, organízate con una lista.
5. Te aconsejo que seas organizado.
6. Cuida tu salud.
7. Sé generoso. Ayuda a los demás.
8. Es importante que hagas meditación.
9. Te recomiendo que duermas siete u ocho horas cada día.

C Fíjate en los consejos anteriores y haz un esquema con las estructuras y los tiempos verbales que se utilizan.

Es necesario que hagas: Es necesario que + presente de subjuntivo

---

LÉXICO

Estados de ánimo

estar:
- nervioso/-a
- tranquilo/-a
- relajado/-a
- estresado/-a
- preocupado/-a
- sorprendido/-a
- enfadado/-a
- cansado/-a
- aburrido/-a
- enamorado/-a
- triste
- feliz

tener:
- estrés
- ansiedad
- miedo
- hambre
- sueño

Cambios de estado
- ponerse nervioso/-a
- tranquilizarse
- relajarse
- estresarse
- preocuparse
- enfadarse
- aburrirse
- sorprenderse
- enamorarse
- desesperarse
- entristecerse

COMUNICACIÓN

Aconsejar o sugerir

Podemos dar consejos o sugerencias de diferentes maneras:

- *Es* + adjetivo
  • Cuando hacemos una valoración o una sugerencia general utilizamos: *Es bueno / malo / mejor / necesario / importante* + infinitivo
  Es muy bueno reír.
  • Cuando nos referimos a alguien o algo en concreto utilizamos: *Es bueno / malo / mejor / necesario / importante que* + presente de subjuntivo
  Es necesario que hagas una actividad física.

- *Aconsejar / Recomendar / Sugerir que* + presente de subjuntivo
  Te aconsejo que seas organizado.
  Os sugerimos que hagáis gimnasia.

- Imperativo
  Sé generoso.

Estrés 6 Bienestar

3 Estos tres estudiantes tienen problemas relacionados con el estrés. Léelos y escribe un consejo para cada uno de ellos.

XOSÉ
Mañana tengo un partido de baloncesto y estoy un poco nervioso porque es el primer partido importante que juego y tengo miedo de no hacerlo bien.

ALEJANDRA
Mi problema es que no tengo tiempo para mí. Todos los días tengo actividades cuando salgo de clase. Los lunes, judo; los martes y los jueves, teatro; los miércoles, natación; los viernes voy a correr con un grupo de amigos; los sábados juego al fútbol; y los domingos ayudo a mis padres en el restaurante. Además, tengo que hacer los deberes y estudiar.

MANU
Mis padres han tenido que cambiar de ciudad por el trabajo, y estoy en un instituto nuevo. No conozco a nadie y no tengo amigos. Me siento solo.

4 A ¿Cómo combates el estrés? ¿Utilizas alguna técnica? ¿Qué haces? Coméntalo con tus compañeros.

Yo hago yoga y meditación…

B (23) Lee y escucha el siguiente ejercicio de una página web de autoayuda. ¿Sabes qué es la atención plena o *mindfulness*? ¿Para qué crees que sirve este ejercicio? ¿Te parece útil? Coméntalo con tus compañeros.

| INICIO | VÍDEOS | CONFERENCIAS | AUDIOS | LIBROS | SERVICIO |

✓ **Recursos de autoayuda**

Ejercicio de *mindfulness* o atención plena
Mindfulness o atención plena es la conciencia del momento presente. Es vivir aquí y ahora. A través de la atención plena quedas libre de los malos recuerdos del pasado o de preocuparte por el futuro. El efecto de esta práctica es la paz mental. Estas técnicas mentales son una excelente manera de aumentar nuestra calidad de vida.

Ejercicio: observación consciente
Elige un objeto que tengas a tu alrededor. Puede ser una taza de café o un lápiz, por ejemplo. Colócalo en tus manos y permite que tu atención sea totalmente absorbida por el objeto. Solo observa.
Vas a notar una mayor sensación de estar presente en «el aquí y ahora» durante este ejercicio. Te vuelves mucho más consciente de la realidad. Observa cómo tu mente libera rápidamente los pensamientos del pasado o del futuro y lo diferente que te sientes al estar en el momento presente de una manera muy consciente.
La observación consciente es una forma de meditación. Es sutil, pero poderosa. Inténtalo.

Extraído de: www.recursosdeautoayuda.com

C Pon en práctica el ejercicio y comenta con tus compañeros tu experiencia.

Avanza Busca un ejercicio en internet para reducir el estrés y trata de hacerlo con tus compañeros. Ellos cierran los ojos y tú les dices lo que tienen que hacer.

GRAMÁTICA

Verbos irregulares en presente de subjuntivo

Verbos con la raíz irregular
Los verbos irregulares en primera persona de presente de indicativo son también irregulares en todas las personas en presente de subjuntivo.

presente de indicativo	presente de subjuntivo
tengo	tenga
	tengas
	tenga
	tengamos
	tengáis
	tengan

Los siguientes verbos también son de este grupo:
caer: **caig**o – **caig**a…   poner: **pong**o – **pong**a…
decir: **dig**o – **dig**a…   salir: **salg**o – **salg**a…
elegir: **elij**o – **elij**a…   traer: **traig**o – **traig**a…
hacer: **hag**o – **hag**a…   venir: **veng**o – **veng**a…
conocer: **conozc**o – **conozc**a
construir: **construy**o – **construy**a
traducir: **traduzc**o – **traduzc**a

Verbos con cambios vocálicos
Los verbos irregulares que cambian la vocal de la raíz en presente de indicativo también la cambian en presente de subjuntivo.

querer (e > ie)		poder (o > ue)	
qu**ie**ro	qu**ie**ra	p**ue**do	p**ue**da
qu**ie**res	qu**ie**ras	p**ue**des	p**ue**das
qu**ie**re	qu**ie**ra	p**ue**de	p**ue**da
queremos	queramos	podemos	podamos
queréis	queráis	podéis	podáis
qu**ie**ren	qu**ie**ran	p**ue**den	p**ue**dan

pedir (e > i)*	
p**i**do	p**i**da
p**i**des	p**i**da
p**i**de	p**i**da
pedimos	p**i**damos
pedís	p**i**dáis
p**i**den	p**i**dan

* Este grupo, a diferencia de los otros dos, mantiene la irregularidad en la primera y la segunda persona del plural.

HABILIDAD DE APRENDIZAJE

La atención plena
Significa prestar atención de manera consciente a la experiencia del momento presente. Es una técnica para reducir nuestro estrés, dolor, o para enfrentarse a los desafíos de nuestra vida. Nos ayuda a recuperar de forma integral el equilibrio interno en nuestro cuerpo, mente y espíritu.

Hacer ejercicio

1 A ¿Aprovechas tu tiempo libre? ¿Qué haces? Pregunta a tu compañero si hace las siguientes actividades en su tiempo libre, con qué frecuencia y dónde.

1. Leer novelas o cómics.
2. Jugar con la consola, con el móvil o con el ordenador.
3. Ir al cine o al teatro.
4. Hacer deporte.
5. Ir a discotecas.
6. Tocar o cantar con un grupo de música.
7. Pintar o dibujar.
8. Pasear con amigos.
9. Estudiar.
10. Quedarse en casa con la familia.

- ¿Lees novelas o cómics en tu tiempo libre?
- Sí.
- ¿Cuándo sueles leer?
- Leo un libro o dos cada mes, y muchas revistas.
- ¿Dónde sueles leer?

Repasa Los adverbios de frecuencia y el verbo *soler*.

B Teniendo en cuenta el resultado del cuestionario, ¿cómo crees que es tu compañero? Utiliza adjetivos del cuadro de léxico.

Yo creo que Tom es muy deportista, porque juega al fútbol todos los fines de semana.

C Observa las siguientes frases. ¿Por qué crees que en algunos casos se utiliza el verbo *ser* y en otros el verbo *estar*?

1. A Julio es muy nervioso. No puede parar de hacer cosas.
   B Julio está muy nervioso porque mañana tiene un examen.
2. A Mi padre es una persona muy activa. Hace mucho deporte, viaja mucho…
   B Mi padre está muy activo desde que salió del hospital.
3. A Mi hermana es muy estudiosa. Siempre aprueba todos los exámenes.
   B Mi hermana está muy estudiosa últimamente. Antes no era así.
4. A Mercedes es muy solitaria. Le encanta hacer cosas sola.
   B Mercedes está muy solitaria estos días. No sé qué le pasa…

D Escribe dos adjetivos que definan cómo eres y dos que definan cuál es tu estado de ánimo ahora o últimamente.

Yo soy normalmente alegre y sociable.
Ahora estoy contento y también estoy tranquilo.

2 A Para sentirse bien, es importante hacer ejercicio. ¿Cuáles crees que son sus beneficios? Señálalos y, después, coméntalo con tu compañero.

1. Mantener un peso saludable.
2. Deshidratarse.
3. Dormir mejor.
4. Mejorar el aspecto físico.
5. Generar sensación de malestar.
6. Prevenir muchas enfermedades como la diabetes o el cáncer.
7. Reducir el colesterol y la hipertensión.
8. Sufrir contracturas musculares.
9. Sentir alegría / bienestar.

LÉXICO

La personalidad

- sociable
- alegre
- solitario/-a
- sano/-a
- tranquilo/-a
- activo/-a
- creativo/-a
- aburrido/-a
- inquieto/-a
- deportista
- familiar
- triste
- estudioso/-a
- nervioso/-a
- perezoso/-a

GRAMÁTICA

Adjetivos con *ser* y *estar*

- Hay adjetivos que siempre van con el verbo *ser*.
  Tu perro es muy inteligente, ¿no?
- Otros adjetivos solo van con *estar*.
  Estoy preocupado por el examen de mañana.
- Algunos adjetivos pueden ir con el verbo *ser* y con el verbo *estar*. *Ser* se usa para describir la personalidad o una característica; *estar*, para describir un estado de ánimo.
  Alfredo es muy nervioso. (Normalmente, forma parte de su personalidad).
  José está muy nervioso con su boda. (Estos días o por esta situación).
- Algunos adjetivos cambian de significado si van con *ser* o con *estar*. Estos son algunos ejemplos:

  • *Bueno*
  Ser bueno (portarse bien)
  Mi hermano pequeño es muy bueno. Duerme mucho por las noches.
  Estar bueno (tener buen sabor)
  Esta sopa está muy buena.

  • *Atento*
  Ser atento (amable)
  Tu vecino es muy atento. Me ha abierto la puerta.
  Estar atento (poner atención)
  Chicos, ahora tenéis que estar atentos, que vamos a escuchar una canción.

  • *Listo*
  Ser listo (ser inteligente)
  Luis es muy listo, saca muy buenas notas.
  Estar listo (estar preparado)
  ¿Estás listo? Tenemos que salir de casa ahora.

  • *Rico*
  Ser rico (tener mucho dinero)
  Tengo un tío en América que es rico.
  Estar rico (tener buen sabor)
  Este pastel está muy rico.

- Con *bien* y *mal* siempre se utiliza *estar*.
  - ¿Cómo está tu padre?
  - Está bien, gracias.

Hacer ejercicio 6 Bienestar

B Lee el siguiente blog sobre los beneficios de hacer ejercicio y señala si las frases son verdaderas (V) o falsas (F). Justifica tu respuesta utilizando palabras del texto.

1. ☐ Las personas que hacen ejercicio viven más años. Justificación: _____
2. ☐ Andar no es un ejercicio. Justificación: _____
3. ☐ Las mujeres embarazadas deben evitar el ejercicio. Justificación: _____
4. ☐ Es importante beber para hidratarse. Justificación: _____

INICIO VÍDEOS CONFERENCIAS AUDIOS LIBROS CONTACTO

LOS BENEFICIOS DE HACER EJERCICIO

Hacer ejercicio con regularidad es una parte importante de un estilo de vida saludable. Las personas que llevan una vida activa tienen menos probabilidad de enfermarse y mayor probabilidad de vivir una vida más duradera. Hacer ejercicio les permite tener un mejor estado físico y además mejora su salud mental y su sensación general de bienestar.

Es importante que la actividad física forme parte de la vida de los niños, de los adultos y de las personas mayores. El ejercicio no tiene que ser enérgico: usted puede encontrar formas para mantenerse activo que se adapten a su rutina diaria, como, por ejemplo, caminar. Si nunca ha hecho ejercicio o hace tiempo que no lo hace, es fácil comenzar. La actividad física es esencial para mantener un peso saludable e, incluso es beneficiosa durante el embarazo. Sin embargo, asegúrese de tomar medidas para evitar las lesiones y recuerde que la nutrición y la hidratación también juegan un papel importante. Ingerir los nutrientes correctos proporciona el combustible que usted necesita para hacer ejercicio, y beber líquidos ayuda a evitar la deshidratación.

Extraído de: www.bupasalud.com

3 A Lee la siguiente información relacionada con deportes o actividades físicas. ¿A qué deporte se refiere cada una?

EL CICLISMO ☐   LA ZUMBA ☐   LA NATACIÓN ☐

1 Cuando quieres hacer deporte, es normal que te preguntes cuál es la actividad más completa, el deporte con el que puedes trabajar todo el cuerpo y conseguir un buen estado físico de un modo uniforme. Si te gustan los deportes acuáticos, este es un deporte con el que vas a disfrutar mucho.

2 Empezó por casualidad y acabó conquistando a millones de personas en todo el mundo. Si quieres disfrutar con un ejercicio cardiovascular divertido, bailando ritmos latinos, esto es lo que necesitas. ¡Sí! Con una sola sesión puedes quemar hasta 500 Kcal.

3 Después de correr, probablemente es uno de los deportes individuales más practicados. Es una actividad física que tiene muchas ventajas, y no solamente para la salud y el bienestar. Se puede usar como modo de transporte y además tonifica el cuerpo. ¡Sé práctico e inteligente y ponte ya a pedalear!

B Describe las características de un deporte o actividad física como los anteriores. Tus compañeros tienen que adivinarlo.

4 A Lee el cuadro de ortografía con información sobre la tilde diacrítica. ¿Puedes encontrar algún ejemplo en los textos del ejercicio 3?

B Escribe la tilde, si es necesario, en las palabras subrayadas de las siguientes frases.

1. ¿<u>Cuantos</u> ejercicios has hecho?
2. <u>Como</u> dije ayer, esto puede ser un problema.
3. Este es <u>el</u> niño <u>de</u> <u>quien</u> <u>te</u> hablé.
4. ¿<u>Adonde</u> fuiste?
5. Dime <u>si</u> has aprobado o no.
6. No <u>se</u> <u>que</u> hacer con esta máquina. No la uso.
7. <u>Tu</u> <u>si</u> <u>que</u> sabes.
8. ¿<u>Te</u> lo dijo <u>el</u>?

ORTOGRAFÍA Y PRONUNCIACIÓN

La tilde diacrítica

- *Qué, quién, cómo, cuál, cuándo, cuánto, dónde* y *adónde* llevan tilde cuando son pronombres interrogativos o exclamativos.
  ¿**Dónde** tienes el coche?
  Esta es la casa **donde** vivía de pequeño.
  ¿**Cuándo** llegaron?
  Fue a la oficina **cuando** lo llamaron.

- También llevan tilde en preguntas indirectas.
  No sé **cuándo** llegarán.
  ¡**Qué** alegría verte!

- Los monosílabos normalmente no llevan tilde. Solo la llevan algunos monosílabos que se escriben igual para diferenciar su significado.
  • *de* (preposición) / *dé* (verbo dar)
  No es normal que mi tío me **dé** dinero.

  • *mi* (posesivo) / *mí* (pronombre)
  Este deporte no es para **mí**.

  • *se* (pronombre) / *sé* (verbo saber)
  Solo **sé** que no **sé** nada.

  • *si* (conjunción) / *sí* (adverbio)
  ■ **Si** vas a comprar, dímelo.
  ■ **Sí**, no te preocupes.

  • *te* (pronombre) / *té* (bebida)
  • *tu* (posesivo) / *tú* (pronombre)
  • *el* (artículo) / *él* (pronombre)

sesenta y nueve **69**

Vicente Simón y la atención plena

1 ¿Cuál de las siguientes descripciones no define qué es *mindfulness* (la atención plena)?

1. Sirve para aumentar el bienestar y ser felices.
2. Incrementa la ansiedad y el estrés.
3. Aumenta nuestra calidad de vida.

2 A Estas son las partes de un artículo informativo. Lee el artículo de Vicente Simón: ¿a qué párrafos corresponden?

a. Introducción:
b. Presentación del tema (la pregunta que se plantea):
c. Cuerpo del artículo (las respuestas a la pregunta que se plantea):
d. Conclusión:

B De las siguientes frases, señala tres que reproducen afirmaciones del autor del artículo.

1. En el ámbito laboral hay cada vez más interés por la atención plena.
2. La atención plena tiene su origen en Oriente.
3. En Occidente se empezó a hacer popular a principios del siglo XX.
4. La tranquilidad y la meditación forman parte de nuestro estilo de vida.
5. Nuestro deseo de tener éxito en la vida nos proporciona paz y felicidad.
6. Para sentir paz en nuestro interior, es necesario descubrir el sentido de nuestra vida.
7. La humanidad, a lo largo de la historia, no ha cambiado nunca su manera de percibir la realidad.

C Lee de nuevo el artículo y relaciona las siguientes palabras del texto con sus sinónimos.

1. innegable (párrafo 1)
2. reseñar (párrafo 1)
3. arraigar (párrafo 3)
4. índole (párrafo 3)
5. alteración (párrafo 4)
6. anhelar (párrafo 4)
7. extravío (párrafo 5)
8. desasosegado/-a (párrafo 5)
9. auge (párrafo 7)

a. instalarse, establecerse
b. evidente, incuestionable
c. intranquilo/-a, inquieto/-a
d. comentar, resumir
e. cambio, modificación
f. tipo, clase
g. desear, querer
h. aumento, importancia
i. pérdida, desorientación

¿Por qué es imparable el ascenso de *mindfulness*?

por Vicente Simón

Vicente Simón es médico, psiquiatra y catedrático de Psicobiología. Tras una larga experiencia docente e investigadora, se ha dedicado a la práctica de *mindfulness* y a la enseñanza de la meditación a través de grupos de meditación, cursos *online*, conferencias, cursos presenciales y dirección de retiros.

[1] Es un hecho innegable que estamos asistiendo a un incremento notable de la demanda de actividades relacionadas con la atención plena o *mindfulness* en nuestro ámbito social. Voy a tratar de reseñar brevemente las razones de este fenómeno. Primero, veamos qué entiendo por el «movimiento *mindfulness*». […]

[2] Este movimiento incluye todos los procesos sociales generados como consecuencia de la asimilación, por parte de la cultura occidental, de una parte importante del contenido de las tradiciones meditativas orientales. Este proceso se ha ido produciendo de forma progresiva durante todo el siglo XX, pero se aceleró notablemente durante la década de los años setenta. […]

[3] Es evidente que *mindfulness* está encontrando en Occidente un terreno especialmente bien abonado para que el fenómeno arraigue y se desarrolle con rapidez. ¿A qué se debe? Voy a enumerar dos de estas razones, que me parecen las más destacadas. La primera de ellas es de índole estrictamente psicológica. Las propiedades tranquilizadoras y antiestresantes de *mindfulness* […] resultan muy efectivas para aliviar la ansiedad y la sensación de urgencia que han pasado a formar parte casi esencial del estilo de vida moderno.

[4] Nuestra vida ajetreada y sometida a una presión casi constante para alcanzar el éxito o, al menos, la supervivencia, produce numerosas alteraciones tanto en el cuerpo, como en el alma que nos desequilibran y nos producen sufrimiento y frustración. […] Como los seres humanos de todos los tiempos, anhelamos la felicidad, la paz y el amor.

[5] La solución a esta desagradable y dolorosa sensación de extravío no se encuentra fuera de nosotros.

Protagonista

6 Bienestar

No se encuentra en la acumulación de bienes ni en la obtención de la fama o del poder. Se encuentra en lo profundo de nuestro ser, en el descubrimiento del sentido de nuestras vidas, en la paz y en el amor con y hacia los demás. Y la práctica de *mindfulness* es, probablemente, una vía privilegiada para acercarse a ese descubrimiento del sentido de la vida, a ese reencuentro con nuestro verdadero ser que muchas veces, sin saberlo, todos andamos buscando. Porque *mindfulness*, además de calmar nuestra mente desasosegada, nos va a ir proporcionando, con el tiempo, la sabiduría necesaria para tomar las decisiones que nos pueden conducir a la felicidad. *Mindfulness*, suelo decir, nos ayuda a calmar la mente para ver con claridad y tomar las decisiones más sabias y adecuadas.

[6] La segunda razón que, a mi entender, explica el ascenso de *mindfulness*, es de carácter más social, y sus raíces se encuentran en el proceso de evolución de la conciencia que la humanidad no ha dejado nunca de experimentar. La humanidad no ha vivido siempre en el mismo estado de conciencia, sino que, a lo largo de milenios, la conciencia ha ido sufriendo diversos cambios sustanciales, cuyo detalle no puedo desarrollar, obviamente, en este corto artículo. Pero sí quisiera decir que en el momento histórico que estamos viviendo da la impresión de que la humanidad en su conjunto está experimentando un cambio lento (aunque profundo e innegable) en su manera de percibir la realidad y de reaccionar frente a ella.

[7] Muchos somos de la opinión de que estamos asistiendo a una aceleración de este cambio y el auge de *mindfulness* no es sino un síntoma más de este proceso. Probablemente, –me aventuraría yo a decir– no solo un síntoma, sino una herramienta clave, un instrumento esencial para llevar a cabo la transformación que nos ha tocado vivir y experimentar en nuestro propio ser. Es por ello por lo que nos vemos atraídos por ese fenómeno de *mindfulness*. Es por ello por lo que sentimos la necesidad de aliviar nuestro malestar a través de *mindfulness*. Y es por ello por lo que, estadísticamente, la demanda de *mindfulness* crece, sea cual sea el indicador que estudiemos.

Fuente: www.abc.es

D Lee las instrucciones para escribir un artículo informativo. ¿En qué apartado incluirías las siguientes frases?

a Escribe el cuerpo del artículo, es decir, los distintos párrafos en los que vas a dar respuesta a la pregunta que planteas.
b Haz un esquema de tu artículo y toma notas de las ideas que quieres incluir.
c Lee el artículo hasta estar contento con el resultado.
d Escribe una introducción.

EL ARTÍCULO INFORMATIVO

Antes de escribir:
- Elige el tema e investiga sobre él. Si referencias partes de un texto que no es tuyo, no te olvides de citar al autor.
- (1)___

Mientras escribes:
- Divide el artículo en dos partes: el título y el cuerpo del mensaje que quieres dar.
- Escribe un buen título (tiene que resumir el contenido del artículo). También puedes escribir tu nombre como autor.
- (2)___
- Escribe una presentación del tema (la pregunta que vas a responder en tu artículo)
- (3)___
- Termina con una conclusión.

Después de escribir:
- Revisa la gramática, la ortografía, los conectores y el vocabulario. Intenta no repetir palabras.
- Asegúrate de que cada párrafo incluye una idea.
- (4)___

Algunas frases que pueden aparecer en el artículo:
En este artículo voy a reflexionar sobre…
Es (un hecho) innegable que…
Es evidente que…
Primero, después…
En primer lugar… / En segundo lugar…
Por una parte… / Por otra parte…
La razón por la que…
Hay que tener en cuenta…
Otro aspecto importante es…
Para empezar… / Para terminar…
En conclusión…

3 Escribe un artículo informativo sobre un tema relacionado con la salud mental o física.

Acción - Reflexión

6 Bienestar

Mira las siguientes fotos: ¿qué deporte de los que se muestran te parece más interesante? Elige uno y comenta sus beneficios para la salud física y mental.

Esquí — Baloncesto — Escalada — Esgrima — Fútbol — Windsurf

Acción

En parejas, preparad una conferencia.

1. Elegid uno de estos temas:
   - El estado del bienestar en vuestro país
   - El estrés y cómo evitarlo
   - Los beneficios del deporte para la salud

2. Recordad las diferentes partes de una conferencia:
   - saludo
   - presentación del tema
   - puntos a tratar
   - conclusión
   - despedida

3. Decidid si vais a utilizar algún recurso para vuestra conferencia: fotografías, diagramas, audiovisuales, etc.

4. Presentad vuestra conferencia a la clase. También podéis grabarla.

Actitudes y valores

Valora la actividad que has realizado. Responde *sí* o *no*.

	Sí	No
- Al preparar la conferencia he conseguido ponerme de acuerdo con mi compañero.	☐	☐
- Ahora soy más consciente de la importancia de la salud mental y física.	☐	☐
- Gracias a la conferencia he descubierto cuestiones sobre las que no había reflexionado antes.	☐	☐

Reflexión

- ¿Qué nos proporciona más bienestar en nuestras vidas?
- ¿Qué debemos hacer para mantener o crear un buen estado de bienestar?
- ¿Te parece importante la atención plena? ¿En qué situaciones te puede ayudar?

7 Ciencia

- Predecir el futuro del planeta
- Aprender qué significa ser científico
- Valorar los proyectos científicos de los jóvenes
- Confeccionar una infografía
- Reflexionar sobre el papel de la ciencia en la sociedad
- Protagonista: Neil Harbisson, el primer cíborg del mundo
- Tipología textual: La noticia
- Interculturalidad: La divulgación de la ciencia en contextos interculturales
- Actitudes y valores: Mostrar una mente abierta con respecto a las distintas opiniones
- Habilidades de aprendizaje: El pensamiento crítico

1 Relaciona estos títulos con las fotografías.

a Comunicación en 3 D
b La robótica en nuestra vida
c Prótesis biónica para atletas
d Tratamientos con células madre

2 En todas las fotos se observa la influencia de la ciencia. ¿Cuál de ellas crees que muestra el avance científico más importante?

3 ¿Consideras que siempre son positivos los avances de la ciencia? ¿Por qué?

La ciencia de la sostenibilidad

1 A Observa este portal de internet sobre la sostenibilidad del planeta en el futuro y completa los títulos con estas palabras.

biodiversidad • energía • escasez • consumo • turismo • crecimiento

LA SOSTENIBILIDAD

Inicio | Quiénes somos | Compromiso | Enlaces

❶ _____ RESPONSABLE
Si queremos preservar el bienestar humano *leer más*

❷ _____ DEL AGUA
En los últimos años ha habido un crecimiento explosivo del consumo *leer más*

❸ _____ DEMOGRÁFICO
La población mundial aumentará en unos 80 millones *leer más*

❹ PÉRDIDA DE LA _____
La actual preocupación por la pérdida de la variedad de seres vivos *leer más*

❺ NUEVA CULTURA DE LA _____
Los sistemas alimentarios consumen actualmente el 30 % de la energía *leer más*

❻ _____ SOSTENIBLE
Aunque sabemos que el turismo tiene repercusiones positivas, *leer más*

LÉXICO

La sostenibilidad
- emisión de gases
- efecto invernadero
- explosión demográfica
- vertido de residuos contaminantes
- ecosistema natural
- escasez de agua
- calentamiento global
- consumo de energía
- destrucción de paisajes
- degradación de la calidad del agua / aire
- alteración de los ecosistemas
- extinción de las especies

Adaptado de: www.oei.es

> **Avanza** Crea un mapa mental para estudiar el léxico de la sostenibilidad.

B Relaciona los artículos del ejercicio anterior con su continuación.

Ⓐ ___ disponible y generan más del 20 % de las emisiones mundiales de gases de efecto invernadero. En las próximas décadas **habrá** un aumento significativo y simultáneo en las necesidades de agua, energía y alimentos.

Ⓑ ___ cada año. Incluso si consumen, «en promedio, mucho menos que hoy, los nueve mil millones de hombres y mujeres que **poblarán** la Tierra hacia el año 2050 la **someterán**, inevitablemente, a un enorme estrés» (Delibes y Delibes, 2005).

Ⓒ ___ a largo plazo, **necesitaremos** nuevas formas de satisfacer necesidades humanas y tendremos que adoptar patrones de consumo y producción para mantener los sistemas de soporte de vida de la Tierra. Solo así **podremos** salvaguardar los recursos requeridos por futuras generaciones. Si las tendencias presentes de consumo irresponsable persisten, muchas necesidades humanas no **serán** satisfechas y el número de pobres **aumentará**.

Ⓓ ___ del agua y una seria degradación de su calidad debido a los vertidos de residuos contaminantes muy superior al ritmo de asimilación de los ecosistemas naturales. Si queremos afrontar la escasez de agua dulce, **necesitaremos** solucionar una serie de cuestiones que van desde la protección del medioambiente y la interrupción del calentamiento global hasta un reparto equitativo del agua para el riego, la industria y el consumo doméstico de la población mundial.

Ⓔ ___ también se dan consecuencias negativas: incremento en el consumo de suelo, agua y energía; destrucción de paisajes; aumento de la producción de residuos y aguas residuales; alteración de los ecosistemas; etc. **Precisaremos** de medidas efectivas para lograr que las actividades turísticas se organicen en armonía para proteger el patrimonio natural que constituyen los ecosistemas y la diversidad biológica y, debemos añadir, cultural.

Ⓕ ___ no se debe simplemente al hecho de que están desapareciendo algunas especies, sino al temor de que en el futuro **asistiremos** a una extinción masiva. Solo si ponemos fin al conjunto de problemas (creciente urbanización, contaminación pluriforme y sin fronteras, explotación intensiva de recursos, introducción de especies exóticas depredadoras, etc.), **protegeremos** los hábitats y las diferentes especies de fauna y flora.

Adaptado de: www.oei.es

La ciencia de la sostenibilidad

7 Ciencia

C Observa esta frase extraída de uno de los textos y comenta con tu compañero las siguientes preguntas.

[Los sistemas alimentarios] generan más del 20% de las emisiones mundiales de gases de efecto invernadero. En las próximas décadas **habrá** un aumento significativo…

1. ¿Cuándo se generan más del 20% de las emisiones mundiales de gases de efecto invernadero?
2. ¿Es totalmente seguro que van a aumentar las emisiones de gases?
3. ¿Qué indica el verbo en negrita?
4. ¿Qué indica la expresión de futuro *las próximas décadas*?

D Observa el cuadro de gramática y completa las frases con el verbo adecuado para hacer las siguientes predicciones.

~~destruir~~ • ayudar • ser • aumentar • haber • lograrse

1. El turismo masivo *destruirá* los ecosistemas naturales.
2. El derecho a un ambiente saludable _____ con el esfuerzo de todos.
3. La conciencia ambiental sobre el problema de la contaminación _____ a proteger nuestro planeta.
4. La pobreza extrema en los próximos años _____ un problema grave si no actuamos hoy.
5. El número de las especies en peligro de extinción _____ en los próximos años.
6. En las próximas décadas _____ un aumento en el consumo de agua y energía.

2

A Completa las frases con palabras de los textos de 1B.

1. Si continuamos con la emisión de gases, _____
2. Si no consumimos de forma responsable, _____
3. Si se destruyen los paisajes, _____
4. Si terminamos con problemas como la explotación de recursos, _____

B En pequeños grupos, escribid cinco cosas que haréis para proteger el medioambiente donde vivís expresando una condición.

Si utilizamos más el transporte público, habrá menos contaminación.

Avanza Busca información sobre otro problema relacionado con la sostenibilidad y escribe un texto breve como el del ejercicio 1. Añade una foto.

3 Escribe cinco frases sobre tu futuro como estudiante.

Si apruebo todas las asignaturas, iré a la universidad…

GRAMÁTICA

El futuro simple

En general expresa algo que creemos que va a existir o que va a tener lugar en un momento posterior al momento en el que hablamos.

cambiar	comprender	vivir
cambiar**é**	comprender**é**	vivir**é**
cambiar**ás**	comprender**ás**	vivir**ás**
cambiar**á**	comprender**á**	vivir**á**
cambiar**emos**	comprender**emos**	vivir**emos**
cambiar**éis**	comprender**éis**	vivir**éis**
cambiar**án**	comprender**án**	vivir**án**

La terminación del futuro es igual para todas las conjugaciones.
*En el futuro, **asistiremos** a la extinción masiva de algunas especies.*

Verbos irregulares

Tienen las mismas terminaciones de los verbos regulares, pero presentan un cambio en la raíz.

tendr-	
har-	
habr-	é
pondr-	ás
podr-	á
vendr-	emos
dir-	éis
querr-	án
sabr-	
cabr-	

*En las próximas décadas **habrá** un aumento en las necesidades de agua, energía y alimentos.*

Algunas expresiones para hablar del futuro:
En las próximas décadas…
En 2050…
Dentro de un año / unos días / tres meses…
La semana próxima…
El año que viene…
Mañana…
Pasado mañana…

COMUNICACIÓN

Expresar predicciones y condiciones

- Utilizamos el futuro simple para formular o predicciones sobre el futuro.
  ***Precisaremos** de medidas efectivas para proteger el patrimonio.*

- Para expresar condiciones, podemos usar:
  • Futuro + *si* + presente
  ***Mejoraremos** el mundo **si reciclamos**.*

  • Si + presente + futuro
  ***Si queremos** afrontar la escasez de agua, **necesitaremos** solucionar algunas cuestiones.*

Proyectos científicos

1 A ¿Es importante la ciencia en tu vida diaria? ¿Qué puntos positivos y negativos encuentras en la ciencia? En grupos pequeños, comentad las preguntas, buscad ejemplos y, luego, exponed vuestras ideas a la clase.

B Lee la siguiente infografía, que muestra cinco proyectos científicos ideados por adolescentes, y responde si las afirmaciones siguientes son verdaderas (V) o falsas (F).

1. El concurso está solo abierto a jóvenes europeos. ☐
2. El sistema creado por Cynthia Sin Nga Lam genera energía. ☐
3. La pintura utilizada por Samuel Burrow es oscura. ☐
4. El microscopio de Lego atraerá al público infantil. ☐
5. El despertador hace uso del sentido del olfato. ☐
6. El programa de Trisha Pabhu evitará el *bullying* en las aulas. ☐

1 Cynthia Sin Nga Lam, 17 años, Australia
Idea: sistema que purifica aguas residuales a la vez que genera energía. La electricidad y el agua potable son dos de los elementos más escasos en países en vías de desarrollo. Cynthia ha creado un aparato experimental de bajo coste para purificar el agua y generar electricidad utilizando el hidrógeno producido.

3 Trisha Prabhu, 14 años, Estados Unidos
Idea: un programa para evitar el ciberacoso entre adolescentes. Su proyecto se llama Rethink y es un *software* que filtra los mensajes que se envían entre sí los adolescentes en redes sociales, detecta si puede suponer un mensaje ofensivo o de acoso, avisa a quien lo envía de que lo que está a punto de hacer es peligroso y pregunta si realmente quiere enviarlo. Su objetivo es que las redes sociales y aplicaciones de mensajería acaben integrando este programa.

2 Samuel Burrow, 16 años, Reino Unido
Idea: pintura transparente que elimina los contaminantes en el aire o el agua sin consumir energía. La pintura, al entrar en contacto con la luz solar, disuelve los contaminantes en sus partes individuales, haciéndolos menos perjudiciales. Aplicado sobre materiales y superficies (como en escuelas, hospitales o incluso fachadas de edificios) se puede crear un sistema para reducir la contaminación.

Google Science Fair

Estos cinco proyectos han resultado ganadores en el concurso científico que organiza Google cada año: la Google Science Fair, dirigida a adolescentes de todo el mundo de entre 13 y 18 años.

4 Guillaume Rolland, 17 años, Francia
Idea: un despertador con olores en lugar de sonidos. Los despertadores tradicionales, con sonido o vibración, no son una solución para personas sordas o con otras discapacidades sensoriales. Para solucionarlo, Guillaume ha creado un despertador que emana esencias agradables pero lo suficientemente potentes como para despertarnos al instante.

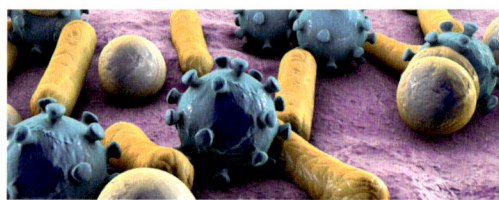

5 Mark Drobnych, 13 años, Ucrania
Idea: microscopio completamente funcional con piezas de Lego pensado para atraer a los niños al mundo de la ciencia. Mark asegura que investigar con un microscopio cuando eres adolescente, descubrir el mundo de las células de animales, plantas y bacterias, puede fascinarte para siempre, hacer que quieras dedicarte a la ciencia el resto de tu vida.

Basado en: http://es.gizmodo.com

Proyectos científicos

7 Ciencia

2 A 🎧26 **Lee y escucha las conversaciones de estos jóvenes que hablan del concurso científico de Google y completa la tabla con las palabras en negrita.**

1. **Luis:** ¿Vas a participar en el concurso de Google?
   Jorge: No sé, ***probablemente*** participe; tengo un proyecto, ¿y tú?
   Luis: ***Quizás*** me dé tiempo a terminar el proyecto que estoy preparando, pero...

2. **María:** ¿Lo tendrás todo listo para el concurso, ¿verdad?
   Javier: ¡Casi! ***Puede que*** acabe el proyecto hoy.
   María: ¡Qué bien! ¡Eres increíble!
   Javier: Tú acabaste la semana pasada, ¿no?
   María: Bueno, todavía tengo que revisarlo; ***lo más seguro es que*** esté listo mañana por la tarde.

3. **Rubén:** ¿Has terminado de construir el microscopio para el concurso?
   Saray: ¡Qué va! ***Supongo que*** me llevará un par de días más...
   Rubén: ¡Yo estoy igual! Tampoco he podido terminar mi proyecto. ***A lo mejor*** lo termino el viernes, pero lo dudo...
   Saray: ¡***Tal vez*** estamos demasiado cansados!

Seguido de indicativo	Seguido de subjuntivo

B ¿Participa Javier en el concurso científico de Google? Observa el cuadro de comunicación y completa las posibles respuestas.

1. **Tal vez** *participe en el concurso.*
2. **Supongo que** _____
3. **Quizás** _____
4. **Puede que** _____
5. **Posiblemente** _____
6. **Lo más seguro es que** _____
7. **A lo mejor** _____

C Imagina que vas a participar en este concurso. ¿Qué objeto inventarás? Trabajad en grupos: pensad en un invento, describid con detalle cómo será, cómo funcionará y para qué servirá. Luego, presentádselo a la clase.

> **Avanza** Construye el objeto, si es posible, o dibújalo en papel o en el ordenador.

3 A En las áreas de ciencia, comunicación, internet, deportes, moda, etc., se utilizan extranjerismos. Lee parte de una conversación de un empleado de una empresa española. Con un compañero, intentad traducir los extranjerismos al español.

> «Cuando llego por la mañana, enciendo el *mac* y hago un *checking* del *e-mail*, hago algunos *forwards* y envío *attachements* de Excel; a los 30 minutos siempre aparece el *assistant*...».
>
> http://elpais.com

B Escribe las siguientes frases sin anglicismos con estas palabras.

vaqueros • comida • patrocinadores • americana • magdalenas • taller • guay

1. Ese *blazer* es súper *cool* y combina muy bien con tus *jeans*.
2. Para el *lunch*, he traído unos *muffins*.
3. La compañía va a organizar un *workshop* junto con los *sponsors*.

COMUNICACIÓN

Expresar probabilidad

Podemos expresar probabilidad con las siguientes construcciones:

- Con indicativo: *supongo que, seguro que, a lo mejor, creo que.*
  Supongo que está cansado.

- Con indicativo y subjuntivo: *probablemente, posiblemente, quizás, tal vez.*
  No sé, *probablemente* participe...
  Tal vez estamos demasiado cansados.

- Con subjuntivo (cuanto más improbable es lo que se indica): *puede que, es posible que, es probable que, lo más seguro es que.*
  Puede que acabe el proyecto hoy.

ORTOGRAFÍA Y PRONUNCIACIÓN

Extranjerismos

Todos los idiomas se han enriquecido a lo largo de su historia con aportaciones léxicas procedentes de lenguas diversas.
Según la Real Academia Española, podemos distinguir los siguientes tipos de extranjerismos:

- **Extranjerismos innecesarios:** se utilizan en otro idioma aunque el español ya tiene esas palabras: *abstract* (en español, *resumen*), *back-up* (en español, *copia de seguridad*).

- **Extranjerismos necesarios:** aquellos para los que no existen, o no son fáciles de encontrar, términos españoles equivalentes. Se aplican dos criterios, según los casos:
  - Mantenimiento de la grafía y pronunciación originarias: como en *ballet*, *blues*, *jazz* o *software* (escritos en cursiva o entre comillas).
  - Adaptación de la pronunciación o de la grafía originarias, de dos formas:
    a) Mantenimiento de la grafía original, pero con la pronunciación y acentuación según las reglas del español. Por ejemplo, para el anglicismo *airbag* (pronunciado en inglés [érbag]) se propone la pronunciación [airbág].
    b) Mantenimiento de la pronunciación original, pero adaptando la forma extranjera al sistema gráfico del español. Así, para el anglicismo *paddle* se propone la adaptación *pádel*.

Neil Harbisson, el primer cíborg

1 ¿Sabes que es un cíborg? Lee la definición de la Real Academia Española y mira la foto de la noticia. ¿Te sorprende? ¿Por qué? Comenta tu respuesta con tu compañero.

Cíborg: ser formado por materia viva y dispositivos electrónicos.

2 A Lee la noticia a continuación y completa la ficha.

El cíborg del tercer ojo

Neil Harbisson se presenta como «el primer cíborg reconocido oficialmente por un gobierno». Es artista y vive en Barcelona. Nació con un problema: veía en blanco y negro. Introdujo el color en su vida mediante un dispositivo electrónico insertado en la nuca que traduce los tonos en sonidos. Tras dudas y rechazos, el Gobierno británico aceptó finalmente la foto oficial para el pasaporte con ese tercer ojo cibernético, ya que este añadido artificial forma parte ya de su organismo. Ahora, Neil está decidido a impulsar la revolución de los cíborg.

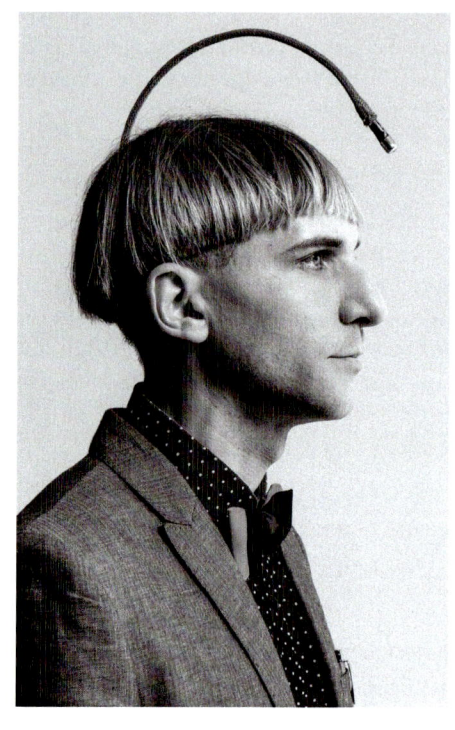

http://tecnologia.elpais.com

Nombre del primer cíborg del mundo:
Profesión:
Dificultad de nacimiento:
Función del dispositivo electrónico:
Nombre que recibe el dispositivo electrónico:

LA NOTICIA

Es un género periodístico que tiene el propósito de informar sobre lo fundamental de un hecho o una situación, por su relevancia social, con el menor número de palabras posibles.

Características:
- La estructura de una noticia debe organizarse y completarse en función de interrogantes básicos, como ¿quién?, ¿qué?, ¿cuándo?, ¿dónde?, ¿por qué?, ¿para qué? y ¿cómo?
- Puede ser transmitida en medios escritos u orales.
- Debe tener:
  - **Veracidad:** los acontecimientos o sucesos deben ser reales y verificables;
  - **Objetividad*:** el periodista o comunicador no debe reflejar su opinión ni emitir juicios de valor al presentarla;
  - **Claridad:** los sucesos tienen que se presentados de modo ordenado y lógico;
  - **Brevedad:** hay que omitir los datos irrelevantes y las repeticiones;
  - **Generalidad:** la noticia debe poseer interés social, y no particular;
  - **Actualidad:** debe referirse a episodios recientes.

*Aunque siempre existe un elemento subjetivo.

Protagonista 7 Ciencia

B Lee la noticia otra vez y contesta a a las preguntas.
1 ¿Por qué aceptaron en el pasaporte la fotografía con el «tercer ojo»?
2 ¿Qué proyecto tiene el primer cíborg del mundo?

3 A Con un compañero, leed los siguientes extractos de noticias sobre el mismo tema y el análisis posterior. Luego, comentad las preguntas.
1 ¿Qué diferencias hay entre la noticia en 2A y las dos noticias que aparecen a continuación?
2 ¿En cuál de ellas aparecen más extranjerismos?
3 Comparando las tres noticias, ¿cuál es la más neutral?, ¿por qué?

Extracto 1

Neil Harbisson se ha convertido en la primera persona en el mundo en ser reconocida por un gobierno como «Cyborg». Esto lo demuestra gracias a la fotografía de su pasaporte, en la que las autoridades de Reino Unido le han permitido posar con su «eyeborg», un dispositivo que va conectado a su cabeza y le permite «ver» colores.

www.abc.es

Extracto 2

Su capacidad sobrehumana para percibir los colores le permite realizar cuadros artísticos llenos de colores que le han otorgado gran fama y reconocimiento mundial. Sin embargo, el caso de Harbisson es solo el primer paso de una revolución tecnológica, de una invasión sutil de los cíborgs que amenaza con hacernos ver la vida como nunca antes la imaginamos.

www.elperiodico.com

Análisis de las noticias

1 Si comparamos el extracto 1 con la noticia en 2A:
- las palabras *cíborg* y *ojo cibernético* se han utilizado en inglés.
- «traduce los tonos en sonidos» se ha reemplazado por «ver colores».

2 Si comparamos el extracto 2 con la noticia en 2A:
- se utilizan frases que contienen adjetivos como *capacidad sobrehumana*.
- se usan términos negativos asociados a la revolución tecnológica, como *invasión* y *amenaza*.

B El pensamiento crítico nos ayuda a analizar la información para llegar a conclusiones adecuadas, como cuando leemos una misma noticia desde distintas perspectivas. ¿Crees que es importante desarrollar la habilidad del pensamiento crítico? ¿Por qué? Comentadlo en pequeños grupos.

4 Escribe una noticia con las características que aparecen en el cuadro de la página anterior. Puede ser real, sobre un hecho reciente, un avance científico, etc., o puede ser imaginaria.

HABILIDAD DE APRENDIZAJE

El pensamiento crítico

Esta habilidad cognitiva consiste en analizar y evaluar la consistencia de los razonamientos. Un pensador crítico:
- formula preguntas con claridad y precisión.
- evalúa la información relevante.
- llega a conclusiones y soluciones.
- piensa con una mente abierta.
- comunica efectivamente al idear soluciones a problemas complejos.

Acción - Reflexión

7 Ciencia

Observa las siguientes fotografías, elige dos de ellas y explica un aspecto positivo y uno negativo de los avances de la ciencia.

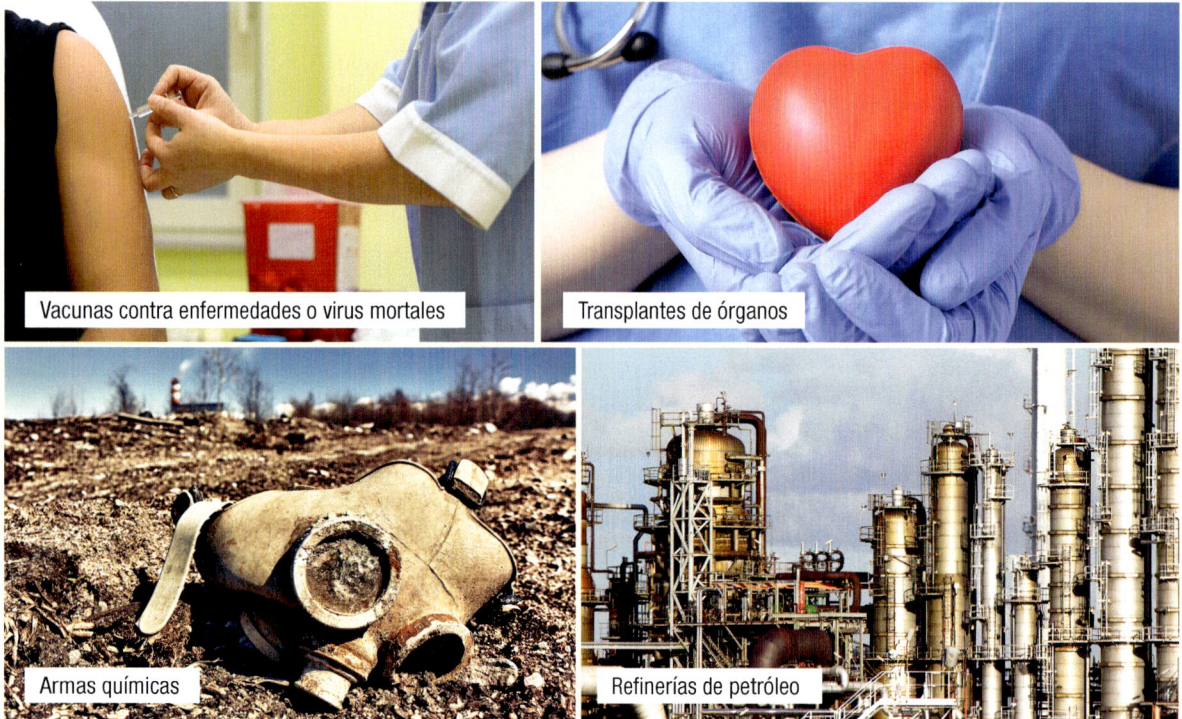

Vacunas contra enfermedades o virus mortales

Transplantes de órganos

Armas químicas

Refinerías de petróleo

Acción

En grupos pequeños, confeccionad una infografía que muestre el impacto de la ciencia en la sociedad. Puede ser el impacto en el planeta o en el lugar donde vivís.

Tened en cuenta los siguientes pasos:
- Elegid el tema.
- Recopilad la información necesaria.
- Seleccionad la información relevante.
- Diseñad un borrador.
- Confeccionad la infografía.
- Revisadla.
- Publicadla en la web de la clase o en vuestro blog.
- Evaluad los resultados: número de comentarios, tipo de comentarios, etc.

Actitudes y valores

Valora la actividad que has realizado. Responde *sí* o *no* según corresponda.

	Sí	No
- He respetado distintas opiniones sobre el diseño de la infografía.	☐	☐
- He sido receptivo a las críticas a mis propuestas.	☐	☐
- He analizado y evaluado la información incluida en la infografía.	☐	☐

Reflexión

- ¿De qué forma influye la ciencia en tu vida?

- ¿Eres consciente del valor de los avances científicos en la sociedad?

- ¿Qué papel tiene la ciencia en la cultura donde vives?

8 Amor

- Hablar sobre el significado del amor
- Describir el concepto de romanticismo
- Analizar distintos tipos de amor
- Escribir un poema sobre el amor
- Reflexionar sobre el amor y la amistad

- Protagonistas: La correspondencia de Dalí y Lorca
- Tipología textual: La carta informal
- Interculturalidad: La universalidad del amor
- Actitudes y valores: La importancia de los factores afectivos
- Habilidades de aprendizaje: La escucha activa

1 ¿En cuáles de estas fotos crees que las personas están más felices? ¿Y más tristes?
2 ¿Qué foto te parece más romántica?
3 ¿Consideras que en estas fotos hay alguna demostración de amor?
4 ¿Es universal el amor o es diferente en cada cultura?

El significado del amor

1 Clasifica estos sentimientos en la tabla. Comenta y justifica tus respuestas con un compañero.

pasión • celos • pérdida • sensualidad • felicidad • tristeza • depresión • dolor

positivos	negativos	depende

Yo pienso que la pasión es positiva porque da fuerza al amor.

LÉXICO

Sentimientos
- el amor – amar
- los celos – tener celos / estar celoso/-a
- la felicidad – ser / estar feliz
- la tristeza – ser / estar triste
- la depresión – estar deprimido/-a
- el dolor – sentir dolor / estar dolido/-a
- la pérdida – perder a alguien
- la pasión – sentir / mostrar pasión

2 A Vas a leer unas estrofas de poemas de autores muy conocidos y las valoraciones de unos estudiantes. Relaciona los poemas y las valoraciones. Después, comenta si estás de acuerdo con ellas y qué estrofa te gusta más y por qué.

A Octavio Paz
*Tendidos en la yerba
una muchacha y un muchacho.
Comen naranjas, cambian besos
como las olas cambian sus espumas.*

B Benedetti
*Si te quiero es porque sos
mi amor, mi cómplice y todo.
Y en la calle, codo a codo,
somos mucho más que dos.*

C Gabriela Mistral
*Hay besos silenciosos, besos nobles
hay besos enigmáticos, sinceros
hay besos que se dan solo las almas
hay besos por prohibidos, verdaderos.*

D Pablo Neruda
*Puedo escribir los versos más tristes esta noche.
Pensar que no la tengo. Sentir que la he perdido.*

E Dulce María Loynaz
*Si me quieres, no me recortes:
¡Quiéreme toda… o no me quieras!*

F Luis Cernuda
*Tú justificas mi existencia:
si no te conozco, no he vivido;
si muero sin conocerte, no muero,
porque no he vivido.*

1. ☐ **Me encanta que el poeta hable** de forma tan directa porque así tiene mucha fuerza. Es muy frecuente hacer comparaciones entre el amor de las personas y las fuerzas de la naturaleza.

2. ☐ **No me importa que el poema sea** tan triste, es precioso. Pero…, ¡pobrecillo! Parece ser que ella lo ha abandonado.

3. ☐ **Me preocupa que muchas veces te digan** que te quieren, pero lo que quieren es cambiarte y no te dejan ser tú misma.

4. ☐ **Me alegro de que el poeta tenga** una visión del amor puro. Y es verdad lo que dice: si tienes una buena pareja, te conviertes en una mejor persona.

5. ☐ **No me gusta que el autor describa** un amor tan exagerado, que una persona deje de existir sin la otra.

6. ☐ **Me sorprende que unos pocos adjetivos puedan** expresar tantos sentimientos.

El significado del amor   8 Amor

Avanza Escoge uno de los poetas anteriores y busca en internet algo de su biografía y un poema para compartirlo con la clase.

B Fíjate en las frases resaltadas en los comentarios. Todas llevan el verbo en la forma de subjuntivo. Con un compañero, ¿podéis identificar los sujetos de las frases? Después, añadid un comentario más a los poemas usando verbos valorativos.

C (27) Escucha los fragmentos de los poemas concentrándote en la pronunciación y en el ritmo y, después, con un compañero, practícalos recitándolos o incluso aprendiendo alguno de memoria.

GRAMÁTICA

Verbos valorativos

Para expresar sentimientos se pueden utilizar los verbos valorativos: *gustar*, *encantar*, *preocupar*, *entristecer*, *molestar*, *interesar*, *importar*, *entusiasmar*, *poner nervioso/-a*, etc. Se pueden usar de distintas formas.

- *Me gusta* + infinitivo
  Me gusta escribir poemas de amor.

- *Me gusta(n)* + sustantivo
  Me gustan los poemas de amor.

- *Me gusta* + *que* + presente de subjuntivo
  Me gusta que me *escriban* poemas de amor.

3 Completa estas frases según tus sentimientos. Después, coméntalo con tu compañero para ver si coincidís en alguna.

1. Me gusta que mis amigos…
2. Me molesta que mis padres…
3. Me preocupa que muchos niños…
4. Me encanta que los profesores…
5. Me entristece que la gente….
6. No me importa que mi hermano/-a…
7. Me pone nervioso/-a que los compañeros de clase…

4 A En grupos, responded y comentad estas preguntas.

1. ¿Se puede vivir sin amor?
2. ¿Hay varios tipos de amor? ¿Cuáles?
3. ¿Consideras que el amor es el arma más poderosa que tiene el ser humano?
4. ¿Qué significa estar enamorado/-a?
5. ¿Crees que las historias de amor pasan de moda? Lee lo que dice este personaje de una importante novela española, ¿estás de acuerdo?

«…que el amor es eterno, Mario, pues porque sí, porque es humano, porque está al alcance de todas las mentalidades».

Cinco horas con Mario, **Miguel Delibes**.

B En grupos, escribid un párrafo resumiendo vuestros comentarios y tratando de definir lo que entendéis vosotros por *amor*.

Repasa Expresiones de acuerdo y desacuerdo y valoraciones.

Ser romántico

1 A Lee este extracto de un blog y subraya las frases con las que estás de acuerdo.

   INICIO   REGÍSTRATE   GALERÍA   ENLACES   CONTACTA

¿Qué se debe esperar de tu pareja?

Se dice que el verdadero amor es incondicional, y que la persona que realmente ama no debe esperar nada del otro. ¿Es esto verdad? ¿Qué es lo que se debe querer, esperar, pedir o incluso exigir en una relación amorosa? Lee las siguientes frases sobre las relaciones de pareja.

- ♥ Quiero que me trate con ternura.
- ♥ Quiero que me demuestre que me quiere con actos, no con palabras.
- ♥ Quiero que me valore.
- ♥ Pido que me escuche.
- ♥ Pido que me acepte como soy.
- ♥ Pido que tenga un cierto compromiso conmigo.
- ♥ Espero que me acaricie, sobre todo en los momentos bajos.
- ♥ Espero que me diga frases cariñosas.
- ♥ Espero que me dé alguna sorpresa.
- ♥ Exijo que me trate con respeto.
- ♥ Exijo que me deje ser libre.
- ♥ Exijo que pueda ser yo siempre.

B ¿Qué quieres o esperas tú de tu mejor amigo y qué le pides o exiges? Escribe frases utilizando el subjuntivo. Después, compara tus frases en un grupo pequeño.

2 A Lee el origen de la palabra *ojalá*. ¿Conoces alguna otra palabra de origen árabe en español?

> El español contiene unas **10 000 palabras árabes,** que están en el diccionario de la Real Academia Española. Una de ellas es *ojalá* (del árabe لو شاء الله, que significa «si Dios quiere»), que se utiliza para expresar un deseo.

B Ahora lee el extracto de esta canción, donde la autora expresa algunos de sus deseos con *ojalá*. Añade una estrofa más a la canción. Si te gusta, puedes buscar la canción completa en internet.

COMUNICACIÓN

Expresar deseos

Para expresar deseos también utilizamos el subjuntivo en oraciones subordinadas cuando el sujeto es distinto al de la oración principal.

- *Querer / Esperar / Pedir / Exigir / que* + subjuntivo
  Quiero (yo) **hablar** (yo) con ella.
  Quiero (yo) **que hables** (tú) con ella.

- *Ojalá (que)* + subjuntivo
  ¡Ojalá (que) **haga** *buen tiempo!*

OJALÁ, *Rosa López*

*Ojalá, el mundo un día entienda
que la paz no es un billete de ida y vuelta.
Ojalá regresen los soldados con la
sonrisa puesta y flores en las manos.
El cajón de mis sueños, se me queda pequeño,
ojalá que algún día se hagan realidad. […]*

*Ojalá que el hombre un día aprenda
que no existe una batalla en la que no se pierda.
Ojalá se rindan los malvados
y no lluevan más tristezas
sobre los tejados.*

Avanza Recoged todas las estrofas que habéis añadido a la canción y confeccionad un póster con el título *Nuestros sueños*.

C (28) Escucha las primeras partes de unos diálogos y relaciónalas con estas frases.

a ¡Ojalá que haga buen tiempo! ☐
b Es que ella también quiere que vaya mañana… ☐
c ¡Ojalá puedas venir! ¿Puedo ayudarte con el trabajo? ☐
d Te pido que llegues puntual, por favor. Me pone nerviosa entrar tarde. ☐
e No sé dónde está, estoy esperando a que me mande la dirección. ☐

Ser romántico　　　　　　　　　　　　　　　　　　　　　8 Amor

D Con un compañero, escribe breves diálogos para contextualizar estas frases. Fíjate en nuestro ejemplo:

1 ¡Ojalá que lo pueda terminar!
  - *¿Has terminado el álbum que le vamos a regalar a Jaime?*
  - *No, todavía no, porque me faltan fotos.*
  - *Pues tiene que estar terminado para el sábado.*
  - *Sí, lo sé.* **Ojalá que lo pueda terminar**, *pero si no me da tiempo, se lo regalamos así y luego le doy las fotos que faltan.*

2 Espero que me lo traiga esta tarde.
3 Te pido que me digas sí o no ahora mismo.
4 Quiero que me lo expliques mejor, porque no lo entiendo.

3 A ¿Qué sabes del Día de San Valentín? Lee este texto expositivo y contesta si estas frases son verdaderas (V) o falsas (F). Justifica tus respuestas subrayando las frases del texto donde encuentres la información.

1 El 14 de febrero era ya una fiesta pagana antes de convertirse en una fiesta cristiana. ☐
2 El Día de San Valentín se inventó con fines comerciales. ☐
3 La costumbre de mandar postales ya existía en la época romana. ☐
4 Valentín era un sacerdote cristiano. ☐
5 Valentín casó a muchas parejas de enamorados. ☐
6 Al emperador le parecieron una buena idea los matrimonios que celebraba Valentín. ☐

El Día de San Valentín, o Día de los Enamorados, como lo conocemos hoy en día, es el resultado de varios mitos y leyendas. Se celebra en muchos países.
El Día de los Enamorados tiene su origen en el siglo XIX, cuando se empezaron a vender las primeras postales de felicitación, pero el origen histórico del Día de San Valentín se remonta mucho antes y se cree que data del año 325 d. C. La iglesia propuso sustituir la festividad pagana que tenía lugar el 14 de febrero (Lupercalia) por la festividad cristiana de San Valentín.
En tiempos de san Valentín, el emperador prohibió los matrimonios de los soldados en toda Roma porque creía que los guerreros sin familia eran más fieros en los combates al no tener nada que perder. Se cree que san Valentín fue un sacerdote cristiano que se enfrentó al emperador Claudio II porque casaba en secreto a los soldados. Cuando lo descubrieron, fue ejecutado.

B (29) Un programa de radio pide a la gente su opinión sobre el Día de San Valentín. ¿Quiénes están a favor y quiénes en contra? ¿Cuál es tu opinión sobre el Día de San Valentín?

	A favor	En contra	A favor y en contra
1			
2			
3			
4			
5			

Repasa El lenguaje de opinión.

4 A (30) Escucha la discusión de una pareja y responde:
1 ¿Cuál es el problema que tienen?
2 ¿Qué argumentos dan los dos?

B (30) Lee el cuadro sobre la escucha activa y vuelve a escuchar el diálogo. Toma nota de las frases donde se demuestra este tipo de escucha.

HABILIDAD DE APRENDIZAJE

La escucha activa

Significa no solo escuchar, sino demostrar a la persona que está hablando contigo que la estás escuchando. De este modo se consigue una buena comunicación y una relación más positiva y de respeto; la persona a la que escuchas se sentirá más valorada y tendrá más confianza en ti.

Para ello, si por ejemplo el hablante está diciendo «Y quiero que vayas a la cafetería a la hora de comer. Tengo que hablar contigo, esto no puede seguir así», se puede:

- repetir algunas de las palabras. *Sí, sí en la cafetería, de acuerdo / A la hora de comer.*
- mostrar con gestos o la expresión de la cara que entendemos, que estamos de acuerdo.
- decir algo para empatizar con la persona: *De acuerdo, voy a la cafetería, no te preocupes, entiendo que estés nerviosa. Hablamos.*

Otras formas de querer

1 Relaciona estos tipos de amor con las frases.

A **amor a una mascota**   B **amor a un amigo**   C **amor al trabajo**   D **amor familiar**

1. ☐ ¡Yo adoro a mi madre! Es verdad que reñimos con frecuencia, pero sé que está ahí siempre para lo que necesite. ¡Incondicional!
2. ☐ Creo que no hay nada más sincero que el amor de un perro.
3. ☐ «Lo que importa es cuánto AMOR ponemos en el trabajo que realizamos». (Madre Teresa de Calcuta)
4. ☐ Es una persona que te comprende, te escucha y te ayuda, pero no te da saltos el corazón al verlo, esa es la diferencia con el amor.

2 **A** ¿Tienes o has tenido alguna vez una mascota? ¿Qué es, en tu opinión, lo que te da una mascota? ¿Se puede llamar *amor*? Coméntalo con tu compañero.

B Lee este extracto de un blog sobre las mascotas y escoge las tres razones que consideras más importantes para ti para tener una mascota. ¿Estás de acuerdo con tus compañeros?

Diez razones para entregarles el corazón

1. Una mascota es capaz de dar mucho más de lo que recibe.
2. Nadie te seguirá tan incondicionalmente como un perro o un gato.
3. Tu mascota te quiere igual si eres rico o pobre, guapo o feo.
4. Nunca te guarda rencor, incluso cuando te enfadas.
5. Una mascota detecta tus estados de ánimo: sabe si te sientes alegre, triste o enfadado.
6. Con una mascota nunca estás solo.
7. Durante la infancia, es la mejor etapa para enseñar a los niños a cuidar una mascota. Enseguida aprenden a querer y respetar a los animales.
8. Una mascota te hace reír con frecuencia.
9. Se conforma siempre con la comida que le das, sin protestar, como hacemos nosotros.
10. Solo con la mirada aprenderás a entenderla.

http://bienestar.salud180.com

C Sigue el mismo modelo del blog y escribe las diez razones para querer a una madre o a un padre, a un amigo o a un familiar.

3 **A** Lee este extracto de diario. ¿Qué le ha pasado a esta chica hoy que es tan importante para ella? ¿Qué cosas dice sobre sus padres que demuestran que los quiere?

> Querido diario:
> Hoy ha sido un día fantástico. ¡¡¡Hemos visitado la ONU!!! El sr. Martínez y la sra. Ramos nos han acompañado. Después de nosotros venían las delegaciones de China y Guinea y estuvimos un rato juntos. Por supuesto, hablamos en inglés. Al final de la ceremonia vino el embajador español y nos regalaron a todos un libro que se llama *La economía en tiempos de crisis*. No sé cómo agradecer a mis padres la oportunidad de este viaje. ¡Sé que tengo los mejores padres del mundo, y no los puedo querer más!

B Vuelve a leerlo y comprueba si las palabras están escritas correctamente con mayúsculas o minúsculas, según el cuadro de ortografía.

4 **A** ¿Crees en el «amor al trabajo» o no lo llamarías *amor*? ¿Conoces a alguien que sienta pasión por su trabajo? Coméntalo con tus compañeros.

Mi madre es enfermera; es feliz ayudando a gente que está enferma.

ORTOGRAFÍA Y PRONUNCIACIÓN

Mayúsculas y minúsculas

Se utiliza mayúscula:
- Cuando se empieza a escribir.
- Después de un punto.
- Después de los dos puntos del encabezamiento de una carta.
- Con los nombres propios.
- Con los tratamientos abreviados (Sr., Sra., D., Dña., Ud., Uds.): *El señor Martínez*, pero *el Sr. Martínez*.
- En la primera palabra del título de una obra: *La guerra de las galaxias*.
- Con las siglas: *la ONU, la UE*.

RECUERDA:
- Las mayúsculas también llevan acento gráfico o tilde: *África*.
- No se escriben con mayúsculas las nacionalidades *(soy española)*, ni las lenguas *(estudio español)*, ni los días de la semana ni los meses.

Otras formas de querer   8 Amor

B ¿Para qué crees que trabaja la gente? Con un compañero, escribe una lista de objetivos. Después, lee estas diapositivas, ¿estás de acuerdo?

¿Para qué trabajas?
- Yo trabajo para que mis hijos tengan una buena educación.
- Yo trabajo para que mi vida sea más feliz.
- Yo trabajo para que la sociedad mejore.

¿Para qué trabajas?
- Para satisfacer necesidades.
- Para ser feliz en la vida.
- Para mejorar la sociedad.

C Lee de nuevo las diapositivas y observa las diferencias entre las frases. ¿Por qué hay estructuras diferentes?

D Y tú, ¿para qué estudias español? Escribe frases y después compáralas con las de tus compañeros.

Avanza Después de comparar las frases, podéis hacer una lista de los objetivos comunes de la clase y colgarla en la pared para tenerlos presentes.

COMUNICACIÓN

Expresar finalidad

Podemos expresar finalidad con **para**.

- *Para* + sustantivo
  Este vestido es **para la fiesta**.

- *Para* + infinitivo
  Quiero aprender español **para trabajar en España**.

- *Para que* + subjuntivo
  (Yo) Estoy aquí **para lo que (tú) necesites**.

5 A Antes de leer el artículo de opinión, en grupos, comentad estas preguntas.

1 ¿Qué diferencia hay entre el amor y la amistad?
2 ¿Hay amor en la amistad?
3 ¿Y amistad en el amor?
4 ¿Cuál es la verdadera amistad?

B Ahora, léelo y subraya dónde aparecen estas opiniones.

1 Para comenzar una amistad con alguien, esa persona nos tiene que parecer simpática.
2 La amistad se desarrolla, se puede hacer más profunda o desaparecer.
3 Es importante tener cosas en común con tus amigos.
4 Para tener amigos no puedes pensar demasiado en ti mismo.
5 La amistad supone contar cosas muy personales sin miedo.
6 Para conservar una amistad hay que tener mucho contacto con esa persona.

Sobre la verdadera amistad   Enrique Rojas

[...] La amistad es un sentimiento positivo entre dos personas que se inicia a través de una simpatía y estimación mutuas. [...] Es también una experiencia personal que conocemos por nosotros mismos, y no por lo que nos cuentan otras personas.

Hay diferentes grados de amistad. [...] La amistad supone cultivar los sentimientos, un trabajo psicológico que exige correspondencia –no puede ser unilateral–. No es un sentimiento estático, sino dinámico. Puede ir a más, pero también, por diferencias, enfados y tensiones, enfriarse e ir a menos. Utilizamos con demasiada licencia, sin precisión, la palabra *amistad*. Esta es una forma de amor sin sexualidad y encierra una pasión por lo absoluto.

Quiero detenerme en los tres principios que se hospedan en la amistad, desde mi punto de vista. En primer lugar, la afinidad. Este término se refiere a ideas, criterios y orientaciones de vida parecidos. No tienen que ser iguales, pero sí permitir entre esas personas un puente de comunicación similar.

En segundo lugar, la donación, que es la capacidad para entregarse. No es solo dar aquello que uno tiene (dinero, tiempo, comprensión, etcétera), sino, sobre todo, darse a uno mismo. En las distintas intensidades de la amistad, la capacidad para darse depende de la generosidad que uno tenga. La persona esencialmente egoísta no puede entregarse fácilmente [...].

En tercer lugar, la confidencia, entendida como la capacidad y confianza para contar cosas íntimas, personales, auténticos secretos, con la certeza de que aquello es materia reservada y no saldrá de allí. Hacer confidencias siempre supone arriesgarse, sobre todo cuando la relación se está iniciando o no hay todavía unas bases sólidas de esa amistad. Entre las personas poco maduras, es frecuente contarse cosas extraordinariamente íntimas casi sin conocerse. La amistad necesita tiempo compartido, cercanía, proximidad, verse a menudo, un hablar continuado.

Cultivar un amigo quiere decir verlo, llamarlo, conversar con frecuencia, salir y entrar con él, a pesar de que quienes vivimos en ciudades grandes sabemos que resulta difícil ver a los amigos con la frecuencia que uno quisiera.

Extraído de: www.elmundo.es

C ¿Estás de acuerdo con las opiniones del autor sobre la amistad? Coméntalo con tus compañeros, y si es necesario, añadid un párrafo al artículo.

Dalí y Lorca

1 **Antes, las cartas eran casi la única forma de mantener una relación a distancia. Federico García Lorca y Salvador Dalí mantuvieron una relación muy especial durante muchos años. Lee un extracto de una de sus cartas y busca lo siguiente:**

1 un consejo
2 un sueño
3 un plan
4 un objetivo
5 un hábito
6 un estado de ánimo

Cadaqués, septiembre, 1926

Querido Federico:
Te escribo lleno de una gran serenidad y de tu santa calma; verás: ya hace un poco de mal tiempo en este bendito septiembre, llueve, hace viento, ancla un barco en el puerto; […] yo he pintado toda la tarde, 7 olas duras y frías como son las del mar… mañana pintaré 7 más; estoy tranquilo porque las he pintado bien, además cada vez el mar se parece más al que yo pinto. […] Tú no harás oposiciones* a nada, convence a tu padre que te deje vivir tranquilamente sin esas preocupaciones de aseguramientos de porvenir, trabajo, esfuerzo personal y demás cosas…, publica tus libros, eso te puede dar fama… América, etc.

[…]Yo sueño en irme a Bruselas para copiar a los holandeses en el museo; […] ¿Venir a Granada? No te quiero engañar, no puedo; por Navidad pienso hacer mi exposición en Barcelona, que será algo gordo; hijo; tengo que trabajar esos meses como ahora, todo el santo día sin pensar en nada más. ¡Tú no puedes darte cuenta de cómo me he entregado a mis cuadros, con qué cariño pinto mis ventanas abiertas al mar con rocas, mis cestas de pan, mis niñas cosiendo, mis peces, mis cielos como esculturas!
Adiós, te quiero mucho, algún día volveremos a vernos, ¡qué bien lo pasaremos!

Escribe. Adiós, adiós. Me voy a mis cuadros de mi corazón.

* Oposiciones: exámenes para conseguir un trabajo para el Estado.

Protagonistas 8 Amor

2 A Ahora lee el correo que Isabel, que trabaja de *au pair* en Inglaterra, escribe a sus abuelos y busca:

1. un consejo
2. un sueño
3. un plan
4. un objetivo
5. un hábito
6. un estado de ánimo

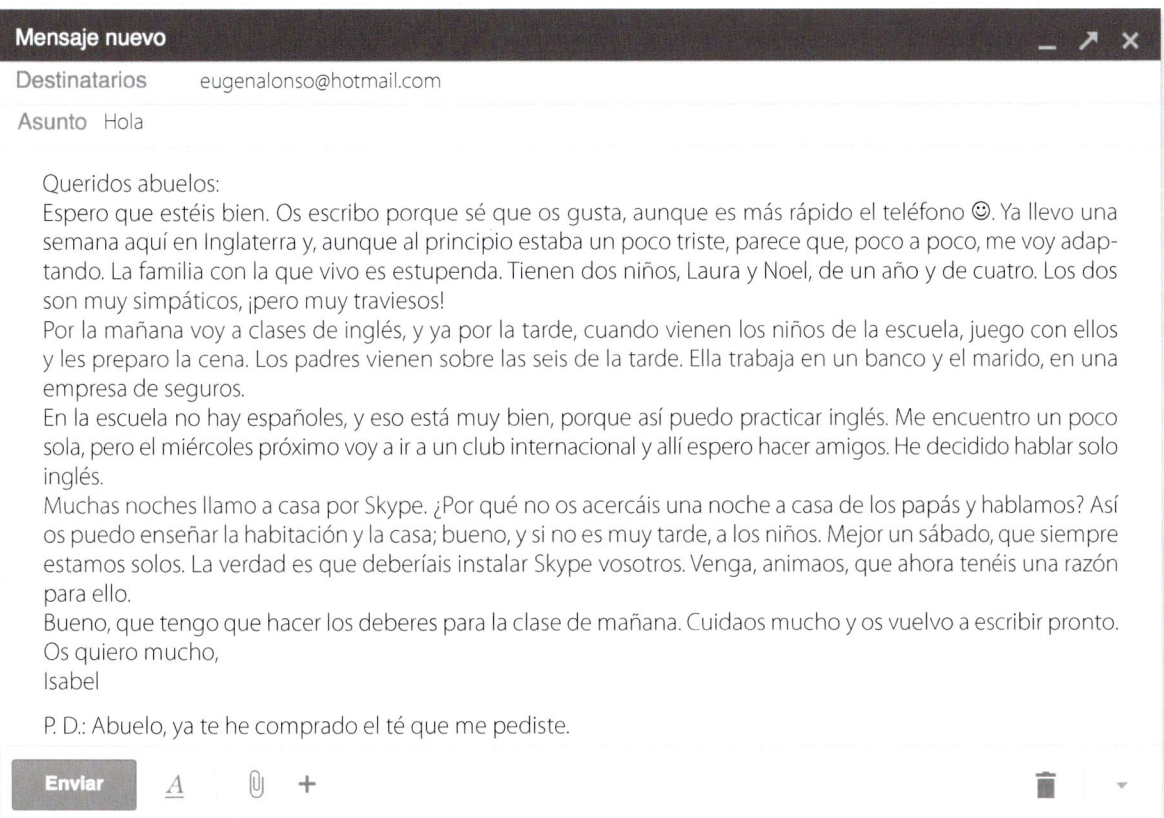

Mensaje nuevo
Destinatarios: eugenalonso@hotmail.com
Asunto: Hola

Queridos abuelos:
Espero que estéis bien. Os escribo porque sé que os gusta, aunque es más rápido el teléfono ☺. Ya llevo una semana aquí en Inglaterra y, aunque al principio estaba un poco triste, parece que, poco a poco, me voy adaptando. La familia con la que vivo es estupenda. Tienen dos niños, Laura y Noel, de un año y de cuatro. Los dos son muy simpáticos, ¡pero muy traviesos!
Por la mañana voy a clases de inglés, y ya por la tarde, cuando vienen los niños de la escuela, juego con ellos y les preparo la cena. Los padres vienen sobre las seis de la tarde. Ella trabaja en un banco y el marido, en una empresa de seguros.
En la escuela no hay españoles, y eso está muy bien, porque así puedo practicar inglés. Me encuentro un poco sola, pero el miércoles próximo voy a ir a un club internacional y allí espero hacer amigos. He decidido hablar solo inglés.
Muchas noches llamo a casa por Skype. ¿Por qué no os acercáis una noche a casa de los papás y hablamos? Así os puedo enseñar la habitación y la casa; bueno, y si no es muy tarde, a los niños. Mejor un sábado, que siempre estamos solos. La verdad es que deberíais instalar Skype vosotros. Venga, animaos, que ahora tenéis una razón para ello.
Bueno, que tengo que hacer los deberes para la clase de mañana. Cuidaos mucho y os vuelvo a escribir pronto.
Os quiero mucho,
Isabel

P. D.: Abuelo, ya te he comprado el té que me pediste.

B En grupos, analizad en la carta y en el correo electrónico las características típicas de este tipo de formato.

LA CARTA INFORMAL Y EL CORREO ELECTRÓNICO

- En la carta hay un encabezamiento con lugar, fecha (en el correo electrónico esta información no es necesaria).
    Lima, 15 de septiembre de 2016
    Lima 15/09/2016

- Empieza con un saludo (que va seguido de dos puntos o entre exclamaciones).
    Queridos abuelos:
    ¡Hola, Ana!

- El cuerpo de la carta empieza con mayúscula y contiene los temas principales y secundarios.
    Te escribo para...
    Espero que estés bien...
    Me alegró mucho recibir tu carta / correo...

- El final o cierre: la despedida.
    Escribe pronto.
    Me despido...
    Da recuerdos a...
    Un beso, / Muchos besos,

- La carta acaba con la firma y el correo, con el nombre.

- Se puede incluir después de la firma una nota o postdata (P. D.).
    P. D.: No se te olvide que te quiero.

C Ahora escribe tú una carta informal o un correo a uno de tus compañeros de clase. Imagina que pasas el verano en otro país y cuenta tus experiencias. Espera la carta de tu compañero y luego os podéis contestar.

Acción - Reflexión

8 Amor

Escoge dos de estas fotos, descríbelas y, después, habla del amor que crees que representan y qué es lo importante en él.

Acción

Escribe un poema sobre el amor.

1. Tienes que escoger el tono de tu poema: un amor feliz, correspondido, desesperado, triste, que comienza, que termina, etc.
2. Puedes copiar la estructura de alguno de los poemas que aparecen en la unidad.
3. Escribe el poema en una página y añade dibujos, colores, etc.
4. Da título al poema.
5. Si puedes, apréndetelo de memoria, y si no, al menos, practícalo con la lectura en alto para poderlo recitar con sentimiento.
6. Entre toda la clase, escoged el poema que más os ha gustado y justificad vuestra elección.

Actitudes y valores

Contesta a estas preguntas.

	Siempre	A veces	Nunca
- Me resulta fácil pensar en diferentes tipos de amor.	☐	☐	☐
- Para mí es difícil poder expresar sentimientos.	☐	☐	☐
- Me da vergüenza compartir mis poemas con la clase.	☐	☐	☐

Reflexión

- ¿Cómo se demuestra el amor?
- ¿Es necesario ser romántico?
- ¿Qué tipo de amor es el más importante para ti?

9 Solidaridad

- Hablar sobre el acoso escolar
- Aprender a ser mejores ciudadanos
- Valorar el trabajo que desarrollan las ONG
- Escribir una carta al director
- Reflexionar sobre qué es ser solidario
- **Protagonista:** La Fundación Vicente Ferrer
- **Tipología textual:** La carta formal
- **Interculturalidad:** La solidaridad en la sociedad
- **Actitudes y valores:** Aprender a ser más solidario
- **Habilidades de aprendizaje:** El trabajo colaborativo

1. ¿Qué situaciones se dan en cada una de las fotografías?
2. ¿Cuáles son muestras de solidaridad? ¿Por qué?
3. ¿Qué significa ser una persona solidaria?
4. ¿Eres voluntario en una organización o te gustaría serlo?

Acoso

1 A ¿Sabes qué es el acoso? ¿Qué tipo de acoso refleja la fotografía?

B Lee el siguiente texto publicado en un periódico: ¿qué tipo de texto es?

1. Un artículo informativo ☐
2. Una carta al director ☐
3. Un informe ☐
4. Una noticia ☐

ACOSO ESCOLAR

Vivimos en un mundo en el que muchos adolescentes han sufrido alguna vez *bullying*. Hay jóvenes que a diario sufren amenazas e insultos, lo que hace que su vida se convierta en un verdadero calvario. Además, [...] solo salen a la luz un 20 % de los casos, y solo trascienden los que implican violencia física, ignorando el maltrato psicológico. ¿Se ponen medios para evitarlos o simplemente se les da carta blanca a los acosadores por el hecho de ser niños? Deberían inculcarse valores como la tolerancia y el respeto y, además, endurecer las sanciones; estos hechos no son chiquilladas. Hay que lograr que el *bullying* forme parte del pasado. **Marina Jiménez**

www.elpais.com

C Las palabras y expresiones de la izquierda aparecen en el texto. Relaciónalas con las de la derecha según su significado.

1 amenaza	a hacerse público / publicarse
2 insulto	b castigo para corregir una mala acción
3 calvario	c sufrimiento
4 salir a la luz	d palabras que anuncian un daño
5 poner medios	e algo muy negativo que se dice de alguien
6 dar carta blanca	f ofrecer soluciones
7 sanción	g cosas de niños
8 chiquillada	h autorizar, permitir

LÉXICO

El acoso

- amenaza / amenazar
- insulto / insultar
- agresión verbal / agredir verbalmente
- abuso / abusar
- denuncia / denunciar
- violencia física / verbal
- recibir maltrato físico / psicológico
- sufrir una agresión
- ser víctima de acoso
- presentar una denuncia
- pegar a alguien
- perseguir a alguien
- reírse de alguien

D Señala cuáles de las siguientes informaciones corresponden a lo que dice el autor del texto.

1. La mayoría de los adolescentes han sufrido acoso escolar alguna vez. ☐
2. El acoso escolar tiene poca difusión, comparado con otros abusos. ☐
3. Solo son noticia los casos en los que hay violencia física. ☐
4. La sociedad debería dar carta blanca a los acosadores. ☐

2 Lee la siguiente noticia sobre una víctima de acoso escolar, responde a las preguntas y comenta tus respuestas con tus compañeros.

1. ¿Crees que Marisa ha actuado bien denunciando a sus compañeros?
2. ¿Qué más crees que debería hacer, además de denunciar el acoso?
3. ¿Crees que debería dejar su instituto?

Yo creo que Marisa debería...

Marisa López intentó quitarse la vida

Marisa López, una adolescente de 13 años que estudia en un instituto de la provincia de Sevilla, afirma no saber qué más hacer después de presentar 20 denuncias contra 15 compañeros de colegio. Asegura que lleva todo el curso sufriendo amenazas, robos y agresiones, que la han llevado a intentar suicidarse. En enero tomó diez pastillas de Valium 5 y tuvo que permanecer quince días ingresada en el hospital. Marisa no quiere volver a su instituto y le gustaría cambiar de centro, pero el centro más próximo se encuentra a más de 30 kilómetros.

Acoso

9 Solidaridad

3 A 🔊31 Cuatro personas que sufren acoso hablan de su situación en un programa de radio. Escúchalos y anota a qué tipo de acoso se refiere cada uno.

- ☐ acoso laboral
- ☐ acoso escolar
- ☐ acoso sexual
- ☐ ciberacoso

B 🔊31 Vuelve a escuchar los cuatro casos y toma nota de cuál es su problema. Después, lee los siguientes consejos. ¿Para cuál de los casos anteriores crees que es cada uno? Puede haber más de una opción.

a ☐ Yo, en tu lugar, se lo **comunicaría** a la dirección del instituto y a tu profesor, y les **mostraría** el vídeo.
b ☐ Yo **hablaría** con el director de la empresa y lo **denunciaría** a la policía.
c ☐ Yo que tú, **iría** al sindicato y les **pediría** ayuda.
d ☐ **Deberías** dejar de hacer lo que te pide y hablar con tus padres. **Podrías** comentarlo también con tu profesor.

C Observa cómo se dan los consejos anteriores. ¿Cuál es el infinitivo de los verbos en negrita? ¿Puedes completar la conjugación de esos verbos en condicional?

> **Repasa** Los verbos irregulares del futuro simple.

4 A Escribe un consejo para cada una de estas personas en condicional. Después, en pequeños grupos, compartid vuestros consejos para elegir el mejor en cada caso.

1 Un chico de la clase me insulta cada vez que me ve.
2 Cuando salgo de clase, siempre me persiguen unos chicos de otro grupo y me intentan pegar.
3 No soy muy bueno en gimnasia y toda la clase se ríe de mí cuando hago ejercicios.
4 Soy muy tímida y tengo una profesora que me obliga a hablar delante de la clase todos los días. Lo paso muy mal.

> **Avanza** Grabad un programa de radio con estos problemas y los mejores consejos.

B En grupos, imaginad que en vuestra clase hay un caso de acoso escolar. ¿Qué haríais?

5 Se puede luchar contra el acoso escolar a través del aprendizaje colaborativo. ¿Sabes qué es? Lee el siguiente fragmento de un artículo y señala si las siguientes afirmaciones son verdaderas (V) o falsas (F).

El aprendizaje colaborativo:
1 Genera violencia en las clases. ☐
2 Favorece la competitividad. ☐
3 Es una manera de evitar la exclusión social. ☐
4 Separa a los miembros del grupo. ☐
5 Estimula el estudio y el aprendizaje. ☐

> Una manera de prevenir la violencia escolar es a través del aprendizaje colaborativo. Consiste en enseñar a los estudiantes a trabajar en grupos heterogéneos, valorando la colaboración por encima de la competitividad. Con este enfoque se consigue prevenir la violencia y la exclusión social, los alumnos aprenden a aceptar la diversidad, mejora la cohesión dentro del grupo y las relaciones entre sus miembros y se motiva a los alumnos en el aprendizaje.

GRAMÁTICA

El condicional

- Se utiliza para expresar deseos, consejos, sugerencias y peticiones.
  Me gustaría cambiar de instituto.
  Yo, en tu lugar, *dormiría* un poco más.
  ¿*Podrías* llamarme esta noche?
- Se forma a partir del infinitivo y las tres conjugaciones tienen la misma terminación:

hablar	deber	ir
hablaría	debería	iría
hablarías	deberías	irías
hablaría	debería	iría
hablaríamos	deberíamos	iríamos
hablaríais	deberíais	iríais
hablarían	deberían	irían

Verbos irregulares:
Son los mismos que en futuro simple.
decir – **dir**ía…   querer – **querr**ía…
hacer – **har**ía…   tener – **tendr**ía…
poder – **podr**ía…   venir – **vendr**ía…
poner – **pondr**ía…   saber – **sabr**ía…

COMUNICACIÓN

Aconsejar o sugerir

Para aconsejar o sugerir podemos utilizar:
- *Debería(s)* + infinitivo
  Deberías cambiarte de ropa, hace calor.

- *Podría(s)* + infinitivo
  Si quieres practicar, **podrías** hacer un curso de español en España.

- Yo que tú / usted / vosotros / ustedes
  Yo, en tu / su / vuestro lugar   } + condicional
  Yo
  • Un compañero no para de molestarme, ¿tú qué harías?
  ■ *Yo hablaría* con tu profesora.

HABILIDAD DE APRENDIZAJE

El aprendizaje colaborativo

Se basa en actividades que permiten a los alumnos trabajar en equipo y comunicarse para conseguir un objetivo común. Sus ventajas son muchas: los estudiantes son protagonistas de su propio aprendizaje, desarrollan sus competencias y habilidades, refuerzan sus relaciones interpersonales y aprenden de una manera significativa.

Discapacidad y ciudadanía

1 A ¿Sabes qué día del año se reivindican las siguientes causas? En parejas, buscad las fechas en internet.

1. El Día Internacional de la Mujer
2. El Día Mundial contra el Trabajo Infantil
3. El Día Mundial de lucha contra el SIDA
4. El Día Internacional de los Derechos de las Personas con Discapacidad

Avanza Elabora un calendario con los días en los que se celebran causas importantes.

B ¿Qué tipo de discapacidad tienen estas personas?

a discapacidad visual
b discapacidad auditiva
c discapacidad física
d discapacidad intelectual

1. No oigo nada y solo puedo comunicarme con personas que utilizan la lengua de signos.
2. Puedo moverme por la ciudad porque me desplazo con un perro guía, pero muchas veces me encuentro con muchos obstáculos.
3. Tengo síndrome de Down y llevo una vida normal: trabajo en un restaurante y vivo con mi novia.
4. Hace cuatro años tuve un accidente y voy en silla de ruedas.

2 A Lee los siguientes mensajes. ¿Qué tipo de mensajes son?

una felicitación • una propuesta • una petición • una información • una pregunta • un agradecimiento

1 Hola, soy Merche. ¿Quieres venir a la concentración que hay hoy para reclamar una ciudad más accesible?

2 Perdona, ¿puedes ayudarme a cruzar la calle?

3 ¡Has aprobado el curso de lengua de signos! ¡Felicidades!

4 ¡Gracias por acompañarme hasta casa! Besos, María

5 Hola: ¿Qué tal? Te escribo para decirte que el próximo año hay un máster sobre discapacidad auditiva en la Universidad Central. Seguro que te interesa. Saludos, Julio

6 Cris ¡Hola! ¿Sabes dónde hay una estación de metro con ascensor cerca del parque del Retiro?

B Las personas que han recibido estos mensajes se lo cuentan a otras personas. Completa las frases con los verbos adecuados.

me ha pedido • me ha preguntado • me ha propuesto • me ha dicho
me ha felicitado • me ha dado las gracias

1. Merche _____ que vaya con ella a la concentración.
2. Hoy una persona con discapacidad visual _____ si podía ayudarla a cruzar la calle.
3. Sonia _____ por WhatsApp por el examen de lengua de signos.
4. María _____ por acompañarla hasta su casa.
5. Julio _____ que hay un máster sobre discapacidad auditiva.
6. Cris _____ si sé dónde hay una estación de metro con ascensor.

LÉXICO

Discapacidades

- tener una discapacidad { visual / auditiva / física / intelectual
- tener síndrome de Down
- ser una persona { ciega / sorda / paralítica / con autismo / con movilidad reducida

COMUNICACIÓN

Transmitir mensajes

- Cuando transmitimos una información de un tercero podemos utilizar verbos como *pedir, decir, proponer, invitar, preguntar, felicitar, dar las gracias, comunicar, recomendar, recordar*...
  «Mi hermano tiene síndrome de Down».
  Me ha dicho que su hermano tiene síndrome de Down.
  «Hoy es tu cumpleaños, ¿no? ¡Felicidades!»
  Me ha felicitado por mi cumpleaños.

- Cuando transmitimos una pregunta directa que empieza con un verbo, utilizamos **si**:
  «¿*Conoces* la lengua de signos?»
  Me ha preguntado si conozco la lengua de signos.

- Cuando transmitimos una pregunta indirecta que comienza con *dónde, cuándo, qué, cómo*, etc., utilizamos la misma partícula interrogativa:
  «¿*Cuándo* es el congreso?»
  Me ha preguntado cuándo es el congreso.

- También podemos utilizar *que* antes de la partícula interrogativa:
  Me ha preguntado que cuándo es el congreso.

- Cuando transmitimos las palabras de otros, normalmente no repetimos todas las palabras exactamente; solemos decir lo más importante.
  «Mañana tengo que ir al médico porque desde que tuve el accidente no camino bien y creo que voy a tener que hacer rehabilitación».
  Me ha dicho que mañana va al médico porque no camina bien y necesita rehabilitación.

Discapacidad y ciudadanía

9 Solidaridad

C Imagina que hoy has hablado con diferentes personas. Escribe lo que te han dicho utilizando los verbos para transmitir mensajes, como en el ejemplo.

Juan: Hemos comido en un restaurante vegetariano buenísimo. Te lo recomiendo.
Juan me ha recomendado un restaurante vegetariano.

1. Un compañero: ¿Vas a ir a la fiesta de fin de curso?
2. Unos amigos: El viernes por la tarde vamos a casa de Pablo a ver la inauguración de los Juegos Paralímpicos. ¿Te vienes con nosotros?
3. Una amiga: ¡Has aprobado el examen! ¡Felicidades!

3 A ¿Crees que la gente en general es solidaria? Lee los siguientes consejos publicados en una página web venezolana que tiene el objetivo de generar conciencia social, y completa el texto con las frases siguientes.

1. Procura respetar las normas.
2. ¡Promueve la tolerancia y la igualdad!
3. Muéstrale al mundo tu felicidad y esparce alegría alrededor del mundo.
4. No olvides saludar, desear un feliz día, pedir permiso o disculpas.

¿Cómo podemos ser buenos ciudadanos?

Muchas veces hemos pensado que algunas cosas deberían mejorar en nuestra sociedad, pero ¿cuántas veces hemos intentado ser parte del cambio que tanto deseamos? Hoy, en Impulso Creativo, queremos compartir contigo una serie de *tips* muy sencillos para poner en práctica en nuestra vida cotidiana y que nos permitirán generar un aporte para convertir nuestro mundo en un lugar más amable.

1 Recuerda siempre ser cortés
(a) _____. Las pequeñas acciones pueden generar grandes cambios.

2 Cumple las reglas
No importa si eres peatón, manejas un auto, eres usuario de transporte terrestre o subterráneo; si estás en tu universidad o en el trabajo. (b) _____

3 Respeta
El respeto es uno de los valores más significativos. Es importante que respetes a tus semejantes, independientemente de las diferencias ideológicas, la edad, el sexo, el grupo étnico o la condición socioeconómica. Conviértete en un agente de cambio. (c) _____

4 Comparte tu sonrisa con otros
¡Nunca dejes de sonreír! Las buenas energías se contagian. (d) _____. Las personas que te rodean te lo agradecerán.

Y tú, ¿qué haces para generar un cambio? Cuéntanos en Twitter: @ImpulsoCreativo y en Facebook: ImpulsoCreativo

Extraído de: http://impulsocreativo.com

B ¿En qué parte del texto anterior se transmiten estos consejos (1, 2, 3 o 4)?

a. Aconsejan que procuremos siempre respetar las normas. ☐
b. Recomiendan que seamos siempre amables y educados con la gente. ☐
c. Dicen que mostremos siempre nuestra alegría. ☐
d. Piden que seamos tolerantes y que promovamos la igualdad. ☐

C Observa las frases anteriores: ¿qué tiempo verbal acompaña al verbo principal?

D Has leído en una web los siguientes consejos para ser un buen ciudadano y quieres transmitírselos a alguien. Escribe las frases.

1. Cuida el medioambiente y consume menos energía.
   Recomiendan que _____
2. Sé tolerante y respeta las creencias de los demás.
   Dicen que _____
3. Rechaza la violencia y denúnciala.
   Piden que _____
4. Conduce bien, sin invadir el espacio para las personas con discapacidad.
   Exigen que _____
5. Participa en las elecciones de tu país o tu ciudad.
   Aconsejan que _____

COMUNICACIÓN

Transmitir peticiones, consejos, recomendaciones, órdenes o sugerencias
Utilizamos el presente de subjuntivo cuando transmitimos peticiones, consejos, recomendaciones, órdenes o sugerencias.

- «Sé amable con la gente».
  Dice que seas amable con la gente.

- «¿Puedes ayudarme a cruzar la calle?»
  Me ha pedido que lo ayude a cruzar la calle.

- «Deberíais votar en todas las elecciones».
  Sugieren que votemos en todas las elecciones.

Voluntariado

1 A ¿Conoces las siguientes organizaciones? Relaciona cada una de ellas con la labor que hacen. Después, haz una puesta en común con tus compañeros.

1 ☐
2 ☐
3 ☐
4 ☐

LÉXICO

ONG
- organización:
  - (no) gubernamental
  - (no) confesional
  - humanitaria
  - independiente
  - privada
  - sin ánimo de lucro
  - ecologista
  - pacifista

- justicia
- solidaridad
- dignidad
- protección
- paz
- desarrollo
- igualdad
- defensa
- donación
- comercio justo
- derechos humanos
- emergencia

A Es la agencia de las Naciones Unidas que tiene como objetivo garantizar el cumplimiento de los derechos de la infancia y recaudar fondos para invertirlos en los programas de desarrollo humano que lleva a cabo en todos los países con menos recursos del mundo.

B Es un movimiento global que trabaja en defensa de los derechos humanos a través de la investigación y el activismo. Su visión es la de un mundo en el que todas las personas disfrutan de los derechos proclamados en la Declaración Universal de los Derechos Humanos y en el resto de las normas internacionales.

C Obtuvo el Premio Nobel de la Paz en 1999 y es la mayor organización humanitaria privada y sin ánimo de lucro de ayuda médica de emergencia del mundo. Su misión es preservar la vida y aliviar el sufrimiento dentro del respeto a la dignidad.

D Es una organización ecologista y pacifista internacional, económica y políticamente independiente, que no acepta donaciones ni presiones de gobiernos, partidos políticos o empresas. Su objetivo es proteger y defender el medioambiente y la paz, interviniendo en diferentes puntos del planeta donde se cometen atentados contra la naturaleza.

B Vuelve a leer las definiciones anteriores y escribe a cuál de las ONG anteriores se refieren las siguientes informaciones.

1. Tiene como objetivo garantizar los derechos de los niños. _____
2. Se ocupa de ayudar a nivel sanitario en lugares donde hay conflictos. _____
3. Trabaja para proteger el planeta. _____
4. Su objetivo es el respeto de los derechos humanos en el mundo. _____

2 A ¿Eres voluntario en alguna organización? Coméntalo con tus compañeros.

Yo colaboro con Cruz Roja cuando tienen campañas…

B Lee los siguientes anuncios de organizaciones que buscan voluntarios. ¿Con cuál de ellas colaborarías si pudieras?

Yo colaboraría con la fundación Senara porque me gustan mucho los niños y…

Voluntariado en tiendas ciudadanas de comercio justo - sábados o viernes
Buscamos personas dinámicas y comprometidas que deseen formar parte de nuestro equipo de Tienda Ciudadana de comercio justo.

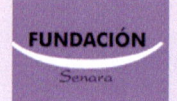

Voluntariado aula intercultural «Aprender juntos»
La Fundación Senara pretende impulsar la implicación de voluntarios/-as en el proyecto de infancia Aprender Juntos que desarrolla la entidad en cuatro colegios con colectivos en riesgo de exclusión.

Voluntariado con personas con discapacidad intelectual
Te animamos a aportar tu tiempo y tu experiencia haciendo un voluntariado. Además de mejorar la vida de las personas, la experiencia también te aportará mucho a ti. La variedad de tareas y horarios es enorme; seguro que encuentras algo en lo que puedes colaborar.

Extraído de: www.hacesfalta.org

Voluntariado

9 Solidaridad

C En parejas, imaginad que podéis crear una ONG o una fundación. Preparad vuestra propuesta: qué causa apoyaría, a quién iría dirigida, qué tipo de actividades haría, cómo conseguiríais financiación… Después, presentadla a vuestros compañeros.

Si pudiéramos crear una ONG, haríamos una organización…

> **Repasa** El condicional.

3 A (32) En un programa de televisión preguntan en la calle a diferentes personas qué harían si pudieran ayudar a la humanidad. Escucha y completa las preguntas que les hacen.

1. Si _____, ¿qué harías por la gente?
2. Si _____, ¿cómo ayudarías a la gente?
3. Si _____, ¿con cuál colaborarías?

B (32) Ahora, vuelve a escuchar y toma nota de sus respuestas. Después, compáralas con tu compañero.

C ¿Y tú qué harías en cada caso? Responde a las preguntas de 3A y coméntalas con tus compañeros.

Yo, si fuera el presidente de mi país…

4 ¿Sabes a qué corresponden las siguientes siglas? Relaciónalas. ¿Sabes cuáles son sus equivalentes en tu idioma?

1 IVA	a Comité Olímpico Internacional
2 MERCOSUR	b Organización Mundial de la Salud
3 UE	c Organización del Tratado del Atlántico Norte
4 COI	d Impuesto sobre el Valor Añadido
5 DNI	e Mercado Común del Sur
6 OTAN	f Unión Europea
7 OMS	g Organización de Naciones Unidas
8 ONU	h Documento Nacional de Identidad

Sede de la ONU en Nueva York.

> **Avanza** Añade otras siglas a la lista anterior y busca si son iguales en español.

COMUNICACIÓN

Expresar condiciones poco probables

Cuando queremos expresar que es poco probable que se dé una condición, utilizamos el pretérito imperfecto de subjuntivo después de *si*, y la consecuencia la expresamos con condicional.

Si pudiera ayudar a la gente de mi país, crearía una fundación para construir casas para la gente que no tiene.

GRAMÁTICA

El pretérito imperfecto de subjuntivo de *ser / ir*, *poder* y *tener*

	ser / ir	poder	tener
(yo)	fuera	pudiera	tuviera
(tú)	fueras	pudieras	tuvieras
(él, ella, usted)	fuera	pudiera	tuviera
(nosotros/-as)	fuéramos	pudiéramos	tuviéramos
(vosotros/-as)	fuerais	pudiera	tuvierais
(ellos/-as, ustedes)	fueran	pudieran	tuvieran

Si fuera médico, colaboraría con Médicos sin Fronteras.

ORTOGRAFÍA Y PRONUNCIACIÓN

Siglas y acrónimos

- Una sigla es un conjunto de letras formado por la primera letra de las palabras del nombre de un organismo, institución, empresa, asociación, etc.
- En español algunas se leen como palabras: CIA, ONU… y otras se deletrean: *FBI* (efe be i).
- Se llaman acrónimos cuando se leen tal y como se escriben, porque ya se han convertido en palabras: *vip*, *ovni*, *elepé*.
- Normalmente, no llevan puntos y se escriben todas las letras en mayúsculas: *OTAN*. Excepto cuando son acrónimos; en ese caso se escribe la inicial en mayúscula, si son nombres propios (*Unicef*), y en minúscula sin son comunes (*sida*).
- En la lengua escrita no llevan plural.
  Las ONG que trabajan en esa zona han pedido ayuda a los gobiernos.
- Normalmente, tienen el género del núcleo de la expresión: *el FMI (Fondo Monetario Internacional)*
- En general, las siglas se traducen: *NATO = OTAN*, y solo mantienen su forma original cuando están muy extendidas o cuando son nombres comerciales: *IBM*.

La Fundación Vicente Ferrer

1 ¿Sabes qué es una fundación? ¿Conoces la Fundación Vicente Ferrer? Lee la siguiente información extraída de su página web y responde a las preguntas.

1. ¿Quién era Vicente Ferrer?
2. ¿Dónde está su fundación?
3. ¿Cuál es el objetivo de la fundación?
4. ¿En qué campos desarrolla su actividad la fundación?
5. ¿Crees que podrías colaborar como voluntario en la Fundación Vicente Ferrer? ¿Por qué?

AGENDA | ÁREA SOCIOS | CONTACTO | INTERNACIONAL

QUIÉNES SOMOS | QUÉ HACEMOS | QUÉ PUEDES HACER | INFÓRMATE | DONAR

La Fundación Vicente Ferrer
LA ORGANIZACIÓN

La Fundación Vicente Ferrer (FVF) es una ONG comprometida con la mejora de las condiciones de vida de las comunidades más desfavorecidas de la India.

La Fundación es una organización humanista fundamentada en la filosofía de la acción. Con su forma de pensar y actuar, **Vicente Ferrer** fue capaz de transmitir su compromiso para hacer desaparecer las desigualdades y movilizar las conciencias, a la vez que involucraba a las personas en su propio cambio. Su forma de entender el desarrollo ha dado lugar a un modelo ejemplar en el marco de la cooperación.

El mejor legado que nos dejó Vicente Ferrer es el de demostrarnos que ser personas solidarias es trabajar por el bien común. La solidaridad no solo se basa en el trabajo directo con las comunidades en riesgo de exclusión, sino que radica en gran parte en la sensibilización de la sociedad, para que este cambio sea significativo.

Pionera en el desarrollo integral en ese país, el equipo de la organización trabaja desde España y desde la India.

Vicente Ferrer (Barcelona, 9 de abril de 1920 - Anantapur, India, 19 de junio de 2009) fue un filántropo español, considerado una de las personas más activas en la ayuda, solidaridad y cooperación con los desfavorecidos del tercer mundo. Desarrolló su actividad principalmente en la India, donde llegó en 1952 como misionero jesuita.

VOLUNTARIADO

Los perfiles profesionales que necesita nuestra organización en la India son:
- Arquitecto/-a
- Fisioterapeuta
- Terapeuta ocupacional
- Logopeda
- Médico/-a
- Voluntariado en el departamento de Comunicación
- Profesor(a) de español, francés, alemán e inglés
- Maestro/-a de inglés para niños/-as y adolescentes
- Profesor(a) de educación física para niños/-as con discapacidad
- Especialista en integración sociolaboral de personas con discapacidad
- Profesor(a) de tenis
- Entrenador(a) de fútbol / Asesor(a) en planificación deportiva y técnica

ACCIONES

En la **Fundación Vicente Ferrer** llevamos más de 45 años trabajando junto a las comunidades más desfavorecidas de la India.
Para ello, llevamos a cabo un programa de desarrollo integral y centramos nuestras acciones en seis áreas de actuación claves:
- Educación
- Sanidad
- Mujeres
- Hábitat
- Personas con discapacidad
- Ecología

www.fundacionvicenteferrer.org/es/

Protagonista

9 Solidaridad

2 A Un joven español quiere colaborar como voluntario con la Fundación Vicente Ferrer y escribe una carta de motivación. ¿Crees que tiene el perfil que necesita la fundación?

Juan Ramírez Olmedo
C/ Juan Ramón Jiménez, 5
11008 Cádiz
Tel.: 665 422 867

Cádiz, 5 de septiembre de 2016

A la atención del Departamento de Recursos Humanos
Fundación Vicente Ferrer

Apreciados señores:

Me dirijo a ustedes porque estoy muy interesado en poder colaborar con su fundación. Conozco su organización y la tarea que realiza, sobre todo en el ámbito del trabajo con personas en riesgo de exclusión social. Por este motivo, les hago llegar mi currículum, para que valoren si mi perfil profesional se adapta a sus necesidades para colaborar como voluntario en la India.

Como pueden comprobar en mi currículum, soy licenciado en Pedagogía por la Universidad de Cádiz. Hablo inglés y tengo conocimientos de francés. Aunque tengo dos años de experiencia como profesor de español, mi carrera profesional se ha desarrollado principalmente en el sector social, en diferentes ámbitos, como educador de jóvenes con problemas de adaptación social y como monitor con personas con discapacidad.

Respecto a las áreas más fuertes que me definen profesionalmente, remarcaría mi habilidad para trabajar con diferentes colectivos, la facilidad de aprendizaje y la gran motivación que tengo por la ayuda humanitaria. También soy organizado y metódico, y con capacidad para la coordinación de proyectos. Por todo esto, me gustaría tener la oportunidad de ampliar los conocimientos y la formación que aparecen resumidos en mi currículum en una entrevista personal.

Quedo a la espera de sus noticias.
Cordialmente,

Juan Ramírez Olmedo

LA CARTA FORMAL

Es todo tipo de correspondencia de ámbito profesional, laboral o institucional. En estas cartas utilizamos un registro formal, por eso es importante recordar estas normas:
- utilizar *usted* o *ustedes*, los pronombres *le / les* y los posesivos *su / sus*;
- cuidar mucho el vocabulario y la gramática;
- no usar expresiones informales;
- escribir la dirección del remitente y a quién va dirigida, la fecha y el lugar;
- ser breve y claro;
- ordenar bien las ideas con conectores y poner cada idea en un párrafo;
- usar saludos como: *Estimado/-a señor/-a García*, *Apreciado/-a señor/-a*…
- usar despedidas como: *Reciba mi más cordial saludo**; *Saludos cordiales*; *Atentamente*; *Cordialmente*; *Quedo a la espera de su respuesta*; *Sin otro particular, se despide atentamente**.

* más formal

B Las cartas de motivación siguen unas normas. Vuelve a leer la carta de motivación de Juan Ramírez y señala si las ha seguido.

1. El remitente se escribe en la parte superior izquierda de la carta. ☐
2. La fecha se escribe en la parte superior derecha y el mes se escribe en minúscula. ☐
3. Cuando no sabemos a quién dirigimos la carta, utilizamos el tratamiento de *usted* o *ustedes*. ☐
4. En el primer párrafo debemos indicar el motivo de la carta. ☐
5. Es necesario hacer referencia al *curriculum vitae*. ☐
6. Hay que despedirse de una manera formal. ☐

C ¿En qué aspectos formales se diferencia una carta de un correo electrónico?

3 Imagina que quieres colaborar como voluntario en una fundación. Piensa en qué fundación te gustaría colaborar y escribe tu carta de motivación.

Acción - Reflexión

9 Solidaridad

Observa las siguientes fotografías; elige una y explica cómo podrías ser solidario con esa persona.

Acción

Escribe una carta al director de un periódico en la que hagas una sugerencia o una reivindicación para mejorar la situación de algún colectivo.

> Víctimas de acoso escolar   Personas con alguna discapacidad
>
> Personas que se encuentran en situación de emergencia (guerras, campos de refugiados…)
>
> Personas sin hogar   Personas en riesgo de exclusión

1. Elige sobre qué colectivo vas a hacer tu sugerencia o reivindicación.
2. Escribe primero un borrador de tu texto y después corrígelo hasta tener una versión definitiva. Puedes intercambiarlo con tu compañero para hacer esa primera revisión.
3. Recuerda ponerle un título a tu carta y firmarla.
4. Decidid entre toda la clase cómo vais a exponer vuestras cartas: publicar en el blog de la clase una sección de cartas al director con todas vuestras aportaciones, colgarlas en una pared del aula, proyectarlas, leer algunas en voz alta…

Actitudes y valores

Valora la actividad que has realizado. Responde *sí* o *no*.

	Sí	No
- Escribir la carta al director me ha servido para reflexionar sobre cómo ser más solidario.	☐	☐
- He leído algunas cartas de mis compañeros con interés.	☐	☐
- Publicaría mi carta en un periódico.	☐	☐

Reflexión

- ¿De qué manera puedes ser solidario en tu ciudad?
- ¿Cuántas veces has participado en un evento solidario como voluntario?
- ¿Crees que la solidaridad puede mejorar el mundo? ¿Por qué?

Gramática

	página
El sustantivo	**104**
El artículo	**104**
El adjetivo	**104**
Los posesivos	**104**
Los demostrativos	**104**
Los cuantificadores	**104**
Los pronombres	**105**
El verbo	**106**

- El presente de indicativo
- Los verbos reflexivos
- Los verbos valorativos
- Construcciones con *se* sin sujeto agente
- *Ser* y *estar*
- El pretérito indefinido
- El pretérito imperfecto
- Contraste de pasados
- El pretérito pluscuamperfecto
- El presente de subjuntivo
- El pretérito imperfecto de subjuntivo
- El futuro simple
- El condicional
- El imperativo
- El gerundio
- Las perífrasis

Los conectores	**114**
Géneros discursivos	**115**

Gramática

EL SUSTANTIVO

- Con el sustantivo nombramos personas, animales, objetos, sentimientos, ideas…
- Los sustantivos, según el género, son:

  • **Masculinos.** Si terminan en:
  -**o**: *el pelo, el cuerpo, el ojo* (excepto *la foto, la mano, la radio, la moto*)
  -**aje**: *el viaje, el maquillaje, el lenguaje*
  -**ema**: *el problema, el sistema, el dilema*
  -**or**: *el profesor, el actor, el director*

  • **Femeninos.** Si terminan en:
  -**a**: *la barba, la perilla, la ropa*
  -**ión**: *la descripción, la información, la profesión*
  -**dad**: *la ciudad, la nacionalidad, la diversidad*
  -**ora /-triz**: *la profesora, la actriz, la directora*

- Pueden ser sustantivos **masculinos** o **femeninos** si terminan en:
  -**nte**: *el/la estudiante, el/la cantante*
  -**ista**: *el/la deportista, el/la tenista, el/la turista*

EL ARTÍCULO

- Se usa para introducir un sustantivo, y hay dos tipos: indeterminados y determinados.
- **Indeterminados:** se usan para nombrar el sustantivo por primera vez, para expresar su existencia *(un, una, unos, unas)*.
- **Determinados:** identifican el sustantivo y se usan cuando nos referimos a algo o alguien que conocemos *(el, la, los, las)*.
  Hay **un*** hombre y **una** mujer. **El**** hombre lleva sombrero.

* indeterminado: se habla de él por primera vez.
** determinado: ya se ha hablado de él.

EL ADJETIVO

- El adjetivo da información sobre las características de un sustantivo y concuerda con él en género y número:

- El adjetivo puede ser **masculino** o **femenino**:
  • Normalmente, si termina en **-o**, forma el femenino con **-a**: *bonito – bonita*.
  • Algunos adjetivos tienen la misma forma para el masculino y para el femenino. Estos terminan en **-a, -e, -i, -u** (*belga, inteligente, marroquí, hindú*) o en **-ista** (*pesimista*).
- El adjetivo tiene número: **singular** y **plural**. Normalmente, si termina en vocal, forma el plural con **-s** (*bonito – bonitos, bonita – bonitas*), y si termina en consonante, lo forma con **-es** (*alemán – alemanes*).

Los modificadores del adjetivo

- Para graduar el adjetivo se puede utilizar:
  • **un modificador** como *un poco, bastante, muy, demasiado*: *Ángel es **muy** guapo*.
  Demasiado hace que los adjetivos que acompaña tomen un valor negativo: *Ángel es **demasiado** gordo*.

Cuando utilizamos *un poco* con un adjetivo negativo, le quitamos intensidad: *Es un poco gordo*.

  • **un superlativo absoluto**, que termina en *-ísimo/a/os/as*: *Ángel es guapísimo*.
  • **un superlativo relativo**: *Ángel es **el más guapo** del grupo*.

LOS POSESIVOS

Los posesivos identifican al poseedor de algo o la pertenencia de alguien a un grupo. Concuerdan con el objeto o la persona:
***Mi** bicicleta es muy moderna*.
***Nuestro** equipo de fútbol es el mejor*.

Un poseedor

singular	singular
mi nombre	**nuestro** gato / **nuestra** gata
tu apellido	**vuestro** perro / **vuestra** perra
su cumpleaños	**su** mascota
plural	plural
mis nombres	**nuestros** gatos / **nuestras** gatas
tus apellidos	**vuestros** perros / **vuestras** perras
sus cumpleaños	**sus** mascotas

LOS DEMOSTRATIVOS

Con los demostrativos nos referimos a algo o a alguien, podemos indicar si estamos cerca o lejos y concuerdan con el sustantivo en género y número:
***Estos** zapatos son de Pamela*.
***Aquella** falda es muy bonita*.

	masculino	femenino
singular	este / ese / aquel	esta / esa / aquella
plural	estos / esos / aquellos	estas / esas / aquellas

LOS CUANTIFICADORES

Los cuantificadores son adjetivos y adverbios que sirven para graduar la cantidad o la intensidad. Pueden acompañar a sustantivos, verbos, adjetivos o adverbios.

Con sustantivos:

Concuerdan en género y número con el sustantivo.

masculino	femenino
todos los alumn**os**	**toda** la gente
demasiado ruido	**demasiada** comida
muchos amigos	**muchas** personas
bastantes chicos	**bastantes** mujeres
algún hombre / **algunos** hombres	**alguna** pregunta
poco dinero	**pocas** amigas
ningún teatro	**ninguna** plaza
cada maestro	**cada** maestra

- ***Todo / Toda / Todos / Todas*** solo acompañan a sustantivos seguidos de un artículo determinado, un demostrativo o un posesivo.

Gramática

Me gustan **todos** los ejercicios del libro.
Todos estos jóvenes tienen 18 años.
Toda mi familia vive en Sevilla.

- **Demasiado** se utiliza para expresar que algo es excesivo:
  Hace **demasiado** calor en la calle. Hoy me quedo en casa.
- Con **ningún / ninguna** utilizamos **no** antes del verbo:
  Soy nuevo en el colegio y por eso **no** tengo **ningún** amigo.

  Usado como pronombre (no va seguido de sustantivo), la forma masculina es **ninguno**, en lugar de **ningún**:
  ● ¿Cúantos churros has comido?
  ■ No he comido **ninguno**.

- **Cada** considera todos los elementos de un grupo, uno por uno. Es invariable.
  Cada alumn**o** / **Cada** alumn**a** aprende de forma diferente.

Con verbos:

- Cuando acompañan a un verbo, funcionan como adverbios y son invariables (no tienen género ni número). Siempre van después del verbo:
  Juan trabaja **demasiado**.
- Con **nada** utilizamos **no** delante del verbo:
  Juan **no** trabaja **nada**.

Con adjetivos y adverbios:

- Cuando acompañan a un adjetivo, son invariables:
  La casa es **demasiado** tranquila.
  La casa **no** es **nada** tranquila.
- Cuando acompañan a un adverbio, también son invariables:
  Me levanto **demasiado** temprano.
  No me levanto **nada** temprano.

Otros casos:

- **La mayoría** es un sustantivo que normalmente va seguido de **de + sustantivo**:
  La música es el tema de conversación de **la mayoría de** los jóvenes.
  También puede ir acompañado de un verbo en tercera persona:
  La mayoría cree que se deben eliminar los estereotipos.

- **(Casi) Todo el mundo**
  Todo el mundo dice que es guapo.

- **(Casi) Nadie**
  (Casi) Nadie sabe si se puede cambiar la mentalidad de la gente.

- **Cualquier**
  Se refiere a un miembro de un grupo de forma indeterminada, no señala uno concreto. Es invariable.
  Puedes llamarme a **cualquier** hora.

- **Cualquiera**
  Funciona como pronombre.
  Puede venir **cualquiera** a la fiesta.

- **Todo el / toda la / todos los / todas las**
  Considera todos los elementos de un grupo en su conjunto.
  El análisis de **todos los** contenidos es importante.

LOS PRONOMBRES

Los pronombres personales (sujeto)

singular	
1.ª persona	**yo**
2.ª persona	**tú** **usted** (formal masculino / femenino)
3.ª persona	**él** (masculino) / **ella** (femenino)
plural	
1.ª persona	**nosotros** (masculino) / **nosotras** (femenino)
2.ª persona	**vosotros** (masculino) / **vosotras** (femenino) **ustedes** (formal masculino / femenino)
3.ª persona	**ellos** (masculino) / **ellas** (femenino)

- En español, los pronombres personales de sujeto no son obligatorios porque la forma del verbo contiene esa información. Se utilizan para dar énfasis o cuando queremos dejar claro cuál es el sujeto de la frase.
  Yo no estoy de acuerdo.

  ● ¿Eres (**tú**) Pedro?
  ■ No, Pedro es **él**, **yo** soy Juan Francisco.

- **Usted** y **ustedes** son segunda persona, pero el verbo se conjuga igual que en tercera persona: *usted es*. En España se usan como tratamiento formal en lugar de **tú** o **vosotros/-as**. En América se utiliza **ustedes** en lugar de **vosotros**.

- Cuando nos referimos a un grupo de personas (hombres y mujeres), usamos la forma masculina: **nosotros, vosotros, ellos**. Usamos **nosotras, vosotras, ellas** cuando todas las personas son del sexo femenino.

Los pronombres de objeto directo (OD)

- El objeto directo (OD) es el objeto o la persona que recibe la acción del verbo.

me	Mi madre ya no **me** peina.
te	Mamá, **te** quiero mucho.
lo / la	**Lo** quiero (el pollo) con patatas.
nos	**Nos** conocemos desde hace años.
os	¿**Os** llevo al aeropuerto?
los / las	**Las** contratan (a mis amigas) solo durante el verano.

- Se colocan:
  ● antes de un verbo conjugado o imperativo negativo.
  Me compré una tablet.
  No **te** olvides del examen.

  ● detrás de un imperativo afirmativo.
  Cuénta**lo**.

Los pronombres de objeto indirecto (OI)

- El objeto indirecto (OI) es un complemento del verbo e indica la persona destinataria de una acción.
  Hemos regalado una bicicleta a mi sobrino.

- El pronombre de OI se usa para sustituir a la persona, cosa o animal que actúa como objeto indirecto en una oración:

Gramática

me	¡**Me** han regalado una camiseta!
te	**Te** doy el regalo de cumpleaños.
le (se)	A Luisa **le** han comprado un vestido. **Se** lo han comprado sus padres.
nos	¿**Nos** podemos probar las botas?
os	¿**Os** compro un regalo a cada uno?
les (se)	A ellos **les** han regalado unas gorras. **Se** las han regalado en la fiesta.

Pronombres de OI y su combinación con el OD

- Siempre va primero el OI y después, el OD:
  Me lo han regalado por mi cumpleaños.
  OI OD
- Cuando el OI es el de 3.ª persona (*le, les*), este se convierte en *se*:
  • ¿Quién le da el regalo a Juan?
  ■ ~~Le~~ lo doy yo. → **Se** lo doy yo.
              OI OD
- En las perífrasis con infinitivo o con gerundio, los pronombres pueden ir delante o detrás:
  Queremos regalár**selo** (un sombrero / a mi padre) = **Se lo** queremos regalar.
  Está probándo**selos** (unos pantalones / él) = **Se los** está probando.
- Con imperativo, el pronombre siempre va detrás:
  Dá**se**lo = Da**le** el móvil (a Pedro).
    OI OD   OI

Los pronombres posesivos

- Sustituyen a un sustantivo e indican el poseedor.

Objeto	Un poseedor	Más de un poseedor
1.ª persona	mío, mía, míos, mías	nuestro, nuestra, nuestros, nuestras
2.ª persona	tuyo, tuya, tuyos, tuyas	vuestro, vuestra, vuestros, vuestras
3.ª persona	suyo, suya, suyos, suyas	suyo, suya, suyos, suyas

• ¿El abrigo es **tuyo**?
■ No, no es **mío**.

- Van precedidos del artículo determinado cuando no van detrás del verbo *ser*:
  • Mi abrigo es grande.
  ■ El **mío** también.

Los pronombres interrogativos

- Se utilizan para preguntar algo sobre personas, animales o cosas:
  • ¿**Qué**?
  ¿**Qué** idiomas hablas? / ¿**A qué** hora te levantas?
  • ¿**Cuántos / Cuántas**?
  ¿**Cuántos** años tienes?
  • ¿**Cuál / Cuáles**?
  ¿**Cuál** es tu nombre? / ¿**Cuáles** son tus apellidos?
  • ¿**Dónde**?
  ¿**Dónde** vives? / ¿**De dónde** eres?
  • ¿**Cómo**?
  ¿**Cómo** preparan la carne?

• ¿**Cuándo**?
¿**Cuándo** es tu cumpleaños?
• ¿**Quién / Quiénes**?
¿**Quién** habla chino? / ¿**Quiénes** son tus amigos?

Usos de *qué* y *cuál*

- Para elegir entre varias opciones, podemos preguntar con *qué* o con *cuál / cuáles*.
  • *qué* + sustantivo
  ¿**Qué** bañador compro? / ¿**Qué** zapatos te gustan más?
  • *cuál / cuáles* + *de estos/-as* (sustantivo / verbo)
  Si la opción es singular, se usa *cuál*:
  • (De estos vestidos) ¿**Cuál** te gusta más?
  ■ El vestido verde.
  Si la opción es plural, se usa *cuáles*:
  • ¿**Cuáles** de estos zapatos te gustan más?
  ■ Los negros.

EL VERBO

- Los verbos están compuestos de una raíz y de una **terminación**: *habl*ar.
- Existen tres conjugaciones: los verbos de la primera conjugación, que terminan en *-ar*; los de la segunda conjugación, que terminan en *-er*; y los de la tercera conjugación, que terminan en *-ir*. Las terminaciones nos dan información del tiempo (*hablo*: presente) y de la persona (*hablas*: tú).

EL PRESENTE DE INDICATIVO

Usamos el presente para:
- Hablar de lo que sabemos o creemos:
  Alfredo **tiene** un coche muy caro.
  En Madrid **viven** millones de personas.

- Hablar de hábitos:
  Desayuno a las siete y media.

- Hablar de intenciones o hacer propuestas:
  Mañana **vamos** al cine.
  ¿Por qué no **nos quedamos** en casa?

- Hablar de hechos del pasado en textos sobre historia y donde aparecen cronologías:
  La democracia **nace** en Grecia en el siglo V a. C.

Verbos regulares

Terminados en *-ar*	Terminados en *-er*	Terminados en *-ir*
hablar	comprender	vivir
habl**o**	comprend**o**	viv**o**
habl**as**	comprend**es**	viv**es**
habl**a**	comprend**e**	viv**e**
habl**amos**	comprend**emos**	viv**imos**
habl**áis**	comprend**éis**	viv**ís**
habl**an**	comprend**en**	viv**en**

Gramática

Verbos irregulares

Verbos con cambio en la vocal:

empezar (e > ie)	volver (o > ue)	vestirse (e > i)	jugar (u > ue)
emp**ie**zo	v**ue**lvo	me v**i**sto	j**ue**go
emp**ie**zas	v**ue**lves	te v**i**stes	j**ue**gas
emp**ie**za	v**ue**lve	se v**i**ste	j**ue**ga
empezamos	volvemos	nos vestimos	jugamos
empezáis	volvéis	os vestís	jugáis
emp**ie**zan	v**ue**lven	se v**i**sten	j**ue**gan
Otros verbos: c*e*rrar, com*e*nzar, ent*e*nder, m*e*rendar, s*e*ntir, p*e*nsar, p*e*rder, pref*e*rir, qu*e*rer	Otros verbos: d*o*ler, d*o*rmir, enc*o*ntrar, m*o*rir, p*o*der, rec*o*rdar, v*o*lar	Otros verbos: p*e*dir, s*e*guir, rep*e*tir, r*e*ír, sonr*e*ír, comp*e*tir	

Verbos irregulares en primera persona:

conocer: **conozco**   salir: **salgo**   caer: **caigo**
saber: **sé**   hacer: **hago**   ver: **veo**
conducir: **conduzco**   poner: **pongo**   dar: **doy**
traducir: **traduzco**   traer: **traigo**

Otros verbos irregulares:

tener	venir	decir	oír	estar
ten**g**o	ven**g**o	di**g**o	oi**g**o	est**oy**
t**ie**nes	v**ie**nes	dices	o**y**es	estás
t**ie**ne	v**ie**ne	dice	o**y**e	está
tenemos	venimos	decimos	oímos	estamos
tenéis	venís	decís	oís	estáis
t**ie**nen	v**ie**nen	dicen	o**y**en	están

Verbos totalmente irregulares:

ser	ir
soy	voy
eres	vas
es	va
somos	vamos
sois	vais
son	van

El voseo

- Es un fenómeno lingüístico que se da en algunos países de Hispanoamérica, como es el caso de Argentina. El pronombre de segunda persona de singular es *vos,* y el verbo es diferente en algunos tiempos, como en el presente.

	Voseo
tú puedes	vos **podés**
tú eres	vos **sos**
tú vives	vos **vivís**
tú hablas	vos **hablás**
tú te llamas	vos **te llamás**

● ¿***Sos*** *español?*
■ *No, soy boliviano.*

LOS VERBOS REFLEXIVOS

- Van acompañados de un pronombre que coincide con el sujeto.
- Con ellos expresamos que una acción la produce y la recibe el mismo sujeto.

levantarse	
(yo)	me levanto
(tú)	te levantas
(él, ella, usted)	se levanta
(nosotros/-as)	nos levantamos
(vosotros/-as)	os levantáis
(ellos, ellas, ustedes)	se levantan

● *¿A qué hora **te levantas** normalmente?*
■ ***Me levanto** a las ocho.*

- Otros verbos reflexivos: *ducharse, lavarse (los* dientes), acostarse, vestirse.*

* ***los*** *dientes*, no ***mis*** *dientes*

LOS VERBOS VALORATIVOS

- Van acompañados de un pronombre.
- Con ellos expresamos gustos, intereses, opiniones o sensaciones físicas: *gustar, encantar, interesar, apetecer, parecer, doler.*

gustar		
(A mí)	me	
(A ti)	te	**gusta** el fútbol
(A él, ella, usted)	le	
(A nosotros/-as)	nos	
(A vosotros/-as)	os	**gustan** los deportes
(A ellos/-as, ustedes)	les	

- El sujeto puede ser una acción, situación, objeto, persona, etc., que causa una sensación, sentimiento o reacción en una persona, representada normalmente por el pronombre.
- La construcción puede ser:
  • pronombre + verbo en tercera persona + sujeto
  • sujeto + pronombre + verbo en tercera persona

Me gusta *la natación.* = *La natación **me gusta**.*
*¿**Os gustan** los deportes?* = *¿Los deportes **os gustan**?*
*Los deportes de aventura **me parecen** aburridos.*

● *¿Qué **le pasa** a tu amigo?*
■ ***Le duele** el brazo.*

CONSTRUCCIONES CON *SE* SIN SUJETO AGENTE

- Hay oraciones con *se* + verbo que no tienen sujeto agente (sujeto que realiza la acción).
*Cuando **se examinan** costumbres en distintas culturas, se detectan estereotipos.*
Se cuenta *que Chesterton contestó simplemente: «No los conozco a todos».*
- Estas oraciones sin sujeto agente son frecuentes en español; en otros idiomas se utilizan construcciones pasivas.

Gramática

SER Y ESTAR

ser	estar
soy	estoy
eres	estás
es	está
somos	estamos
sois	estáis
son	están

Ser

Usamos este verbo:
- Para definir conceptos:
  *Un móvil **es** un aparato que sirve para comunicarse.*
- Para hablar de nacionalidad, origen, relaciones, profesión:
  ***Es** italiano, **es** de Roma.*
  ***Es** mi hermana.*
  ***Es** pintor.*
- Para hablar de las características de algo o de alguien:
  ***Es** una casa muy grande.*
  *Julio **es** un hombre muy especial.*
- Para decir la hora y la fecha (solo se utiliza la 3.ª persona):
  ***Es** la una.*
  ***Son** las tres menos cuarto.*
  *Hoy **es** lunes, 3 de julio.*

Estar

Usamos este verbo:
- Para ubicar, localizar o señalar la posición:
  *Antigua **está** en Guatemala.*
- Para expresar el estado civil:
  *Juan **está** casado.*
- Para expresar el estado de ánimo:
  ***Estoy** muy bien, gracias.*
- Para hablar del tiempo:
  *Hoy **está** nublado.*

Adjetivos con *ser* y *estar*

- Hay adjetivos que siempre van con el verbo *ser*.
  *Tu perro **es** muy inteligente, ¿no?*
- Otros adjetivos solo van con *estar*.
  ***Estoy** preocupado por el examen de mañana.*
- Algunos adjetivos pueden ir con el verbo *ser* y con el verbo *estar*. *Ser* se usa para describir la personalidad o una característica; *estar*, para describir un estado de ánimo.
  *Alfredo **es** muy nervioso (normalmente lo está, forma parte de su personalidad).*
  *José **está** muy nervioso con su boda (estos días o por esta situación).*
- Algunos adjetivos cambian de significado si van con *ser* o *estar*. Estos son algunos ejemplos:

  Bueno
  Ser bueno (portarse bien)
  *Mi hermano pequeño **es** muy **bueno**. Duerme mucho por las noches.*
  Estar bueno (tiene buen sabor)
  *Esta sopa **está** muy **buena**.*

  Atento
  Ser atento (amable)
  *Tu vecino **es** muy **atento**, me ha abierto la puerta.*
  Estar atento (poner atención)
  *Chicos, ahora tenéis que **estar atentos**, que vamos a escuchar una canción.*

  Listo
  Ser listo (ser inteligente)
  *Luis **es** muy **listo**, saca muy buenas notas.*
  Estar listo (estar preparado)
  *¿**Estás listo**? Tenemos que salir de casa ahora.*

  Rico
  Ser rico (tener mucho dinero)
  *Tengo un tío en América que **es rico**.*
  Estar rico (tener buen sabor)
  *Este pastel **está** muy **rico**.*

- Con *bien* y *mal* siempre se utiliza *estar*:
  ● *¿Cómo **está** tu padre?*
  ■ ***Está** bien, gracias.*

EL PRETÉRITO PERFECTO

	Presente de haber	+ participio
(yo)	he	
(tú)	has	escuch**ado**
(él, ella, usted)	ha	+ com**ido**
(nosotros/-as)	hemos	sal**ido**
(vosotros/-as)	habéis	
(ellos, ellas, ustedes)	han	

- El participio se forma sustituyendo las terminaciones del infinitivo *-ar, -er, -ir: -ar > -ado (viajado), -er / -ir > -ido (bebido / venido)*.

Participios irregulares:
hacer: **hecho**   ver: **visto**   volver: **vuelto**
decir: **dicho**   escribir: **escrito**   descubrir: **descubierto**
abrir: **abierto**   poner: **puesto**   morir: **muerto**
romper: **roto**

Usamos el pretérito perfecto:
- Para hablar de acciones y experiencias realizadas en el pasado y que están relacionadas con el momento en el que hablamos.
  *Laura **se* ha enamorado** de Carlos Daniel.*

  *Los pronombres van antes del verbo **haber**.

  Es habitual utilizar el pretérito perfecto junto a marcadores temporales que señalan un tiempo no terminado: *esta mañana, esta tarde, hoy, este fin de semana, estos días, esta semana, este mes, este año*, etc. *Hoy*, por ejemplo, señala un tiempo todavía presente. También *esta semana, esta mañana o este mes…*:
  *Esta mañana **he ido** a clase.*
  *Esta semana **ha venido** Laura.*

- Cuando confirmamos que la acción está realizada, utilizamos **ya**. Indica un cambio de estado o situación:
  *Hoy **ya he escuchado** las noticias.*
- Cuando la acción no está realizada, pero se piensa llevar a cabo, utilizamos **todavía no**. Indica que no hay cambio de estado o situación:
  ***Todavía no he visto** la televisión hoy.*

Gramática

- Cuando hablamos de experiencias en el pasado, a lo largo de la vida, pero no decimos cuándo. Lo usamos con los siguientes marcadores de frecuencia: *muchas veces, varias veces, alguna vez, dos veces, una vez, nunca*.
  Xavi **ha estado** en México <u>muchas veces</u>.
  - ● ¿**Has estado** <u>alguna vez</u> en México?
  - ■ No, <u>nunca</u> **he viajado** a América.

- Cuando hablamos de nuestra vida, en general:
  He estudiado en España y en Inglaterra.

EL PRETÉRITO INDEFINIDO

- Se usa para hablar e informar sobre acciones y acontecimientos del pasado que se presentan finalizadas.

- Se suele utilizar con marcadores temporales como *ayer, el año / mes pasado; hace tres días / años / meses…*
  Entré en esta empresa <u>hace dos años</u>.
  <u>El año pasado</u> **abrí** mi propio negocio.
  <u>Ayer,</u> en la entrevista de trabajo, no **comprendí** una pregunta.

Verbos terminados en -ar:

entrar	
(yo)	entr**é**
(tú)	entr**aste**
(él, ella, usted)	entr**ó**
(nosotros/-as)	entr**amos**
(vosotros/-as)	entr**asteis**
(ellos, ellas, ustedes)	entr**aron**

Verbos terminados en -er:

comprender	
(yo)	comprend**í**
(tú)	comprend**iste**
(él, ella, usted)	comprend**ió**
(nosotros/-as)	comprend**imos**
(vosotros/-as)	comprend**isteis**
(ellos, ellas, ustedes)	comprend**ieron**

Verbos terminados en -ir:

descubrir	
(yo)	descubr**í**
(tú)	descubr**iste**
(él, ella, usted)	descubr**ió**
(nosotros/-as)	descubr**imos**
(vosotros/-as)	descubr**isteis**
(ellos, ellas, ustedes)	descubr**ieron**

Verbos totalmente irregulares:

tener	
(yo)	tuv**e**
(tú)	tuv**iste**
(él, ella, usted)	tuv**o**
(nosotros/-as)	tuv**imos**
(vosotros/-as)	tuv**isteis**
(ellos, ellas, ustedes)	tuv**ieron**

- Todos estos verbos con raíz irregular tienen las mismas terminaciones que *tener*:

  estar: **estuv-**   hacer: **hic-**
  poner: **pus-**   venir: **vin-**
  poder: **pud-**   saber: **sup-**

  Te **hice** una pregunta y no **supiste** qué contestar.

- El verbo *decir* tiene una terminación diferente en la tercera persona del plural (**-jeron** en lugar de -*jieron*): *dije, dijiste, dijo, dijimos, dijisteis, di**jeron***. Los acabados en -*ducir* (*traducir, introducir, conducir*), también: *tradu**jeron**, introdu**jeron***…
  Cuando les preguntaron, **dijeron** que sí.

- Estos verbos irregulares, a diferencia de los regulares, que llevan el acento en la última sílaba en la primera y en la tercera persona (*trabajé / trabajó, comí / comió*…), se acentúan en la penúltima: es**tu**ve / es**tu**vo, **pu**de / **pu**do…
  Estuve un año en Tenerife y trabajé de camarero.

- Otros irregulares: los verbos **ser** e **ir** (que tienen la misma forma) y el verbo **dar**:
  Fue presidente entre 1990 y 1994.
  Fue a la universidad cuatro años.
  Dio los mayores éxitos a su equipo.

	ser / ir	dar
(yo)	fui	di
(tú)	fuiste	diste
(él, ella, usted)	fue	dio
(nosotros/-as)	fuimos	dimos
(vosotros/-as)	fuisteis	disteis
(ellos, ellas, ustedes)	fueron	dieron

- Observa que los verbos que tienen una sola sílaba no llevan tilde: *fui / fue, di / dio*.

Verbos irregulares en tercera persona

Los siguientes verbos son irregulares en la tercera persona del singular y del plural:

	pedir (e > i)	dormir (o > u)	leer (i > y)
(yo)	pedí	dormí	leí
(tú)	pediste	dormiste	leíste
(él, ella, usted)	p**i**dió	d**u**rmió	le**y**ó
(nosotros/-as)	pedimos	dormimos	leímos
(vosotros/-as)	pedisteis	dormisteis	leísteis
(ellos, -as, ustedes)	p**i**dieron	d**u**rmieron	le**y**eron

- La profesora nos **pidió** un trabajo para el lunes.
- Mis padres no **durmieron** nada anoche por el ruido.
- Mi hermana **leyó** en un día el libro que le regalé.

- Otros verbos con la misma irregularidad:
  e > i: r**e**petir, s**e**ntir, s**e**guir, comp**e**tir, **e**legir, m**e**dir, pr**e**ferir, s**e**rvir
  o > u: m**o**rir
  i / e > y: o**í**r, ca**e**r

ciento nueve **109**

Gramática

EL PRETÉRITO IMPERFECTO

- Con el presente de indicativo describimos personas, cosas, situaciones y hechos en la actualidad; con el pretérito imperfecto las describimos en el pasado.
  Antes no había ordenadores en los colegios.

Verbos regulares:

-ar	-er/-ir	
estudiar	aprender	escribir
estudi**aba**	aprend**ía**	escrib**ía**
estudi**abas**	aprend**ías**	escrib**ías**
estudi**aba**	aprend**ía**	escrib**ía**
estudi**ábamos**	aprend**íamos**	escrib**íamos**
estudi**abais**	aprend**íais**	escrib**íais**
estudi**aban**	aprend**ían**	escrib**ían**

Verbos irregulares:

El pretérito imperfecto solo tiene tres verbos irregulares.

ir	ser	ver
iba	era	veía
ibas	eras	veías
iba	era	veía
íbamos	éramos	veíamos
ibais	erais	veíais
iban	eran	veían

Muchos colegios no eran mixtos.

CONTRASTE DE PASADOS

En el relato o la narración de hechos pasados podemos usar diferentes tiempos para hablar del pasado con diferentes valores.

Pretérito indefinido:
- Acciones y experiencias que se desarrollaron en un tiempo que ya terminó.
  El verano pasado viajé por cuatro países.
- Valoración de la acción.
  ¡Fue una experiencia inolvidable!

Pretérito perfecto:
- Acciones y experiencias realizadas que están relacionadas con el presente.
  Este verano he viajado por cuatro países.
- Valoración de la acción.
  ¡Ha sido una experiencia inolvidable!

Pretérito imperfecto:
- Descripción de situaciones, gente, lugares, sentimientos, etc., en el pasado:
  ¡Estaba tan contenta!
  Era un señor muy simpático.
  Era un lugar muy bonito y muy grande.
- Acción pasada habitual que se repite:
  Por la mañana, me levantaba muy temprano, cogía el autobús y visitaba la feria.

- El verbo en **pretérito imperfecto** expresa una situación o un contexto. En **pretérito indefinido** o **pretérito perfecto** expresa un acontecimiento que ocurre en esa situación o contexto.
  Cuando estaba en la librería, conocí a un escritor que era colombiano. Mientras estaba allí sentada, vi a Bonelli.
  Esta semana he vuelto a la librería porque quería comprar libros.

EL PRETÉRITO PLUSCUAMPERFECTO

- Se utiliza para expresar un pasado anterior al pasado de la narración.
- Se forma con el pretérito imperfecto del verbo *haber* + el participio pasado del verbo.

había	
habías	
había	adopt**ado**
habíamos	+ s**ido**
habíais	convert**ido**
habían	

Los cristianos decidieron traducir al latín las obras que habían traído los árabes.

EL FUTURO SIMPLE

- En general expresa algo que creemos que va a existir o que va a tener lugar en un momento posterior al momento en el que hablamos. La terminación del futuro es igual para todas las conjugaciones.
  En el futuro, asistiremos a una extinción masiva de algunas especies.
- También lo utilizamos para expresar hipótesis con relación al presente o al futuro.
  ● *¿Sabes dónde está a mi hermano?*
  ■ *No, pero estará en el campo de fútbol.*
  Las entradas del concierto costarán unos 30 euros.

cambiar	comprender	vivir
cambiar**é**	comprender**é**	vivir**é**
cambiar**ás**	comprender**ás**	vivir**ás**
cambiar**á**	comprender**á**	vivir**á**
cambiar**emos**	comprender**emos**	vivir**emos**
cambiar**éis**	comprender**éis**	vivir**éis**
cambiar**án**	comprender**án**	vivir**án**

Verbos irregulares
- Tienen las mismas terminaciones de los verbos regulares, pero presentan un cambio en la raíz.

tendr-	
har-	
habr-	é
pondr-	ás
podr-	á
vendr-	emos
dir-	éis
querr-	án
sabr-	
cabr-	

En las próximas décadas habrá un aumento en las necesidades de agua, energía y alimentos.

Gramática

- Algunas expresiones para hablar del futuro:
  En las próximas décadas
  En 2050
  Dentro de un año / unos días / tres meses
  La semana próxima
  El año que viene
  Mañana
  Pasado mañana

EL CONDICIONAL

- Se utiliza para expresar deseos, consejos o sugerencias y peticiones.
  Me gustaría cambiar de instituto.
  Yo, en tu lugar, **dormiría** un poco más.
  Creo que **deberías** ir al médico si no te encuentras muy bien.
  ¿**Podrías llamarme** esta noche?

- Se forma a partir del infinitivo y las tres conjugaciones tienen la misma terminación:

hablar	deber	ir
hablar**ía**	deber**ía**	ir**ía**
hablar**ías**	deber**ías**	ir**ías**
hablar**ía**	deber**ía**	ir**ía**
hablar**íamos**	deber**íamos**	ir**íamos**
hablar**íais**	deber**íais**	ir**íais**
hablar**ían**	deber**ían**	ir**ían**

Verbos irregulares:
- Son los mismos que en futuro simple.
  decir – **diría**…
  hacer – **haría**…
  poder – **podría**…
  poner – **pondría**…
  querer – **querría**…
  tener – **tendría**…
  venir – **vendría**…
  saber – **sabría**…

EL PRESENTE DE SUBJUNTIVO

- La conjugación es casi igual que la del presente de indicativo pero cambia la vocal en la terminación. Los verbos terminados en *-ar* acaban en *-e* y los terminados en *-er/-ir* acaban en *-a*. Tiene la misma terminación que el imperativo negativo.
  ¡No **cambies** de tema!

-ar cambiar	-er responder	-ir decidir
cambi**e**	respond**a**	decid**a**
cambi**es**	respond**as**	decid**as**
cambi**e**	respond**a**	decid**a**
cambi**emos**	respond**amos**	decid**amos**
cambi**éis**	respond**áis**	decid**áis**
cambi**en**	respond**an**	decid**an**

Verbos irregulares:

ser	estar	ver
sea	esté	vea
seas	estés	veas
sea	esté	vea
seamos	estemos	veamos
seáis	estéis	veáis
sean	estén	vean

ir	saber	dar
vaya	sepa	dé
vayas	sepas	des
vaya	sepa	dé
vayamos	sepamos	demos
vayáis	sepáis	deis
vayan	sepan	den

Verbos irregulares en presente de subjuntivo

Verbos con la raíz irregular

- Los verbos irregulares en primera persona de presente de indicativo son también irregulares en todas las personas en presente de subjuntivo.

presente de indicativo	presente de subjuntivo
tengo	tenga
	tengas
	tenga
	tengamos
	tengáis
	tengan

Los siguientes verbos también son de este grupo:
caer: **caig**o – **caig**a…
decir: **dig**o – **dig**a…
elegir: **elij**o – **elij**a…
hacer: **hag**o – **hag**a…
poner: **pong**o – **pong**a…
salir: **salg**o – **salg**a…
traer: **traig**o – **traig**a…
venir: **veng**o – **veng**a…
conocer: **conozc**o – **conozc**a…
construir: **construy**o – **construy**a…
traducir: **traduzc**o – **traduzc**a…

Verbos con cambios vocálicos

- Los verbos irregulares que cambian la vocal de la raíz en presente de indicativo también la cambian en presente de subjuntivo.

querer (e > ie)		poder (o > ue)		pedir (e > i)*	
qu**ie**ro	qu**ie**ra	p**ue**do	p**ue**da	p**i**do	p**i**da
qu**ie**res	qu**ie**ras	p**ue**des	p**ue**das	p**i**des	p**i**da
qu**ie**re	qu**ie**ra	p**ue**de	p**ue**da	p**i**de	p**i**da
queremos	queramos	podemos	podamos	pedimos	p**i**damos
queréis	queráis	podéis	podáis	pedís	p**i**dáis
qu**ie**ren	qu**ie**ran	p**ue**de	p**ue**da	p**i**den	p**i**dan

* Este grupo, a diferencia de los otros dos, mantiene la irregularidad en la primera y la segunda persona del plural.

Gramática

Usos

- Cuando negamos una opinión: *no creer que / no pensar que / no opinar que:*
  <u>No creo que</u> **sea** un problema tan grande.

- También se utiliza con verbos valorativos acompañados de *que,* como *gustar, encantar, preocupar, entristecer, molestar, interesar, importar, entusiasmar, poner nervioso/-a,* etc.
  Me gusta que me escriban poemas de amor.

- Cuando hacemos una valoración o una sugerencia refiriéndonos a alguien o algo en concreto:
  Es bueno / malo / mejor / necesario / importante que + presente de subjuntivo:
  Es necesario que hagas una actividad física.

- Cuando queremos dar un consejo a alguien: *aconsejar / recomendar / sugerir* + *que* + presente de subjuntivo:
  Te aconsejo que seas organizado.
  Os sugerimos que hagáis gimnasia.

- En oraciones subordinadas introducidas por *cuando,* la idea de futuro se expresa con el presente de subjuntivo:
  Cuando seas un científico de prestigio, tendrás la oportunidad de publicar tus artículos en revistas científicas.
  Haz una pausa **cuando te sientas** muy cansado.

- Cuando expresamos probabilidad con construcciones como *puede ser, puede que, es posible que, es probable que, lo más seguro es que*:
  Puede que acabe el proyecto hoy.

- O con las siguientes construcciones, aunque también pueden ir en indicativo (cuanto más probable sea lo que se indica):
  quizás, tal vez, posiblemente, probablemente:
  No sé, **probablemente participe** en el concurso.
  Tal vez estamos demasiado cansados para salir ahora.

- Para expresar deseos cuando el sujeto es distinto al de la oración principal en construcciones con *querer / esperar / pedir / exigir / que* y *ojalá (que)*:
  Quiero (yo) **que hables** (tú) con ella.
  ¡Ojalá (que) haga buen tiempo!

- Cuando expresamos finalidad con **para que**:
  Voy a llamar a Juan **para que venga** a la fiesta.

EL PRETÉRITO IMPERFECTO DE SUBJUNTIVO

- Se utiliza en oraciones subordinadas condicionales que indican algo que no puede ocurrir en el presente o en el futuro o que es improbable.
  Si **fuera** médico, colaboraría con Médicos sin Fronteras.

	ser/ir	poder	tener
(yo)	fuera	pudiera	tuviera
(tú)	fueras	pudieras	tuvieras
(él, ella, usted)	fuera	pudiera	tuviera
(nosotros/-as)	fuéramos	pudiéramos	tuviéramos
(vosotros/-as)	fuerais	pudierais	tuvierais
(ellos/-as, ustedes)	fueran	pudieran	tuvieran

EL IMPERATIVO

Puede expresar instrucciones, consejos, sugerencias u órdenes.

El imperativo afirmativo

- Se usa para dirigirse a la persona con la que se habla o a la que se escribe. Las opciones son:

	Informal	Formal
singular	tú / vos*	usted
plural	vosotros/-as	ustedes

* En muchos países de Latinoamérica se reemplaza el *tú* por el *vos,* lo que también hace que cambie el imperativo.

	cantar	leer	escribir
(tú)	cant**a**	le**e**	escrib**e**
(vos)	cant**á**	le**é**	escrib**í**
(vosotros/as)	cant**ad**	le**ed**	escrib**id**
(usted)	cant**e**	le**a**	escrib**a**
(ustedes)	cant**en**	le**an**	escrib**an**

- Los verbos irregulares tienen la misma irregularidad en imperativo que en presente: *empiezas* [presente], *empieza* [imperativo]; *vuelves, vuelve*.

- Son irregulares los siguientes verbos en las formas *tú, usted* y *ustedes**.

	tú	usted	ustedes
poner	pon	ponga	pongan
hacer	haz	haga	hagan
tener	ten	tenga	tengan
venir	ven	venga	vengan
salir	sal	salga	salgan
decir	di	diga	digan
traducir	traduce	traduzca	traduzcan

* En el sur de España (principalmente en algunas zonas de Andalucía y Canarias) y en toda Hispanoamérica, solo se utiliza *ustedes,* y no *vosotros*.

- Los verbos *ser* e *ir* presentan formas especiales:

	ser	ir
(tú / vos)	sé	ve
(vosotros/as)	sed	id
(usted)	sea	vaya
(ustedes)	sean	vayan

Imperativos con pronombres

- Los pronombres de objeto directo y objeto indirecto van siempre detrás del imperativo y forman una sola palabra:
  Conéct<u>ate</u> a internet (tú).
  Conéct<u>alo</u> a internet (el ordenador).
  Cuando el imperativo de *vosotros* va seguido de *-os*, pierde la **d**:
  conectad + el ordenador > conecta<u>dlo</u>
  conectad + os > conecta<u>os</u>

Gramática

El imperativo negativo

- Las formas para *usted* y *ustedes* son iguales que en el imperativo afirmativo.

	cantar	leer	escribir
(tú / vos)	no cant**es**	no le**as**	no escrib**as**
(vosotros/-as)	no cant**éis**	no le**áis**	no escrib**áis**
(usted)	no cant**e**	no le**a**	no escrib**a**
(ustedes)	no cant**en**	no le**an**	no escrib**an**

- Cuando la primera persona del presente tiene una raíz irregular, todas las personas del imperativo negativo tienen raíz irregular.

	Presente	Imperativo negativo
hacer	hago	no hagas no hagáis no haga no hagan

- Los verbos *ser*, *ir* y *estar* presentan formas especiales.

	ser	ir	estar
(tú / vos)	no seas	no vayas	no estés
(vosotros/-as)	no seáis	no vayáis	no estéis
(usted)	no sea	no vaya	no esté
(ustedes)	no sean	no vayan	no estén

El verbo *estar* es especial por la posición del acento.

EL GERUNDIO

- Se forma sustituyendo las terminaciones del infinitivo (*-ar, -er, -ir*) por:
  -ando: infinitivos terminados en *-ar*
  -iendo: infinitivos terminados en *-er, -ir*

La educación está cambiando.
¿El rol del profesor está perdiendo importancia?
La educación está viviendo una crisis.

Gerundios irregulares

decir: **diciendo**
contribuir: **contribuyendo**
oír: **oyendo**
leer: **leyendo**
ir: **yendo**
pedir: **pidiendo**

repetir: **repitiendo**
morir: **muriendo**
dormir: **durmiendo**
venir: **viniendo**
sentir: **sintiendo**
traer: **trayendo**

LAS PERÍFRASIS

- Son construcciones verbales formadas por un verbo conjugado más un gerundio o un infinitivo que, en algunos casos, van precedidos de una preposición. Sirven para referirnos a aspectos que no pueden expresarse con una forma simple.

• **Perífrasis verbales con gerundio**

Estar + gerundio
- Describe un momento concreto del progreso de una acción.
  Nuestra revista está promoviendo el vintage.
- Señala una acción que se está realizando en el momento que se habla.
  El editor está hablando por teléfono ahora.

Seguir + gerundio
- Indica que una acción o un proceso anterior no se ha interrumpido.
  El vintage sigue teniendo la estética del pasado.

Llevar + gerundio
- Marca continuidad en la acción, siempre indicando la duración.
  El diseño de los años 40 lleva influyendo en el mercado casi dos décadas.

• **Perífrasis verbales con infinitivo**

Dejar de + infinitivo
- Señala interrupción de la acción.
  Muchos países dejan de mirar la estética moderna para dar paso al diseño vintage.

Empezar / Comenzar a + infinitivo
- Indica el inicio de una acción.
  El término vintage se empieza / comienza a utilizar en el contexto del mobiliario.

Acabar de + infinitivo
- Señala el final de una acción reciente.
  Este diseño es nuevo, acaba de salir.

Volver a + infinitivo
- Marca la repetición de una acción.
  Se vuelve a descubrir a nuevos diseñadores.

Estar a punto de + infinitivo
- Señala que queda poco tiempo para realizar una acción.
  La tienda está a punto de lanzar una nueva promoción.

Deber + infinitivo
- Se utiliza para expresar obligación o para aconsejar.
  Debes ir al médico si quieres encontrarte mejor.

Hay que + infinitivo
- Se utiliza para expresar obligación de manera impersonal.
  Para aprobar hay que estudiar.

Soler + infinitivo
- Sirve para expresar hábitos.
  Por las mañanas suelo desayunar un zumo de frutas y un bocadillo.

Poder + infinitivo
- Se utiliza para hablar de posibilidades u opciones.
  Puedes regalarle un libro o un bolso.

Ir a + infinitivo
- Sirve para hablar de planes.
  Mañana vamos a ver una exposición de Dalí.

Querer / Tener ganas de + infinitivo
- Se utilizan para expresar deseos e intenciones.
  El próximo año quiero estudiar chino.
  Tengo ganas de ir unos días a la playa.

Gramática

LOS CONECTORES

Hay palabras (adverbios, preposiciones y conjunciones) que son invariables: no tienen género, número, tiempo o persona. Normalmente, sirven para enlazar palabras, frases o ideas.

Expresar duración

- *Desde:*
  Nos referimos a un punto concreto en el pasado; expresa el momento en que comienza algo: **desde** ayer / 2013 / abril.
  Trabajo aquí **desde** el año pasado.

- *Desde que + verbo:*
  Para referirnos al momento en el que se realiza la acción.
  Desde que aprobé el examen de español, estoy muy contenta.

- *Desde hace / Hace ... que:*
  Nos referimos a todo el periodo de tiempo que ha transcurrido desde el comienzo de algo: **desde hace / hace** dos días / meses / años.
  - ¿Cuánto tiempo **hace que** estudias alemán?
  - **Hace** un año **que** estudio alemán.
  - ¿**Desde** cuándo estudias alemán?
  - **Desde hace** un año.

Relacionar dos hechos en el tiempo

- *Antes de / Después de + infinitivo:*
  Meriendo un poco **antes de** ir a la clase de alemán.
  Toma un zumo de frutas **después de** practicar yoga.

Expresar frecuencia

+	siempre
	casi siempre
	normalmente, generalmente
	una vez, dos veces, tres veces, a veces
	casi nunca
−	nunca

Yo **siempre** me levanto a las siete y media.
A veces voy al instituto en bicicleta.

Organizar ideas

- *En primer lugar, en segundo lugar, por una parte / por otra parte, por último (finalmente):*
  En primer lugar, es interesante conocer el origen de la medicina naturista…
  Por último, con respecto a la materia prima empleada…

Secuenciar

- *Primero…, Luego…, Después…:*
  Primero me ducho, **luego** desayuno y **después** me lavo los dientes.

Expresar consecuencia

- *Por eso:*
  Soy programadora y estoy mucho tiempo sentada, **por eso** correr es tan importante para mí.

- *Así que:*
  Félix lleva mucho tiempo en el cuarto de baño, **así que** Julia se enfada.

Aclarar

- *Es decir, o sea…:*
  El origen de la medicina naturista se remonta al origen de la humanidad, **es decir**, es la medicina más antigua.
  Vives en Vigo, **o sea** que vives en Galicia.

Concluir

- *En conclusión, en resumen, para resumir…:*
  En conclusión, la medicina naturista puede ser una buena opción para conseguir una vida sana.

Situar en el tiempo

- *A las…, Por la mañana / tarde…, Aproximadamente a las…, Sobre las…, Durante…:*
  Me acuesto **a las** doce.
  Los sábados **por la mañana** juego al baloncesto.
  Todos los días entrenamos a las siete, **aproximadamente**.
  Desayuno **sobre las** ocho de la mañana.
  Durante la semana me levanto pronto.

- Para referirse al presente se utiliza **actualmente, hoy en día, en la actualidad**:
  Hoy en día hay más libertad que antes.

- Para referirse al pasado se utiliza: **a principios / mediados / finales del siglo XIII; en esa época / década; en aquel periodo / tiempo; en los (años) cuarenta; después de ocho siglos; en el mismo periodo; en los siglos XII y XIII; en las últimas décadas…:**
  En aquel periodo se incorporan muchas palabras de origen germánico al español.
  A los 18 años terminó el bachillerato.
  Al año / mes / día siguiente encontró trabajo.
  A la semana siguiente volví a la universidad.
  Dos años / meses / días / semanas después se fueron a Berlín.
  Al cabo de tres años / dos meses…
  Ese mismo año / mes / día…
  Esa misma semana…
  Estudié Medicina **de 1999 a 2004**.
  Estudié Medicina **hasta 2004**.

- Para relatar: **cuando, entonces, de repente, al final**:
  Cuando mi madre llegó a España…
  Entonces reunieron el dinero.
  De repente, de un día para otro, su vida cambió.
  Al final consiguieron trabajo.

Expresar causa

- *Como:* se usa cuando se expresa la causa primero.
  Como Félix lleva mucho tiempo en el cuarto de baño, Julia se enfada.

- *Porque:* se usa después de la oración principal y antes de la causa.
  Julia se enfada **porque** Félix lleva mucho tiempo en el cuarto de baño.

- *Es que:* se utiliza en el lenguaje coloquial, preferentemente hablado y, normalmente, para justificarse.
  - Julia, ¿por qué estás tan enfadada?
  - ¡**Es que** Félix lleva mucho tiempo en el cuarto de baño!

Gramática

Añadir información

- *Y, además, también, tampoco:*
  Tiene el pelo corto **y** lleva un tatuaje.
  Hoy hace sol en el sur. **Además**, hace mucho calor.

- Siempre llevo zapatillas de deporte.
- Yo **también** llevo zapatillas siempre.
- Nunca tomo café.
- Yo **tampoco** tomo café.

Indicar diferencia o alternativa

- *O:*
  O es muy simpático **o** es muy falso.
  Podemos comer gazpacho **o** tortilla.

Expresar probabilidad

Podemos expresar probabilidad con las siguientes construcciones:
- Con indicativo:
  A lo mejor
  A lo mejor está cansado.

- Con indicativo y subjuntivo:
  Probablemente
  Posiblemente
  Quizás
  Tal vez
  No sé, **probablemente** participe...
  ¡**Tal vez** estamos demasiado cansados!

Cuanto más improbable es lo que se indica, más posibilidades hay de usar el subjuntivo.

Contrastar o expresar oposición

- *Pero, aunque, sin embargo, sino (que):*
  Juan Miguel es muy trabajador, **pero** un poco aburrido, ¿no?
  Aunque hace sol en Buenos Aires ahora, esta tarde va a llover.
  Parte de la energía solar llega al suelo. **Sin embargo**, no toda esa energía es aprovechada.
  Los gases no solo atrapan la energía solar, **sino que** provocan un aumento de la temperatura.

Expresar condición

- *Si:*
  Si quiero ir al cine, llamo a mis amigos.

Expresar finalidad

- *Para:*
  Estudio español **para** viajar por Sudamérica.

Referirse a un lugar o ubicar

> detrás de ≠ delante de
> debajo de ≠ encima de
> a la izquierda de ≠ a la derecha de
> entre
> en el centro de
> lejos de ≠ cerca de
> al norte / al sur / al este / al oeste de

El gato está **debajo del** sofá.
El sombrero está **encima de** la mesa.
Guatemala y México están **lejos de** Europa.
Ciudad de Guatemala está **cerca del*** océano Pacífico.
Guatemala está **al** sur de México.
Guatemala está **al norte de** El Salvador.

* de + el = del
** a + el = al

Comparar

Más / Menos que
- con adjetivos:
  Mar del Plata es **más** turística **que** Pinamar.
  Pinamar es una ciudad **menos** ruidosa **que** Mar del Plata.

  - El comparativo de **bueno** es **mejor**:
    Pinamar es **mejor que** Mar del Plata porque está más cerca de Buenos Aires.

  - El comparativo de **malo** es **peor**:
    Para ir a Pinamar es **peor** el transporte **que** para ir a Mar del Plata.

- con adverbios:
  Mar del Plata está **más** lejos de Buenos Aires **que** Pinamar.
  Pinamar está **más** cerca de Buenos Aires **que** Mar del Plata.

- con sustantivos:
  Pinamar tiene **menos** medios de transporte **que** Mar del Plata.

Indicar igualdad

- *tan + adjetivo + como*:
  En Mar del Plata la gastronomía es **tan** variada **como** en Pinamar.

- *tanto / tanta / tantos / tantas + nombre + como*:
  En Mar del Plata hay **tantos** sitios de interés **como** en Pinamar.

- *el mismo / la misma / los mismos / las mismas + nombre (+ que)*:
  Mar del Plata y Pinamar tienen **el mismo** clima.
  Las dos ciudades ofrecen **los mismos** entretenimientos **que** otras ciudades turísticas.

GÉNEROS DISCURSIVOS

La conferencia

Estructura de una conferencia:

1. Saludo inicial
- Buenos días
- Señoras, señores / Estimado público
- Gracias por invitarme
- Es un honor estar con ustedes...
- Es un placer estar aquí

Buenos días a todos y **muchas gracias por invitarme** a participar en esta conferencia.

2. Introducción al tema
- Como sabemos, ...
- Todo el mundo dice...
- Voy a hablar de...

Como sabemos, nuestro planeta es rico en recursos naturales.

Gramática

3. Presentación de la problemática
- *Sin embargo, …*
- *El problema es…*
- *La cuestión a discutir es…*

Sin embargo, creo que todos conocemos los problemas ambientales.

4. Diferentes puntos a tratar
- *En primer / segundo / tercer / último lugar, …*
- *El primer / segundo / tercer / último problema…*
- *Lo primero / segundo / tercero / último…*

El primer problema es el crecimiento poblacional.
Precisamente, este es **nuestro segundo problema:** la deforestación.
Nuestro tercer problema es la contaminación.
El último problema que voy a mencionar es el tráfico de especies.

5. Conclusión
- *Como vemos, …*
- *Resumiendo, …*
- *Para terminar, …*

Como vemos, nuestro planeta sufre graves problemas ambientales.
Para terminar, quiero decirles que quedan muchas cosas por hacer.

6. Saludo final (cierre)
- *Muchas gracias…*
- *Agradezco su participación…*
- *Ha sido un placer…*

Muchas gracias. Comencemos con las preguntas.
Ha sido un placer estar hoy con ustedes.

El debate

Organizar la información:
- *En primer lugar, … / Lo primero… / Por último, …*
- *Por un lado, … / Por otro, …*
- *Y además, …*

Expresar opiniones:
- *Pienso que…*
- *Me parece que…*
- *En mi opinión, …*
- *Desde mi punto de vista, …*
- *Para mí, …*

Presentar y desarrollar argumentos:
- *Un problema es… / Uno de los mayores problemas es…*
- *La verdad es que…*
- *Es importante / innegable / necesario…*
- *Hay ventajas y desventajas / puntos a favor y en contra…*

Expresar acuerdo o desacuerdo:
- *Estar (totalmente) de acuerdo / en desacuerdo (con)…*
- *Estar de acuerdo en parte (con)…*
- *Ya, pero…*

Resumir / Concluir:
- *Para resumir, …*
- *En resumen, …*
- *En conclusión, …*

Léxico

1 Diversidad — **118**
- La descripción física
- Buenos hábitos
- El aprendizaje

2 Tradición — **118**
- El diseño
- Estereotipos
- Celebraciones, costumbres y tradiciones

3 Cambio — **118**
- Sociedad y trabajo
- Cambios
- Actitudes
- Política y sociedad

4 Convivencia — **119**
- Religiones
- La convivencia

5 Información — **119**
- La publicidad
- Las redes sociales

6 Bienestar — **119**
- El estado de bienestar
- Estados de ánimo
- Cambios de estado
- La personalidad

7 Ciencia — **119**
- La sostenibilidad
- Profesiones
- Ser científico

8 Amor — **120**
- Sentimientos
- Relaciones

9 Solidaridad — **120**
- El acoso
- Discapacidades
- Transmitir mensajes
- ONG
- Siglas y acrónimos

Léxico

1 Diversidad

La descripción física

El pelo:
- canoso
- castaño
- corto
- largo
- liso
- negro
- ondulado
- oscuro
- rizado
- rojo
- rubio

Los ojos:
- azules
- cansados
- expresivos
- grandes
- negros
- pequeños
- verdes

El tamaño y la estatura

ser | alto/-a
    | bajo/-a
    | de estatura normal
    | delgado/-a
    | fuerte
    | gordo/-a

La apariencia

ser | atractivo/-a
    | calvo/-a
    | feo/-a
    | guapo/-a
    | joven
    | mayor

llevar | barba
       | bigote
       | gafas
       | maquillaje
       | perilla
       | un tatuaje

Buenos hábitos

- ahorrar energía
- andar
- controlar las redes sociales
- dormir
- hacer gimnasia
- hacer los deberes
- levantarse pronto
- llevar una dieta equilibrada
- mantenerse informado/-a
- tener un buen equilibro mental
- tener una buena higiene
- trabajar en equipo

El aprendizaje

- aprender — el aprendizaje
- asociar — la asociación
- atender — la atención
- concentrarse — la concentración
- desarrollar — el desarrollo
- interpretar — la interpretación
- olvidar — el olvido
- percibir — la percepción
- procesar — el procesamiento
- recordar — el recuerdo
- seleccionar — la selección
- usar — el uso
- utilizar — la utilización

- oír — el oído
- tocar — el tacto
- ver — la vista
- auditivo/-a
- táctil
- visual

2 Tradición

El diseño

- la antigüedad
- el/la diseñador(a)
- la estética
- la moda
- el mercado
- el mueble
- la ropa
- el vehículo

Estereotipos

estereotipo | cultural
            | de género
            | étnico
            | negativo
            | positivo
            | social

Celebraciones, costumbres y tradiciones

- celebrar
- conmemorar
- consistir en
- festejar
- tener origen
- transmitir de generación en generación
- el Año Nuevo
- el baile tradicional
- el carácter | satírico
              | pagano
              | religioso
- la celebración tradicional
- la comida típica
- la costumbre
- la danza
- la feria
- la fiesta popular
- el folclore
- el homenaje
- la identidad
- la Januká
- la leyenda popular
- la Navidad
- la Nochevieja
- el Ramadán
- el rito
- la Semana Santa

3 Cambio

Sociedad y trabajo

- el consumo
- el crecimiento económico
- la crisis económica
- el empleo
- el mercado laboral
- la mortalidad
- la natalidad
- la población activa
- la población en paro
- la producción

Cambios

- adelgazar
- aumentar
- cambiar
- crecer
- dejarse | barba
          | bigote
          | el pelo largo
- descender
- disminuir
- engordar
- hacerse | budista
          | comunista
- transformar
- volverse | introvertido/-a
           | pesimista
           | responsable
           | tacaño/-a

Actitudes

- aprender de un error
- conseguir algo
- lograr recuperarse
- luchar por algo
- quedarse estancado/-a
- reaccionar frente a las adversidades
- ser resiliente
- superar | un obstáculo
          | un problema
- tomar una actitud positiva

Léxico

Política y sociedad
- el código civil
- la conquista social
- la constitución
- el derecho
- la desigualdad
- la discriminación
- la educación
- la exclusión
- el Gobierno
- la huelga
- la igualdad
- la manifestación
- la movilización
- el movimiento de lucha
- la política | laboral
-               | social
- el sindicato
- el sufragio
- el/la trabajador/-a
- el voto

4 Convivencia

Religiones
- convertirse a una religión
- el budismo — budista
- el cristianismo — cristiano/-a
- el hinduismo — hindú
- el islam — musulmán/-a
- el judaísmo — judío/-a

La convivencia
- la aceptación — aceptar
- la acogida — acoger
- la adaptación — adaptarse
- la emigración — emigrar
- la integración — integrarse
- el rechazo — rechazar
- la tolerancia — tolerar

5 Información

La publicidad
- anunciar
- consumir
- informar
- llamar a un número de teléfono
- persuadir
- promocionar un producto
- publicitar
- solicitar información
- visitar una página web
- la agencia de publicidad
- el anuncio
- la campaña | de prevención
-              | de salud
-              | de turismo
-              | publicitaria

- la comunicación
- la creatividad
- el *marketing*
- el producto
- el servicio

Las redes sociales
- chequear Facebook
- enviar un mensaje por móvil
- estar atrapado/-a en...
- estar enganchado/-a a...
- publicar / subir | una foto
-                | un evento
- quedarse sin batería
- ser adicto/-a a
- tener | cobertura
-      | internet
-      | señal de internet
-      | conexión a internet
-      | wifi
-      | tuitear
- el cargador
- el celular
- el dispositivo móvil
- el móvil
- la red (social)
- el tuit
- el/la tuitero/-a

6 Bienestar

El estado de bienestar
- la ayuda
- la beca
- el desequilibrio social
- el gasto
- el/la parado/-a
- el paro
- la pensión
- el/la pensionista
- la prestación
- el subsidio de desempleo

Servicios sociales
- la educación
- la enseñanza
- la salud
- la sanidad
- el servicio asistencial
- el sistema educativo
- el sistema sanitario
- la vivienda

Impuestos
- la corrupción
- la economía sumergida
- el fraude fiscal
- el gasto público
- la gestión pública

- el ingreso
- la recaudación de impuestos

Estados de ánimo
- estar | aburrido/-a
-       | cansado/-a
-       | enamorado/-a
-       | enfadado/-a
-       | estresado/-a
-       | feliz
-       | nervioso/-a
-       | preocupado/-a
-       | relajado/-a
-       | sorprendido/-a
-       | tranquilo/-a
-       | triste
- tener | ansiedad
-       | estrés
-       | hambre
-       | miedo
-       | sueño

Cambios de estado
- ponerse nervioso/-a
- aburrirse
- tranquilizarse
- sorprenderse
- relajarse
- enamorarse
- estresarse
- desesperarse
- preocuparse
- entristecerse
- enfadarse

La personalidad
- ser / estar | aburrido/-a
-           | activo/-a
-           | alegre
-           | creativo/-a
-           | deportista
-           | estudioso/-a
-           | familiar
-           | generoso/-a
-           | inquieto/-a
-           | nervioso/-a
-           | perezoso/-a
-           | sano/-a
-           | sociable
-           | solitario/-a
-           | tranquilo/-a
-           | triste

7 Ciencia

La sostenibilidad
- la alteración de los ecosistemas
- el calentamiento global
- el consumo de energía

Léxico

la degradación de la calidad del | agua
 | aire
la destrucción de paisajes
el ecosistema natural
el efecto invernadero
la emisión de gases
la escasez de agua
la explosión demográfica
la extinción de las especies
el vertido de residuos contaminantes

Profesiones
el/la abogado/-a
el/la actor / actriz
el/la agente de viajes
el/la bloguero/-a
el/la cantante
el/la cocinero/-a
el/la contable
el/la deportista
el/la empresario/-a
el/la enfermero/-a
el/la escritor(a)
el/la mecánico/-a
el/la médico/-a
el/la modelo
el/la periodista
el/la policía
el/la político/-a
el/la profesor(a)

Ser científico
dar respuestas
dedicarse a la ciencia
hacerse preguntas
investigar
publicar artículos
realizar un experimento
realizar un proyecto
sacrificarse
tener afán por el conocimiento
tener espíritu de sacrificio

8 Amor

Sentimientos
encantar
entristecer
entusiasmar
gustar
interesar
molestar
poner nervioso/-a
preocupar
el amor | amar
el cariño | ser cariñoso/-a
los celos | tener celos / estar celoso/-a
la depresión estar deprimido/-a

el dolor | sentir dolor
 | estar dolido
la felicidad | ser feliz
 | estar feliz
la pasión | sentir pasión
 | mostrar pasión
la pérdida | perder a alguien
el rencor | guardar rencor
la ternura | tratar con ternura
la tristeza | ser triste
 | estar triste

Relaciones
el/la amigo/-a
el/la compañero/-a (de clase)
el/la hermano/-a
la madre
el marido
la mascota
la mujer
el/la novio/-a
el padre
la pareja

9 Solidaridad

El acoso
recibir maltrato | físico
 | psicológico
sufrir una agresión
ser víctima de | acoso
 | robo
presentar una denuncia
pegar a alguien
perseguir a alguien
reírse de alguien
quitarse la vida
el acoso | laboral
 | escolar
 | sexual
el ciberacoso
la amenaza amenazar
el insulto insultar
la agresión verbal agredir verbalmente
el abuso abusar
la denuncia denunciar
la violencia | física
 | verbal

Discapacidades
ser una persona | ciega
 | con autismo
 | con movilidad reducida
 | paralítica
 | sorda

tener | síndrome de Down
 | una discapacidad | auditiva
 | | física
 | | intelectual
 | | visual

Transmitir mensajes
el agradecimiento agradecer
el consejo aconsejar
la exigencia exigir
la felicitación felicitar
la información informar
la orden ordenar
la petición pedir
la pregunta preguntar
la propuesta proponer
la recomendación recomendar

ONG
el comercio justo
el conflicto
la defensa
los derechos humanos
el desarrollo
la dignidad
la donación
la emergencia
la guerra
la igualdad
la justicia
la organización | (no) confesional
 | ecologista
 | (no) gubernamental
 | humanitaria
 | independiente
 | pacifista
 | privada
 | sin ánimo de lucro
la paz
la protección
la solidaridad
el sufrimiento

Siglas y acrónimos
COI
DNI
IVA
MERCOSUR
OMS
ONU
OTAN
UE

Diverso 3

Cuaderno de ejercicios

1 Diversidad

Identidades

1 Completa la tabla con los femeninos y los contrarios de estos adjetivos.

	Femenino singular	Contrarios
1 alto	alta	bajo, baja
2 gordo		
3 grande		
4 liso		
5 largo		
6 guapo		

2 Lee las descripciones y compáralas con los dibujos. Hay tres cosas incorrectas en cada uno. Corrígelas.

1 _____
2 _____
3 _____

A Es muy alta y delgada. Tiene el pelo corto, rubio y rizado. Lleva gafas y un tatuaje.

1 _____
2 _____
3 _____

B Es bastante mayor, un poco gordito y también un poco calvo. Lleva barba y bigote.

3 Escribe los artículos determinados de estos sustantivos.

1 *la* piel
2 ____ tatuaje
3 ____ corazón
4 ____ cabello
5 ____ dientes
6 ____ descripción
7 ____ maquillaje
8 ____ bigote
9 ____ perilla
10 ____ edad
11 ____ pelo
12 ____ gafas

4 Dibuja.

1 Un señor un poco gordo.
2 Una señora bastante gorda.
3 Un niño muy gordo.
4 Una señora con el pelo un poco largo.
5 Un chico con el pelo bastante largo.
6 Una niña con el pelo muy largo.

ciento veintitrés **123**

1 Diversidad

5 Lee este extracto de un artículo. Según el autor, ¿cuáles de las siguientes frases son verdaderas?

1. La lengua es lo que crea una identidad común. ☐
2. En América hay muchas identidades. ☐
3. Las personas se parecen mucho físicamente. ☐
4. En todos los países se habla de la misma manera. ☐

Una lengua cambiante y múltiple

Sergio Ramírez

Cuando en América hablamos acerca de la identidad compartida, nuestro punto de partida, y de referencia común, es la lengua. No somos una identidad étnica, no somos una multitud homogénea, no somos una raza, somos muchas razas. La diversidad es lo que hace la identidad. Tendremos identidad mientras la busquemos y queramos encontrarnos en el otro. Pero somos una lengua, que tampoco es homogénea. La lengua desde la que vengo, y hacia la que voy, y que mientras se halla en movimiento, me lleva consigo de uno a otro territorio, territorios reales o territorios verbales.

Extraído de: http://elpais.com

Hábitos

6 ¿Cuál de estos hábitos te parece bueno, cuál malo, y cuál puede ser las dos cosas? ¿Por qué? Comentadlo en pequeños grupos. ¿En cuáles coincidís?

1. Levantarse tarde.
2. Llevar una dieta equilibrada.
3. Hacer ejercicio.
4. Ver muchas horas la televisión.
5. Leer libros y revistas.
6. Comer de pie.
7. Ir andando al instituto.
8. Tener una buena higiene.
9. Comer mucho chocolate.

Es un buen hábito	Es un mal hábito	Puede ser un hábito bueno o malo

7 ¿Qué haces tú normalmente de lunes a viernes? ¿Y los fines de semana? Escribe tus costumbres.

De lunes a viernes...
Me levanto siempre a las siete y media.

_____

_____

Los fines de semana...
Salgo con mis amigos.

_____

_____

1 Diversidad

8 Completa la tabla con la conjugación de estos verbos en presente.

pensar	dormir	repetir	lavarse
pienso		*repito*	
	duermes		*te lavas*
		repite	*se lava*
pensamos	*dormimos*		
	dormís		*os laváis*
piensan		*repiten*	

9 Completa estas frases. Escribe tres cosas para cada frase.

1 A mí…
me gusta salir con mis amigos los fines de semana.

2 A mi mejor amiga…

3 A mis compañeros de clase…

4 A nuestro profesor…

10 ¿Qué prefieres?

1 ¿Café o té?
Prefiero tomar café.
2 ¿Ducharte por la noche o por la mañana?

3 ¿Leer el periódico en papel o digital?

4 ¿Viajar en coche o viajar en avión?

5 ¿Ir de comprar solo o con tus amigos?

6 ¿Oír música con o sin cascos?

7 ¿Escribir los deberes a mano o con el ordenador?

11 (33) Teresa habla de lo que hace en un día normal en un *podcast* sobre hábitos. Escucha y señala los que menciona.

1 Se levanta a las siete y media. ☐
2 Desayuna antes de ducharse. ☐
3 Pasea por el parque con su perro durante una hora. ☐
4 Va al trabajo en bicicleta. ☐
5 Trabaja cuatro horas y después tiene un descanso de una hora. ☐
6 Va a la cafetería a comer con sus compañeros. ☐
7 Después de comer trabaja otras cuatro horas. ☐
8 Va al mercado. ☐
9 Escucha las noticias en la radio mientras cocina. ☐
10 A las once y media se va a la cama. ☐
11 Le gusta leer antes de dormir. ☐

12 Escribe algunos hábitos para estas profesiones:

A Un(a) profesor(a):
1 *Se levanta pronto para ir al colegio.*
2 *Da cuatro o cinco clases al día y corrige.*
3 *Prepara las clases a menudo en casa.*

B Un(a) bailarín / bailarina:
1
2
3

C Un(a) camarero/-a:
1
2
3

1 Diversidad

Estilos de aprendizaje

13 Lee cómo son los siguientes estudiantes y subraya las frases que te definen a ti.

A Lucía
- Prefiero trabajar sola que con otras personas.
- Me gusta reflexionar y analizar. Tengo siempre mis propias ideas.
- Me conozco muy bien a mí misma.

B Bea
- Me gustan el ajedrez y los problemas de lógica.
- Soy buena trabajando con números, gráficos y estadísticas.
- Para mí son importantes la estructura y la secuencia.

C Félix
- Tengo muy buena orientación y me gusta utilizar mapas.
- Me gusta más dibujar que escribir.
- Me encantan los cómics y los vídeos.

D Julia
- Tengo muy buena coordinación y normalmente practico deporte o bailo.
- No me gusta estar sentada mucho tiempo, prefiero moverme.
- Me gustan los rompecabezas.

E David
- Tengo muy buen sentido del ritmo y me gusta todo lo relacionado con la música.
- Puedo recordar y cantar muchas canciones.
- Me molesta cuando hay mucho ruido.

F Sonia
- Soy muy buena en todo lo referente a las lenguas: escribir, leer, hablar…
- Me encantan los crucigramas y otros juegos de este tipo.
- Me gusta leer, y también escribir historias y cuentos.

G Max
- Soy muy sociable, me gusta estar con otras personas y trabajar en grupos.
- Soy muy empático y comprendo muy bien a mis amigos.
- Me comunico bien y me gusta ser el portavoz en un grupo.

14 Además de estilos sensoriales, existen también tipos de inteligencia diferentes. Relaciona las personas anteriores con el tipo de inteligencia que tienen. ¿Y tú, qué tipo de inteligencia tienes? Comprueba con las frases que has subrayado.

1 Inteligencia lógico-matemática ☐
2 Inteligencia musical ☐
3 Inteligencia visual-espacial ☐
4 Inteligencia interpersonal o social ☐
5 Inteligencia intrapersonal o intuitiva ☐
6 Inteligencia verbal o lingüística ☐
7 Inteligencia corporal o quinestésica ☐

Soluciones: A 5; B 1; C 3; D 7; E 2; F 6; G 4

1 Diversidad

15 Completa estas frases con *cada, cada uno, cualquier* o *cualquiera*.

1 Debéis repartir el trabajo. _____ alumno responde a una pregunta.
2 No tenéis que utilizar un formato concreto. _____ formato es aceptable.
3 Quiero ver _____ de los exámenes encima de la mesa.
4 Podéis preguntar a _____. No tiene que ser una persona de vuestro grupo.
5 _____ día de la semana es bueno para hacer la presentación.
6 _____ de vosotros tiene que hablar durante un minuto.
7 Podéis entregar el proyecto a _____ hora del día.

16 Escribe un pequeño diálogo con un ejemplo de empatía.

_____
_____

17 Completa estas frases como en el ejemplo.

1 A un alumno visual le gusta *leer*.
 Un alumno visual prefiere *leer* a *escuchar*.

2 A un alumno auditivo le gusta _____
 Un alumno auditivo prefiere _____ a _____

3 A un alumno táctil / quinestésico le gusta _____
 Un alumno táctil / quinestésico prefiere _____ a _____

18 Completa esta tabla.

sustantivo	verbo	participio / adjetivo
la atención		
la interpretación		
	informar	
el aprendizaje		
		utilizado
		desarrollado
la percepción		
	seleccionar	

19 Transforma las frases utilizando el sustantivo derivado, como en el ejemplo.

1 **Aprender** es diferente para cada persona.
 El aprendizaje es diferente para cada persona.

2 **Atender** es la base de todo aprendizaje.
_____

3 Para aprender es necesario **concentrarse**.
_____

4 Para hacer un buen trabajo es importante **seleccionar** la información.
_____

5 Para aprender es necesario **desarrollar** estrategias.
_____

6 Es conveniente **utilizar** un diccionario y una gramática para hacer los deberes.
_____

7 Cuando se aprende, es normal **olvidar** palabras o estructuras.
_____

8 **Percibir** todos los matices de la lengua es difícil.
_____

9 Es normal **interpretar** los textos de una forma personal.
_____

10 **Asociar** unos conocimientos con otros ayuda al aprendizaje.
_____

Autoevaluación

1 Diversidad

Lengua y comunicación

1. Álvaro es un poco gordo, pero su hermano es todo lo contrario, ____.
   a) ☐ es muy delgado
   b) ☐ es muy alto
   c) ☐ es muy feo

2. Sus ojos son verdes y tiene las ____ muy largas.
   a) ☐ pies
   b) ☐ pestañas
   c) ☐ gafas

3. Lo contrario de feo es ____.
   a) ☐ moreno
   b) ☐ rizado
   c) ☐ guapo

4. Ángel es *guapísimo* significa que es ____.
   a) ☐ un poco guapo
   b) ☐ bastante guapo
   c) ☐ muy guapo

5. En la puerta hay ____ hombre. No sé quién es.
   a) ☐ el
   b) ☐ Ø
   c) ☐ un

6. • ¿Cuál es tu opinión sobre el color?
   a) ☐ ▪ Debo pintarlo de amarillo.
   b) ☐ ▪ Creo que es mejor pintarlo de color amarillo.
   c) ☐ ▪ Sé pintarlo en amarillo.

7. *Prefiero el café al té* significa: ____.
   a) ☐ Me gusta más el café
   b) ☐ Me gusta más el té
   c) ☐ No me gusta ni el café ni el té

8. Lo contrario de *acostarse* es ____.
   a) ☐ vestirse
   b) ☐ levantarse
   c) ☐ sentarse

9. Vuestras clases ____ a las nueve y terminan a las cuatro, ¿no?
   a) ☐ empiezan
   b) ☐ empezáis
   c) ☐ empiezas

10. A todos mis compañeros ____ escuchar canciones en clase.
    a) ☐ les gusta
    b) ☐ les gustan
    c) ☐ nos gusta

11. A mi amiga ____ gustan mucho los cómics.
    a) ☐ le
    b) ☐ les
    c) ☐ se

12. Mi madre ____ levanta muy temprano.
    a) ☐ se
    b) ☐ Ø
    c) ☐ ella

13. A mí ____ gusta es jugar al baloncesto.
    a) ☐ me
    b) ☐ lo que más
    c) ☐ lo que más me

14. Desayuno antes de ____.
    a) ☐ duchar
    b) ☐ ducharme
    c) ☐ ducho

15. Se aprende a ____ edad.
    a) ☐ cada una
    b) ☐ cualquiera
    c) ☐ cualquier

16. Debéis responder a ____ preguntas.
    a) ☐ todas las
    b) ☐ todas
    c) ☐ cada

17. ____ persona percibe la información de una forma diferente.
    a) ☐ Cada
    b) ☐ Cualquiera
    c) ☐ Cada una

18. Decir *diversidad* es igual que decir ____.
    a) ☐ *variedad*
    b) ☐ *uniformidad*
    c) ☐ *clasificación*

19. Tiene muy buena memoria. No ____ casi nada.
    a) ☐ percibe
    b) ☐ olvida
    c) ☐ recuerda

20. Yo me ____ fácilmente cuando estudio y escucho música.
    a) ☐ desconcentro
    b) ☐ recuerdo
    c) ☐ asocio

Total: ____ / 10 puntos

Autoevaluación
1 Diversidad

Destrezas

 1. COMPRENSIÓN ESCRITA

1 Lee este texto y decide de qué tipo es.
(___ / 1 punto)

a un folleto ☐
b un artículo sobre literatura ☐
c una reseña sobre una obra literaria ☐
d una biografía ☐

2 Completa el primer párrafo con estas palabras.
(___ / 2 puntos)

sin embargo ● excepto ● hasta ● también

3 Lee el segundo párrafo y busca las palabras o expresiones que significan: (___ / 2 puntos)

a muy grande _____
b irse a otra ciudad _____
c alternar _____
d unida _____

4 Vuelve a leer el texto y contesta a las preguntas. Utiliza palabras del texto. (___ / 4 puntos)

a ¿Cuándo se dio cuenta Sandra Cisneros de que era diferente?
b ¿Qué decidió hacer al no poder expresarse bien?
c ¿Qué ventajas tiene escribir en inglés para estos escritores?
d ¿Cuál es el tema que aparece con más frecuencia en las obras de las escritoras estadounidenses con raíces hispanas?

5 ¿Qué significa *otra* en la penúltima línea del primer párrafo? (___ / 1 punto)

_____
_____
_____

Escritoras hispanas en Estados Unidos

Sara M. Sanz

[1] Según Sandra Cisneros, nacida en 1954 en Chicago en el seno de una familia mexicana americana, no se dio cuenta de que era diferente (1) _____ que se marchó de casa para hacer estudios de posgrado en la universidad en Iowa City. «Yo suponía —escribe— que el mundo era como Chicago, compuesto de gente de muchas culturas que conviven —aunque a veces no felizmente—, pero, (2) _____, que coexisten. En Iowa, de pronto me di cuenta de que yo era extraña cuando hablaba, como si yo fuera extranjera. Pero este era mi país (3) _____. No podía expresar lo que me pasaba, (4) _____ que sabía que me avergonzaba cuando hablaba en clase, así que elegí no hablar». Para Cisneros, según su propia confesión, este momento en que se dio cuenta de que era «otra» marcó el principio de su conciencia política.
[...]
[2] Hay cada vez más escritoras en Estados Unidos que escriben y publican en inglés, aunque su lengua materna, o la lengua predominante de su familia, sea el español. Gracias a que publican en inglés, llegan a un amplísimo público norteamericano y sus obras se van incorporando a las universidades, generalmente en departamentos de Inglés. A veces, nacieron en EE. UU., en familias hispanohablantes, como la mencionada Sandra Cisneros, pero en otros casos, como los de Cristina García, de origen cubano, y Julia Álvarez, dominicana, sus padres se trasladaron a EE. UU. siendo ellas muy pequeñas, por lo que también se criaron y se educaron en ese país. A pesar de su adaptación al mundo estadounidense, uno de los temas que surge una y otra vez en sus obras es la búsqueda de la identidad. El hecho de que muchos de sus personajes se mueven constantemente entre el inglés y el español implica que esa identidad, forzosamente, va ligada a una reflexión profunda, no solo sobre lo que separa o une sus dos culturas, sino sobre el papel de esas dos lenguas, el inglés y el español.

Extraído de: http://cvc.cervantes.es

Total: ___ / 10 puntos

Autoevaluación   1 Diversidad

 2. PRODUCCIÓN ESCRITA

(Escribe al menos 200 palabras)

Estás buscando un compañero de piso y se presentan muchos candidatos. Quieres saber cuáles son sus costumbres para ver qué persona es la más adecuada. Prepara un cuestionario para los candidatos que te escriben.

Incluye:
- preguntas para saber sus datos personales: nombre, nacionalidad, etc.)
- preguntas sobre sus hábitos en el piso durante la semana
- preguntas sobre sus hábitos en el piso los fines de semana
- otro tipo de preguntas para finalizar

▶ EVALUACIÓN DE TU PRODUCCIÓN ESCRITA

- **Lengua** (___ / 4 puntos)
- Léxico: los hábitos
- Gramática: el presente de indicativo y la concordancia entre el artículo, el adjetivo y el sustantivo

- **Contenido** (___ / 4 puntos)
- Las preguntas sobre información personal
- Las preguntas sobre los hábitos durante la semana
- Las preguntas sobre los hábitos de los fines de semana
- Las preguntas finales

- **Formato** (___ / 2 puntos)
- ¿Has dividido las preguntas según el tema?
- ¿Hay preguntas abiertas o de elección múltiple?

Total: _____ / 10 puntos

 3. PRODUCCIÓN Y COMPRENSIÓN ORAL (interacción)

(Mínimo, un minuto cada uno)

Imagina que tu compañero ha crecido en un ambiente multicultural. Preparad una entrevista sobre la identidad cultural. Te ofrecemos algunos datos para ayudarte:

- una o muchas lenguas
- una mente más o menos abierta
- una o varias religiones
- costumbres diferentes
- más o menos tolerancia
- diversidad de comida
- diversidad de música

Incluye:
- una definición de identidad
- lo que tiene de positivo un ambiente multicultural
- lo que tiene de negativo un ambiente multicultural
- la actitud que muestra esa persona ante la convivencia con varias culturas

▶ EVALUACIÓN DE TU PRODUCCIÓN ORAL Y DE LA COMPRENSIÓN ORAL DE TU COMPAÑERO

- **Lengua** (___ / 4 puntos)
- Léxico: sobre orígenes, identidad, hábitos
- Gramática: presente de indicativo y la concordancia entre el artículo, el adjetivo y el sustantivo y lenguaje de opinión

- **Contenido** (___ / 4 puntos)
- Definición de identidad
- Características positivas
- Características negativas
- Explicación de su actitud

- **Expresión** (___ / 2 puntos)
- Hablas con fluidez
- Tienes una buena pronunciación y entonación

- **Interacción** (___ / 10 puntos)
- Comprendes lo que dice tu compañero
- Respondes de forma coherente a lo que dice tu compañero

Total: _____ / 20 puntos

Total: _____ / 50 puntos

Mi progreso

Valora tu progreso después de esta unidad.

Mis habilidades
- Describir a una persona
- Mostrar preferencia
- Dar una opinión
- Hablar sobre hábitos

Mis conocimientos
- Aspecto físico, hábitos
- Verbos irregulares en presente
- Lenguaje de opinión
- El ritmo en la pronunciación
- La empatía
- La entrevista

Soy más consciente
- De la diversidad de las personas
- De los diferentes hábitos de las personas
- De las distintas formas de aprender

 Bien    Adecuado   Mal

2 Tradición

Vintage

1 Completa la siguiente tabla.

	yo	tú	él / ella / usted	nosotros/-as	vosotros/-as	ellos / ellas / ustedes
estar + promover		*estás promoviendo*				
seguir + influir	*sigo influyendo*			*seguimos influyendo*		
llevar + distribuir			*lleva distribuyendo*		*lleváis distribuyendo*	
volver a + vender	*vuelvo a vender*					*vuelven a vender*
dejar de + comprar		*dejas de comprar*		*dejamos de comprar*		
empezar a + ver		*empiezas a ver*			*empezáis a ver*	
estar a punto de + partir			*está a punto de partir*			*están a punto de partir*

2 Relaciona las dos columnas.

1 Esta tienda está a punto
2 Los muebles clásicos vuelven
3 Todo lo *vintage* está
4 Nuestro bar va a dejar
5 Por tercer mes consecutivo las ventas *online* vuelven
6 Mi prima está
7 En Madrid se comienza
8 Esta revista lleva

a a estar de moda.
b de ofrecer tapas tradicionales; a partir de enero vamos a tener tapas muy originales.
c mucho tiempo apoyando causas sociales.
d ahorrando para comprarse un vestido de Valentino.
e de convertirse en un referente de ropa *vintage*.
f a ver tiendas de segunda mano por muchos sitios.
g influenciando el mercado actual.
h a aumentar, en especial las relacionadas con viajes.

3 Completa las frases con las siguientes palabras.

desde que ● desde ● hace ● desde hace ● hace que

1 _____ cinco años que vivo en Madrid.
2 Estudio español _____ seis meses.
3 ¿Cuánto tiempo _____ no nos vemos?
4 _____ sales con Gustavo, eres otra persona.
5 Este restaurante está abierto _____ 1990.

4 Completa estas frases con información sobre ti mismo.

1 Vivo en _____ desde _____.
2 Estudio español desde hace _____.
3 Hace _____ que practico mi deporte favorito.
4 Estudio en este centro desde _____.

5 Escribe cuatro palabras que aparecen en la unidad con cada una de las dobles consonantes: *cc, ll y rr*.

cc	ll	rr

2 Tradición

6 Lee el título del blog y mira la foto. ¿De qué material es el palet? ¿Te gusta el árbol? Coméntalo con tu compañero.

La Navidad más eco chic: decoración con palets

Kat Ibáñez, *Creativa Vintage*. Entre Barcelona y el Empordà

Las tendencias para esta Navidad están (1) _____ (ser) claras.
Los protagonistas dejan de (2) _____ (ser) los colores.
Los protagonistas (3) _____ (ser) los materiales. Y además reciclados, con espíritu eco chic y *vintage*, ¡por supuesto!
Con maderas de palet se comienzan a (4) _____ (crear) árboles de Navidad únicos y de calidez inigualable...
Los colores y decoraciones en maderas de palet llevan (5) _____ (influir) en el mercado *vintage* desde ya hace tiempo, pero estas (6) _____ (considerarse) creaciones tan originales que (7) _____ (tener) que mencionarse. Estos árboles de Navidad (8) _____ (realizarse) a partir de maderas recuperadas, (9) _____ (transmitir) mucha fuerza decorativa, sin artificios, pero siguen (10) _____ (destacar) el espíritu festivo de estas fechas.

Adaptado de: www.eljardindelosnuffins.com

7 Ahora lee el blog y rellena los espacios con los verbos entre paréntesis. Debes utilizar las perífrasis verbales con gerundio e infinitivo y el presente.

8 Elige una foto y describe de forma breve una de las siguientes piezas *vintage*.

Es una bicicleta que tiene dos canastos...

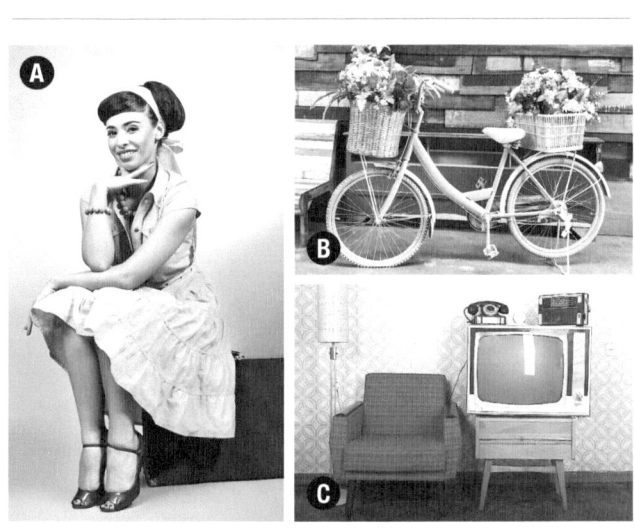

Estereotipos

9 Completa las frases con *se* y el verbo correspondiente.

1 En una ciudad grande *se vive* (vivir) bien, pero a veces hay demasiado ruido.
2 _____ (considerar) que los prejuicios provienen de tener una mente cerrada.
3 En esta tienda _____ (vender) ropa *vintage*.
4 _____ (buscar) muebles *vintage* de los años 40 o 50.
5 _____ (creer) que solo el 25% de las mujeres acceden a disciplinas como ingeniería.
6 Las piezas *vintage* _____ (examinar) cuidadosamente antes de ser vendidas.

10 Completa las frases sobre tu clase con un sustantivo o un verbo, según corresponda.

1 La mayoría *de la clase somos ingleses*.
2 Algunos somos _____
3 Casi nadie es _____
4 Hay demasiados/-as _____
5 Hay bastante(s) _____
6 Hay muchos/-as _____
7 Todo el mundo _____
8 Pocos _____
9 Nadie es _____

11 Ahora utiliza los cuantificadores del ejercicio anterior y escribe un párrafo sobre tu ciudad o tu país.

2 Tradición

12 Lee un fragmento de un informe sobre los estereotipos más aceptados en la adolescencia y completa los espacios los siguientes cuantificadores.

la mayoría • muchas • bastante • ~~algunos~~ • muchos
casi todos • todo el mundo

Estereotipos y adolescentes

1 Estos son *algunos* de los estereotipos más asumidos entre los jóvenes, tanto por ellos como por ellas:
2 _____ de las chicas son sensibles, tiernas, responsables, trabajadoras y se preocupan por su imagen. _____ los chicos son dinámicos, activos, autónomos, emprendedores, posesivos y superficiales.
3 _____ chicas son más capaces de comprender a los demás, de dar cariño y de reflexionar, además de ser más espirituales. _____ de los chicos son mejores para el deporte, más decididos, más hábiles con la tecnología y más capaces de enfrentar problemas.
4 Los adolescentes consideran que las relaciones entre chicas son _____ conflictivas. La amistad entre chicos es más sincera y leal.
5 _____ piensa que la fidelidad es lo más importante en la pareja.

Extraído de: www.elmundo.es

13 ¿Cómo autogestionas tu tiempo? Relaciona las dos columnas.

1 Definir las actividades. ☐
2 Jerarquizar esas actividades. ☐
3 Delimitar el tiempo de cada actividad. ☐
4 Organizar un horario. ☐

a Confecciona un calendario semanal.
b Prioriza las actividades según su importancia.
c Debes ser realista con respecto a cuánto tiempo lleva cada actividad y calcular bien el tiempo.
d Haz una lista de las actividades indispensables.

14 Este es tu calendario de esta semana. Complétalo con tus actividades para autogestionar tu tiempo con eficacia.

ACTIVIDADES

Lunes

Martes

Miércoles

Jueves

Viernes

15 🔊34 Escucha a un director de Recursos Humanos hablando de los estereotipos de género que existen en los procesos de selección de un trabajo y señala si las afirmaciones son verdaderas (V) o falsas (F).

1 Una de las creencias es que las mujeres hacen los trabajos rutinarios mejor que los hombres. ☐
2 Otra creencia es que las mujeres son más autoritarias dirigiendo equipos de trabajo. ☐
3 Un estereotipo es que las mujeres nunca faltan al trabajo. ☐
4 Otro estereotipo es que las mujeres tienen miedo de tener trabajos con poder. ☐
5 Otra presunción es que las mujeres se concentran mejor en el trabajo si son madres. ☐

ciento treinta y tres **133**

2 Tradición

16 ¿A qué frases corresponden cada una de estas imágenes? Escribe la letra correspondiente a cada frase. Hay varias opciones.

1. Los estereotipos de nacionalidades siguen inundando nuestra realidad. ☐
2. Los estereotipos de género demuestran discriminación de la mujer en muchos casos. ☐
3. En muchos anuncios publicitarios de productos de limpieza, la mujer es el objetivo claro. ☐

  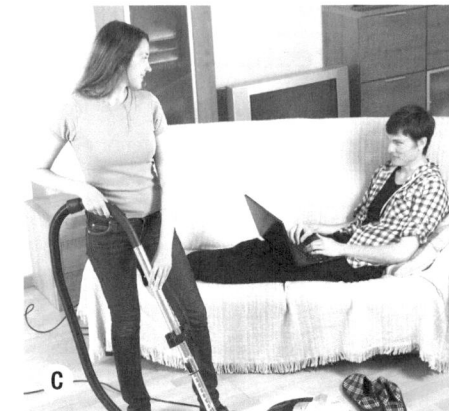

A   B   C

17 Lee la definición de la discriminación étnico-racial del blog del Ministerio de Cultura de Perú y busca los sinónimos de las siguientes palabras. Están en orden.

1. procedencia: _____
2. ropa: _____
3. rasgos de la cara: _____
4. meta: _____
5. consecuencia: _____
6. eliminar: _____

Ministerio de Cultura Perú
INICIO | ENLACES | CONTACTO

¿Qué es la discriminación étnico-racial?

Discriminación étnico-racial es todo trato diferenciado, excluyente o restrictivo basado en el origen étnico-cultural (hábitos, costumbres, indumentaria, símbolos, formas de vida, sentido de pertenencia, idioma y creencias de un grupo social determinado) y/o en las características físicas de las personas (como color de la piel, facciones, estatura, color del cabello, etc.) que tiene como objetivo, o por resultado, anular el ejercicio de los derechos y libertades fundamentales de las personas en las esferas política, económica, social y cultural.

Extraído de: http://alertacontraelracismo.pe

Costumbres y celebraciones

18 Completa las definiciones con las siguientes palabras.

~~la comida típica~~ • la Nochevieja • conmemorar
el baile tradicional • la Semana Santa • la Janucá
las fiestas populares • el folclore

1. El alimento característico de un lugar: *la comida típica*
2. Los siete días en los que tiene lugar la Pascua: _____
3. La danza típica de un país, pueblo, etc.: _____
4. Las celebraciones de un lugar: _____
5. La noche del 31 de diciembre: _____
6. Festejar o celebrar una fecha: _____
7. La tradición, las costumbres de un pueblo: _____
8. Fiesta judía que también recibe el nombre de Fiesta de las Luces: _____

19 🔊35 Escucha un fragmento de un programa de radio sobre tradiciones en Cataluña y completa la ficha de la fiesta de Sant Jordi.

Fecha: _____
Lugar: _____
Tradición: _____

2 Tradición

20 Lee este folleto sobre Sant Jordi y coloca los títulos según corresponda.

1 Orígenes
2 Cataluña y el 23 de abril
3 Rosas y libros para todos

A _____

Se trata de una fiesta de marcado carácter popular que reúne cultura y romanticismo. Ese día, el 23 de abril, la costumbre es que las parejas se intercambien rosas y libros. Así, todos los pueblos y ciudades de Cataluña se convierten durante esta jornada en una enorme librería-floristería al aire libre y en un día para disfrutar de las novedades editoriales.

B _____

Las calles se llenan de gente que pasea entre puestos de libros y rosas buscando un obsequio no solo para la persona amada, sino también para la familia o los amigos. Por todas las ciudades y pueblos se pueden encontrar tenderetes con los últimos libros del mercado, ver a autores consagrados firmando ejemplares y, por supuesto, oler el aroma de las rosas.

C _____

El origen de esta curiosa fiesta es una mezcla de tradiciones de distintas épocas. Sin embargo, coincide, por un lado, el hecho de que Sant Jordi es desde el siglo XV el patrón de Cataluña; y por otro, la famosa leyenda de San Jorge y el dragón. Además de la antigua costumbre medieval de visitar la capilla de Sant Jordi del Palacio de la Generalitat, donde se solía realizar una feria de rosas o «de los enamorados». Por esta razón, Sant Jordi también es conocido en Cataluña como el patrón de los enamorados.

www.spain.info

21 ¿Se festeja el día de los enamorados en tu país? ¿Hay alguna tradición curiosa en tu cultura / país? Elige una tradición y descríbela en tu cuaderno.

22 Lee tres sinopsis de cortometrajes y relaciónalas con las fotos.

1 LA ONCE (Chile) ☐

Desde hace sesenta años, cinco mujeres ya ancianas siguen la tradición de juntarse a tomar el té (la tradición de la once*) una vez al mes. Aunque todas se han educado en un colegio religioso, les toca vivir un período de cambios históricos radicales que provocan diferencias entre ellas. Sin embargo, a pesar de tener vidas y personalidades muy distintas, pasan los días, meses y años hasta que se preguntan: ¿han notado que se ha reducido el grupo un poquito?

* *La once* es la hora del té en Chile.

2 LA REINA (Argentina) ☐

Memi, una niña preadolescente, gana un concurso de belleza. Su madre, orgullosa, está obsesionada por hacerla desfilar en el carnaval tradicional argentino. Al principio le tienen que sacar la corona porque no soporta el peso, pero después ya no quiere que se la saquen más porque se ve preciosa.

3 AISLADOS (Colombia, Ecuador y México) ☐

540 personas habitan una isla del tamaño de una manzana, la isla artificial más densamente poblada del Caribe colombiano. Allí no hay policías ni curas ni conflicto armado. Hay 97 casas en las que viven 18 familias unidas por una misma cultura y tradición. En este espacio sin posibilidad de soledad, la falta de agua potable, el exceso de basura y la sobrepoblación nos hacen reflexionar sobre el papel del hombre con su entorno, convirtiendo esta isla en una metáfora del mundo.

23 Vuelve a leer las tres sinopsis y contesta a las preguntas.

1 ¿Quiénes son los protagonistas en las tres?
2 ¿Qué tradición nos muestra cada una?
3 ¿Los cortometrajes reflejan tradiciones de los lugares donde se han filmado?

24 Escribe la sinopsis de un documental o un cortometraje que has visto.

Autoevaluación

2 Tradición

Lengua y comunicación

1 El *vintage* está ____ en muchos ámbitos del mercado actual.
- a) ☐ influye
- b) ☐ influyendo
- c) ☐ influido

2 ____ tiendas ofrecen diseños *vintage* en la actualidad.
- a) ☐ La mayoría
- b) ☐ Muchas
- c) ☐ Un poco de

3 Hoy me han dado las notas y ____ a suspender el examen.
- a) ☐ he vuelto
- b) ☐ he dejado
- c) ☐ he empezado

4 Los estereotipos ____ surgen de la idea que tenemos de cómo deben comportarse los hombres y las mujeres.
- a) ☐ raciales
- b) ☐ culturales
- c) ☐ de género

5 El *vintage* vuelve a ____ la ropa de grandes diseñadores.
- a) ☐ redescubriendo
- b) ☐ redescubrir
- c) ☐ redescubierto

6 Se ____ que ____ es capaz de gestionar bien el tiempo si se lo propone y se organiza.
- a) ☐ creemos / algunos
- b) ☐ cree / todo el mundo
- c) ☐ creen / mayoría de la gente

7 Todavía existen ____ prejuicios contra las mujeres que estudian disciplinas como ingeniería o tecnología.
- a) ☐ bastantes
- b) ☐ pocas
- c) ☐ mucho

8 La moda *vintage* empieza ____ presencia en muchos países latinoamericanos.
- a) ☐ teniendo
- b) ☐ a tener
- c) ☐ tener

9 Estudio español ____ tres años y ¡me encanta!
- a) ☐ desde
- b) ☐ hace que
- c) ☐ desde hace

10 No puedo pensar en otra cosa ____ me contó su problema.
- a) ☐ desde que
- b) ☐ hace que
- c) ☐ desde

11 Esta celebración tiene un carácter ____, no religioso.
- a) ☐ satírica
- b) ☐ multiculturales
- c) ☐ pagano

12 ¿Cuánto ____ no vas a casa en Navidades?
- a) ☐ hace que
- b) ☐ desde
- c) ☐ hace

13 ____ camisetas *vintage* en la feria de antigüedades.
- a) ☐ Se vende
- b) ☐ Se venden
- c) ☐ Se vendan

14 ____ estereotipos son producto de la ignorancia de la gente.
- a) ☐ Mucho
- b) ☐ Ninguno
- c) ☐ Algunos

15 ____ gente ha ____ utilizar el término *antiguo* cuando se refiere a los muebles y los llama *vintage*.
- a) ☐ La mayoría / dejado
- b) ☐ Mucha / dejado de
- c) ☐ Alguna / dejando de

16 Este es un breve avance de la película. Es lo que se denomina ____.
- a) ☐ guion
- b) ☐ crítica
- c) ☐ sinopsis

17 La tendencia del diseño *vintage* ____ predominando en España desde principios del 2000.
- a) ☐ lleva
- b) ☐ vuelve
- c) ☐ empieza

18 Las ____ populares son una parte muy importante de la tradición de un país.
- a) ☐ bailes
- b) ☐ fiestas
- c) ☐ hábitos

19 ____ que los estereotipos negativos afectan la comunicación intercultural.
- a) ☐ Se creen
- b) ☐ Se cree
- c) ☐ Se crean

20 La tradición ____ de generación en generación.
- a) ☐ transmite
- b) ☐ se transmite
- c) ☐ transmitieron

Total: ____ / 10 puntos

Autoevaluación

2 Tradición

Destrezas

 1. COMPRENSIÓN ESCRITA

1 Lee un fragmento de un blog sobre el *vintage* y elige el título que crees que resume mejor el texto.
(___ / 1 punto)

1. Qué es el *vintage* ☐
2. Invasión *vintage* ☐
3. La ropa *vintage* ☐
4. Los muebles *vintage* ☐
5. Cómo nació el *vintage* ☐

2 Lee el fragmento otra vez y complétalo con las palabras que faltan. Hay nueve espacios y diez opciones.
(___ / 9 puntos)

a. la ropa
b. comenzó a
c. el menú
d. por la mayoría de la gente
e. está ofreciendo
f. desde
g. muebles antiguos
h. grandes diseñadores
i. el *vintage*
j. Vespavintage

INICIO GALERÍA ENLACES FOTOS

Mario Pérez

Al menos, en la moda, al *vintage* se le puede etiquetar como un estilismo que se centra en piezas de la más alta costura hechas por (1) _____, la mayoría muertos, que son elevados al estatus de héroes de la moda por sus seguidores. Cuanto más viejo, mejor. «El término se (2) _____ utilizar cuando las *celebrities* apostaron por el *vintage*. Julia Roberts y su Valentino de 1992 en la gala de los Óscar del 2001 marcó el inicio del auténtico interés del *vintage* como lo entendemos hoy», indica Ariadna Alcáñiz, periodista de Dolcecity Barcelona.

Hoy, (3) _____ ha traspasado las fronteras del universo de (4) _____. De forma justa o anecdótica, lo *vintage*, como los bío y los *light*, se ha convertido en una opción más. En el madrileño Museo del Traje, por ejemplo, no solo las prendas son *vintage* también lo es la carta de su restaurante. Por unos 50 o 60 euros de media por persona, (5) _____ de esta institución con 86 años de historia le ofrece a sus cerca de 100 000 visitantes anuales tres nomenclaturas entre las que elegir: *trendy*, *cool* y *vintage*. Pero nada más, porque lo único *vintage* del menú es su nombre, «elegido (6) _____ por tener algo que ver con la moda y porque estamos en el Museo del Traje», comenta la responsable de cocina.

Y así, como una etiqueta, la palabra de moda cuelga cada vez de más sitios y hasta es posible planificar toda una jornada (o una vida) de ocio con ella. Por 65 euros al día uno puede recorrer Madrid en una (7) _____, pasar la tarde en una cafetería *vintage*, comprarse un póster, unos auriculares o una cámara *vintage* y hacer una parada en lo que antes era conocido como una tienda de (8) _____. Un hotel del sur de Inglaterra organiza fines de semana de *vintage fun* en los que se «revive el *glamour* de los años 20, 30, 40 y 50» (épocas predilectas de este estilismo) (9) _____ unos 340 euros por persona. «Es una forma de evadirse hacia un pasado idealizado en el que todo el mundo puede ser ingenioso y divino durante 48 horas», comenta su responsable, Tracy Mikich, que, quizá sin darse cuenta, regala una definición bastante fiel de lo que podría ser el *vintage*...

Adaptado de: http://cultura.elpais.com

Total: _____ / 10 puntos

Autoevaluación

2 Tradición

 2. PRODUCCIÓN ESCRITA

(Escribe al menos 250 palabras)

Eres el encargado de la sección de cine en el periódico de tu colegio. Escribe cuatro sinopsis de películas que recomiendas. Pueden ser películas actuales o clásicos del cine.

Incluye:
- el título de la película
- los protagonistas
- las acciones relevantes
- algún elemento motivador para atraer al lector.

▶ EVALUACIÓN DE TU PRODUCCIÓN ESCRITA

- **Lengua** (___ / 4 puntos)
- Léxico: relacionado con las películas, descripción de personajes
- Gramática: presente de indicativo

- **Contenido** (___ / 4 puntos))
- Título
- Protagonistas
- Acciones
- Elemento motivador

- **Formato:** sinopsis (___ / 2 puntos)
- ¿Has escrito un texto objetivo?
- ¿Has incluido las acciones más relevantes?

Total: ___ / 10 puntos

 3. PRODUCCIÓN Y COMPRENSIÓN ORAL (interacción)

(Mínimo, un minuto cada uno)

Con un compañero, habla de una celebración tradicional o de una costumbre que conoces.

Incluye:
- qué celebración / costumbre es
- en qué fecha se celebra
- en qué consiste la celebración / costumbre
- si te gusta y por qué

▶ EVALUACIÓN DE TU PRODUCCIÓN ORAL Y DE LA COMPRENSIÓN ORAL DE TU COMPAÑERO

- **Lengua** (___ / 4 puntos)
- Léxico: relacionado con las celebraciones, tradiciones y costumbres
- Gramática: presente de indicativo

- **Contenido** (___ / 4 puntos)
- Qué celebración / costumbre es
- En qué fecha se celebra
- En qué consiste la celebración / costumbre
- Por qué te gusta o no

- **Expresión** (___ / 2 puntos)
- Hablas con fluidez
- Tienes una buena pronunciación y entonación

- **Interacción** (___ / 10 puntos)
- Comprendes lo que dice tu compañero
- Respondes de forma coherente a lo que dice tu compañero

Total: ___ / 20 puntos

Total: ___ / 50 puntos

Mi progreso

Valora tu progreso después de esta unidad.

Mis habilidades

- Escribir comentarios en Instagram
- Analizar la estructura y organización de un texto
- Interpretar diferentes costumbres y tradiciones
- Confeccionar un folleto

Mis conocimientos

- Léxico relacionado con el *vintage*, los estereotipos y las costumbres y celebraciones
- Perífrasis verbales y *se* sin sujeto agente
- Interpretar la importancia de las celebraciones, las costumbres y las tradiciones
- La gestión del tiempo
- La pronunciación y la ortografía de la *cc*, la *ll* y la *rr*
- La sinopsis
- El cine argentino

Soy más consciente

- De las tradiciones en nuestra vida diaria
- De los estereotipos
- De las costumbres y tradiciones de otras culturas

 Bien   Adecuado   Mal

3 Cambio

Transformaciones en el mercado laboral

1 En la clase de español hemos hecho muchas cosas hoy. Completa las frases con la forma verbal que falta.

> he • has • ha (x 2) • hemos (x 2) • habéis • han

1. (Tú) _____ hablado con el profesor.
2. Samanta y Ana _____ trabajado en parejas.
3. Nosotros _____ escuchado una canción.
4. La directora _____ venido a nuestra clase.
5. (Yo) _____ leído un artículo.
6. (Vosotros) _____ tenido cinco minutos de pausa.
7. Tom y yo _____ recibido las notas del último examen.
8. Isabel _____ consultado un diccionario.

2 ¿A qué infinitivos corresponden los siguientes participios? Escríbelos.

1. vuelto _____
2. visto _____
3. descubierto _____
4. hecho _____
5. abierto _____
6. dicho _____
7. puesto _____
8. escrito _____
9. muerto _____
10. roto _____

3 Completa las siguientes frases con las palabras que faltan.

> consumo • crecimiento • natalidad • mercado
> población • parados

1. En los últimos años ha habido muchos cambios en el _____ laboral.
2. En muchas regiones de Latinoamérica ha habido recientemente un gran _____ económico.
3. Las nuevas tecnologías han causado un aumento del _____ entre los jóvenes.
4. El Gobierno ha aprobado una ley para promover la _____ en el país.
5. Este año ha disminuido el número de _____ debido al turismo.
6. La reducción de la _____ activa en el país se debe a la emigración.

4 Relaciona las frases de una manera lógica.

1. Ahora hay más parados ☐
2. Hay más gente en edad de trabajar ☐
3. El modelo tradicional de familia ha cambiado ☐
4. Los hábitos de consumo son distintos ☐
5. Los jóvenes están más preparados para el mercado laboral ☐
6. Las empresas han incorporado las nuevas tecnologías ☐

a. porque la mujer se ha incorporado al mercado laboral.
b. por ese motivo han cambiado los sistemas de producción.
c. debido a que han cerrado muchas empresas.
d. porque la educación es obligatoria hasta los 16 años.
e. por eso la población activa ha aumentado.
f. debido a que la gente ha cambiado su estilo de vida.

5 ¿Qué combinaciones son posibles con estos verbos?

> socio de un gimnasio • la mortalidad • loco
> el consumo • barba • pesimista • sociable • el pelo largo
> bigote • el paro • la crisis • budista • responsable

1 volverse	
2 hacerse	
3 dejarse	
4 aumentar / disminuir	

ciento treinta y nueve **139**

3 Cambio

6 ¿Cuáles de los siguientes cambios crees que se han producido en los últimos años relacionados con el mercado laboral en tu país? Compara tus respuestas con las de tus compañeros.

1 En general, han aumentado los sueldos. ☐
2 Ha aumentado el número de parados. ☐
3 Ha crecido la natalidad. ☐
4 Muchas empresas se han trasladado a otros países. ☐
5 La gente consume menos y han bajado las ventas de productos. ☐
6 Los jóvenes no encuentran trabajo. ☐
7 La gente está mejor preparada académicamente. ☐
8 Las mujeres han mejorado sus condiciones de trabajo en los últimos años. ☐

Yo creo que lo sueldos no han aumentado, al contrario: han bajado.

7 🔊 Escucha los diálogos y marca la imagen que muestra la situación actual de cada persona.

1 PEDRO

A ☐  B ☐

2 LAURA

A ☐  B ☐

3 ALBERTO

A ☐  B ☐

8 ¿Cómo han cambiado las personas del ejercicio 7? Completa las frases con verbos que expresan cambio: *adelgazar / engordar, crecer, dejarse.*

1 Pedro _____.
2 Laura _____ mucho en dos años.
3 Alberto ahora _____ barba.

9 Escribe frases con una actividad que has hecho.

1 Este mes _____
2 Esta semana _____
3 Todavía no _____
4 Este curso _____
5 Este fin de semana _____
6 Últimamente _____
7 Hoy _____

Evolución de la educación

10 ¿Cómo era la educación en el mundo en la antigüedad? Completa las frases con el pretérito imperfecto de los siguientes verbos.

poder • estar • recibir • copiar • estudiar • trabajar
haber • tener • ser • aprender

1 En la antigua Grecia solo _____ los niños. Las niñas casi no _____ salir de casa.
2 En el antiguo Egipto, para aprender a escribir, los niños _____ muchas veces textos clásicos.
3 En el Imperio romano no _____ una escuela pública y los niños _____ la educación en casa o en una escuela privada.
4 En la antigua India solo _____ acceso a la educación los miembros de las clases superiores.
5 En la antigua China la formación cultural _____ centrada en el estudio de la escritura y en las matemáticas.
6 En la educación de la Edad Media las asignaturas principales _____: Geometría, Aritmética, Astronomía y Música.
7 En Europa, a partir del siglo XVI, los alumnos _____ griego y latín para poder leer a los clásicos en su lengua original.
8 Hasta el siglo XX, en Europa, la mayoría de los niños _____ en lugar de estudiar.

3 Cambio

11 ¿Cómo eran las escuelas y la educación antes? Completa las frases.

1. Actualmente, en muchos países del mundo los niños estudian hasta los 16 años; antes _____

2. Antes _____; ahora escribimos en un ordenador.

3. Hoy en día, muchos niños estudian bachillerato; antes _____.

4. Ahora hay muchos colegios mixtos; antes _____.

5. Ahora, en las escuelas se estudian lenguas modernas como el inglés, el francés o el español; antes _____.

6. Ahora, en muchas carreras universitarias hay más mujeres que hombres; antes _____.

12 ¿Sabes cómo era la educación en el antiguo Egipto? Lee el artículo y señala si las siguientes afirmaciones son verdaderas (V) o falsas (F).

1. ☐ Todos los niños tenían derecho a la educación.
2. ☐ Los niños solían formarse para realizar el trabajo del padre.
3. ☐ Los hijos de los escultores y los pintores tenían mejor educación que los hijos de los agricultores.
4. ☐ Las princesas solo aprendían a cantar y a bailar.
5. ☐ Los niños empezaban a ir a la escuela cuando tenían seis años.
6. ☐ En la educación elemental, los niños aprendían astronomía.
7. ☐ En las escuelas de los escribas aprendían diferentes formas de escribir.
8. ☐ La educación era a base de memorización.

13 Escribe qué hacías normalmente a estas edades.

Cuando tenía tres años jugaba con mi hermana de cinco años.

1. Cuando tenía cuatro años _____
2. Cuando tenía seis años _____
3. Cuando tenía ocho años _____
4. Cuando tenía diez años _____
5. Cuando tenía doce años _____

¿CÓMO ERA LA EDUCACIÓN EN EL ANTIGUO EGIPTO?

¿Tienes curiosidad por saber cómo era la educación en una de las civilizaciones más apasionantes?

La educación en el antiguo Egipto poco tiene que ver con el sistema educativo de nuestra sociedad actual. En esa época, la educación estaba ligada a la familia, y hasta los cuatro años los pequeños se entretenían con sus juguetes.

Los padres eran verdaderos instructores que inculcaban ideas a sus hijos acerca del mundo, la religión y el comportamiento correcto hacia los demás. Por lo general, se heredaba la profesión del padre.

Los adinerados tenían privilegios, pues los príncipes y princesas aprendían literatura, matemáticas, escritura y gramática. Sin embargo, los hijos de los agricultores y pescadores tenían accesos limitados a la educación y, sobre todo, aprendían a cultivar, recolectar y pescar junto a sus padres.

Los hijos de los escultores y pintores sí tenían un mayor acceso a la educación, ya que aprendían a escribir jeroglíficos en papiros o estatuas y esto es una tarea que requería de ciertos conocimientos. Existían diferencias en la educación en función del sexo. Las niñas que no pertenecían a familias nobles aprendían a llevar una casa, a cantar, a bailar y a tocar instrumentos musicales, ya que eran actividades que les servían, para trabajar como cantantes o bailarinas en los palacios.

El sistema escolar en el antiguo Egipto contaba con dos modelos:
- Las casas de instrucción, que se ocupaban de la educación elemental a partir de los seis años. Estaban dirigidas por sacerdotes y su programa incluía Escritura, Astronomía, Religión, Música, Lenguaje e Higiene.
- Las escuelas de los escribas, que eran de carácter superior y, además de incluir las mismas áreas que la educación elemental, incorporaban los tres tipos de escritura egipcia: la demótica, la hierática o religiosa, y la jeroglífica.

La enseñanza era completamente rutinaria. Los escolares disponían de un silabario* con el que aprendían en orden los signos habituales, con su correspondiente pronunciación y significado. Los recitaban en voz alta, los aprendían de memoria y los copiaban para aprender a escribirlos bien.

*silabario: libro o cartel con sílabas, o palabras divididas en sílabas, que se utiliza para enseñar a leer.

3 Cambio

14 Escribe sobre cómo era la vida de una persona de tu familia cuando tenía tu edad y compárala con la tuya.

Cuando mi abuela tenía mi edad, estudiaba secretariado, y yo estudio bachillerato...

15 Señala cuáles de estas actitudes son positivas y cuáles, negativas.

	Positivo	Negativo
1 Aprender de los errores.	☐	☐
2 Quedarse estancado en una situación.	☐	☐
3 Dejar de luchar por algo.	☐	☐
4 Lograr recuperarse de una crisis.	☐	☐
5 Superar un obstáculo.	☐	☐
6 Conseguir aprobar un examen.	☐	☐

16 Elige algunas de las expresiones anteriores y escribe una frase sobre ti como la del ejemplo.

Cuando estoy en una situación difícil, intento no quedarme estancado y lucho por superarla.

_____

_____

17 Completa el poema sobre el derecho a la educación con estas frases.

a que puedo darles mucho a cambio.
b es mío
c y porque en demasiados lugares
d es mi derecho a aprender.
e Soy uno de ustedes.

Mi derecho a aprender
Robert Prouty

No tengo que ganarme
el derecho a aprender,
(1) _____
el derecho a ilustrarme.
Y si por culpa
de leyes defectuosas
y errores de diseño
(2) _____
todavía a demasiada gente no le importa,
si por culpa de todo eso y de otras cosas
la puerta del aula
con alguien capaz de enseñar
aún está fuera de mi alcance,
todavía no está a la vista,
esos fallos mi derecho no anulan.
Así que aquí estoy.
(3) _____
Y por la gracia de Dios
y de ustedes, hallaré mi lugar.
No nos conocemos aún,
todavía no me conocen,
así que aún no saben
(4) _____
El futuro es como me llamo
y lo único que reclamo
(5) _____

18 (37) Escucha y comprueba.

Revolución de la mujer

19 Completa la tabla con estos verbos regulares en pretérito indefinido.

	aprobar	defender	salir
yo			
tú			
él / ella / usted			
nosotros/-as			
vosotros/-as			
ellos, ellas, ustedes			

20 Completa las siguientes frases con los verbos en pretérito indefinido.

1 La manifestación (empezar) _____ a las siete y (acabar) _____ cuando (llegar) _____ tú.
2 Los sindicatos (defender) _____ la huelga para conseguir mejores condiciones laborales.
3 Tras el incendio en la fábrica de Nueva York, las mujeres (decidir) _____ luchar por sus derechos.
4 En las pasadas elecciones (ganar) _____ la candidata del partido de los verdes.
5 Las mujeres (votar) _____ por primera vez en unas elecciones en Nueva Zelanda.
6 La marca Levi's (crear) _____ los primeros pantalones vaqueros para mujeres en 1934.

3 Cambio

21 Completa la tabla con estos verbos irregulares.

ser / ir	estar	poder	hacer	venir
fui	estuve			vine
		pudiste		
	estuvo		hizo	
fuimos				
	estuvisteis		hicisteis	
fueron		pudieron		

22 Lee las siguientes definiciones. ¿A qué palabras corresponden? Hay tres que sobran.

manifestación • sufragio • movilización • sindicato
igualdad • huelga • derecho

1 _____
Interrupción colectiva de la actividad laboral por parte de los trabajadores con el fin de reivindicar ciertas condiciones o expresar una protesta.
2 _____
Marcha pública, generalmente al aire libre, en la que los asistentes reclaman algo o expresan su protesta por algo.
3 _____
Asociación de trabajadores para la defensa y reivindicación de sus intereses.
4 _____
Sistema electoral en el que las personas votan.

23 Relaciona las siguientes frases con sus protagonistas.

☐ Malala Yousafzai
☐ Benazir Bhutto
☐ Helen Keller
☐ Mahatma Gandhi
☐ Rigoberta Menchú
☐ Martin Luther King

1 Luchó por los derechos de los afroamericanos y murió asesinado en 1968.
2 Consiguió la independencia de la India.
3 Se convirtió en una defensora mundial de los derechos humanos después de recibir un disparo en la cabeza cuando iba a la escuela.
4 Gobernó en Pakistán y contribuyó al cambio de una dictadura militar a una democracia en su país.
5 Fue la primera persona sordociega que consiguió un título universitario y luchó por los derechos de los discapacitados.
6 Le dieron el Premio Nobel de la Paz por defender los derechos de los indígenas de su país.

24 Lee la biografía de tres mujeres que dedicaron su vida a cambiar el mundo y completa los textos con el pretérito indefinido.

HIPATIA DE ALEJANDRÍA (370- 415)
(1) _____ (Vivir) durante la época del Imperio Romano en Alejandría. Durante su vida (2) _____ (viajar) a Roma y a Atenas. Cuando (3) _____ (volver) a Alejandría, (4) _____ (dedicarse) a la enseñanza de matemáticas, astronomía y filosofía y su casa (5) _____ (convertirse) en un centro intelectual donde estudiaban paganos, judíos y cristianos. (6) _____ (Escribir) muchos libros, la mayoría de texto, y muchos estudios sobre álgebra, geometría y filosofía. Además, (7) _____ (construir) instrumentos científicos como el astrolabio y el hidroscopio. (8) _____ (Morir) asesinada por una multitud de cristianos fanáticos.

MARIA MONTESSORI (1870-1952)
(1) _____ (Estudiar) Ingeniería a los 14 años, luego Biología y, por último, (2) _____ (entrar) en la Facultad de Medicina de la Universidad de Roma. (3) _____ (Graduarse) en Medicina en 1896, y (4) _____ (ser) la primera mujer en conseguirlo en Italia.
Más tarde, (5) _____ (obtener) un doctorado en Filosofía, época en la que (6) _____ (asistir) a uno de los primeros cursos de Psicología Experimental. (7) _____ (Desarrollar) un método y una filosofía de la educación que (8) _____ (servir) para renovar los métodos pedagógicos existentes hasta ese momento.

CLARA CAMPOAMOR (1888-1972)
En 1924 (1) _____ (obtener) el título de licenciada en Derecho por la Universidad de Madrid. (2) _____ (Ser) diputada en 1931 y (3) _____ (formar) parte de la comisión encargada de redactar el proyecto de Constitución de la Segunda República, en el que (4) _____ (defender) el sufragio femenino. En octubre de 1931 (5) _____ (fundar) la Unión Republicana Feminista. En 1936 (6) _____ (escribir) su obra más conocida: *El voto femenino y yo*. (7) _____ (Tener) que huir de España a causa de la Guerra Civil. (8) _____ (Morir) exiliada en Lausana (Suiza) en 1972.

25 Escribe la biografía de una mujer que hizo algo importante por tu país o por el mundo.

ciento cuarenta y tres

Autoevaluación

3 Cambio

Lengua y comunicación

1. El paro ___ debido al crecimiento económico.
   a) ☐ ha aumentado
   b) ☐ ha disminuido
   c) ☐ ha transformado

2. No sé qué le pasa a Lucas. Desde que está con Inés ___ más amable.
   a) ☐ se ha vuelto
   b) ☐ se ha hecho
   c) ☐ se ha dejado

3. Miguel ___ socio de un club de fútbol.
   a) ☐ sigue haciendo
   b) ☐ se ha hecho
   c) ☐ empieza a hacerse

4. ¿___ barba? Te veo raro...
   a) ☐ Has dejado
   b) ☐ Te has dejado
   c) ☐ Has dejado de

5. Mi hermano pequeño ___ cinco centímetros en unos meses.
   a) ☐ ha engordado
   b) ☐ ha crecido
   c) ☐ ha adelgazado

6. ___ en una nueva época debido a las nuevas tecnologías.
   a) ☐ Hemos empezado
   b) ☐ Hemos entrado
   c) ☐ Hemos alcanzado

7. ___ ha descendido porque las familias tienen pocos niños.
   a) ☐ La mortalidad
   b) ☐ La esperanza de vida
   c) ☐ La natalidad

8. Cuando mis padres ___ al colegio no ___ ordenadores.
   a) ☐ iban / había
   b) ☐ iban / estaban
   c) ☐ eran / había

9. Las escuelas antes no ___ mixtas.
   a) ☐ eran
   b) ☐ fueron
   c) ☐ han sido

10. Antes, aquí ___ una crisis muy dura, pero actualmente la situación ha mejorado.
    a) ☐ había
    b) ☐ era
    c) ☐ fue

11. Si quieres ___ algo, no puedes quedarte sin hacer nada.
    a) ☐ luchar
    b) ☐ conseguir
    c) ☐ reaccionar

12. Es importante ___ todos los ___ con los que nos encontramos.
    a) ☐ lograr / problemas
    b) ☐ superar / obstáculos
    c) ☐ conseguir / castigos

13. Tengo un amigo que antes ___ católico y ahora ___ budista.
    a) ☐ fue / se hizo
    b) ☐ era / hizo
    c) ☐ era / se ha hecho

14. Los pantalones vaqueros ___ populares entre las mujeres a mediados del siglo XX.
    a) ☐ convirtieron
    b) ☐ se hicieron
    c) ☐ consiguieron

15. He llegado tarde esta mañana porque los trabajadores del metro estaban en ___
    a) ☐ movilización.
    b) ☐ manifestación.
    c) ☐ huelga.

16. El primer Día Internacional de la Mujer ___ en 1914.
    a) ☐ fue
    b) ☐ celebró
    c) ☐ proclamó

17. Ayer hubo elecciones pero no ___ ir a votar.
    a) ☐ puse
    b) ☐ pude
    c) ☐ tuve

18. Todavía hay mucha diferencia de salarios entre hombres y mujeres. Esto es solo otro ejemplo de ___.
    a) ☐ violencia
    b) ☐ igualdad
    c) ☐ desigualdad

19. En la Convención de Belém, muchos países ___ modificar sus constituciones.
    a) ☐ acordaron
    b) ☐ cambiaron
    c) ☐ encontraron

20. El 80 % de los votantes, es decir, ___, eligió un partido progresista.
    a) ☐ la minoría
    b) ☐ la mayoría
    c) ☐ algunos

Total: ___ / 10 puntos

Autoevaluación

3 Cambio

Destrezas

1. COMPRENSIÓN ESCRITA

1 Lee el siguiente texto de Naciones Unidas sobre la discriminación de la mujer y señala la respuesta correcta.
(___ / 2 puntos)

La intención del texto es:
1 describir cuáles son los derechos de la mujer. ☐
2 denunciar que en algunos países no se respetan los derechos de la mujer. ☐
3 explicar por qué existe discriminación contra la mujer en algunos países. ☐

DISCRIMINACIÓN CONTRA LA MUJER

La igualdad entre los sexos es esencial para el logro de los derechos humanos para todos. No obstante, las leyes que discriminan a la mujer prevalecen en todos los rincones del planeta. Muchas de esas leyes tratan a las mujeres y a las niñas como de segunda clase en lo que respecta a la nacionalidad y la ciudadanía, la salud, la educación, los derechos conyugales, el derecho al empleo, los derechos parentales y los derechos de herencia y posesión de bienes.

En algunos países, las mujeres, a diferencia de los hombres, no pueden vestirse como desean, conducir un vehículo, trabajar de noche, heredar bienes ni prestar testimonio ante un tribunal. La inmensa mayoría de las leyes discriminatorias vigentes guardan relación con la vida en familia, incluso limitan el derecho de la mujer al matrimonio, así como el derecho al divorcio y a volver a casarse.

La violencia contra la mujer prevalece en todas las culturas a una escala inimaginable y, a menudo, el acceso de la mujer a la justicia tropieza con obstáculos como leyes discriminatorias y actitudes y prejuicios sociales. El derecho internacional relativo a los derechos humanos prohíbe la discriminación basada en el sexo e incluye garantías para los hombres y las mujeres al disfrute de sus derechos en igualdad. En la *Convención sobre la eliminación de todas las formas de discriminación contra la mujer* [...] se establece la obligación de los esta-

dos de «adoptar todas las medidas adecuadas, incluso de carácter legislativo, para modificar o derogar leyes, reglamentos, usos y prácticas que constituyan discriminación contra la mujer».

A treinta años de la entrada en vigor de la Convención, el reconocimiento y el disfrute de la igualdad de derechos con los hombres sigue estando fuera del alcance de un gran número de mujeres en todo el mundo.

Fuente: www.un.org/es

2 Vuelve a leer el texto y completa las siguientes frases. (___ / 8 puntos)

1 En todo el planeta sigue habiendo _____.
2 La mayoría de las leyes que discriminan a las mujeres tienen relación con _____.
3 Según los derechos humanos, no está permitida _____.
4 La convención sobre la eliminación de todas las formas de discriminación contra la mujer obliga a _____.

Total: _____ / 10 puntos

ciento cuarenta y cinco **145**

Autoevaluación   3 Cambio

 ## 2. PRODUCCIÓN ESCRITA

(Escribe al menos 250 palabras)

En tu país ha habido cambios en los últimos años. Escribe un artículo sobre estas transformaciones. Puedes centrarte en los siguientes aspectos: cambios sociales, laborales o educativos.

Incluye:
- una introducción
- descripción de la situación actual
- descripción de los cambios
- conclusión

▶ EVALUACIÓN DE TU PRODUCCIÓN ESCRITA

- **Lengua** (___ / 4 puntos)
- Léxico: vocabulario relacionado con la sociedad, el mundo laboral y la lucha
- Gramática: pretérito perfecto, pretérito imperfecto, pretérito indefinido

- **Contenido** (___ / 4 puntos)
- Introducción
- Situación actual
- Cambios
- Conclusión

- **Formato: artículo** (___ / 2 puntos)
- ¿El título resume el contenido de tu artículo?
- ¿Has incluido una idea en cada párrafo?

Total: ____ / 10 puntos

 ## 3. PRODUCCIÓN ORAL (expresión)

(Mínimo, dos minutos)

Habla sobre una persona que admiras por alguna razón. Puede ser un personaje público, histórico o de tu entorno.

Incluye:
- información sobre la persona
- información sobre la época (puedes compararla con la actual)
- información sobre lo que hizo esa persona
- por qué la admiras

▶ EVALUACIÓN DE TU PRODUCCIÓN ORAL

- **Lengua** (___ / 4 puntos)
- Léxico: variado y correcto
- Gramática: pretérito perfecto, pretérito imperfecto, pretérito indefinido

- **Contenido** (___ / 4 puntos)
- Información sobre la persona
- Información sobre la época
- Información sobre lo que hizo
- Justificación de por qué es admirable

- **Expresión** (___ / 2 puntos)
- Hablas con fluidez
- Tienes una buena pronunciación y entonación

Total: ____ / 10 puntos

 ## 4. COMPRENSIÓN ORAL

A (38) **Escucha un *podcast* sobre algunos movimientos sociales que consiguieron cambiar el mundo. Ordena del 1 al 4 los siguientes acontecimientos según el orden en el que los escuchas.** (___ / 4 puntos)

a Independencia de la India.
b Derecho al voto femenino en Estados Unidos.
c Fin de la segunda guerra civil en Liberia.
d Fin del *apartheid*.

B (38) **Vuelve a escuchar y toma nota de cuándo ocurrieron los acontecimientos anteriores según el orden correcto.** (___ / 6 puntos)

1 _____   2 _____   3 _____   4 _____

Total: ____ / 10 puntos

Total: _____ / 50 puntos

Mi progreso

Valora tu progreso después de esta unidad.

Mis habilidades

- Expresar cambios
- Comparar épocas diferentes
- Analizar la situación social y política
- Escribir una biografía y hacer una entrevista

Mis conocimientos

- Léxico relacionado con el mundo laboral, la educación y los movimientos sociales
- Comparar épocas diferentes
- Analizar la situación social y política
- La resiliencia
- La pronunciación y la ortografía de la *c*, la *z* y la *s*

Soy más consciente

- De los cambios que ha habido en el mundo
- De cómo era la vida antes
- De todo lo que tengo

 Bien    Adecuado   Mal

4 Convivencia

Comunicación intercultural

1 Cambiar de país y convivir con una nueva cultura puede ser positivo y también negativo. Clasifica los siguientes factores.

1 Conseguir experiencia en un trabajo.
2 Aprender un nuevo idioma.
3 Sentirse solo.
4 Conocer a personas interesantes.
5 Ganar dinero.
6 Sentir inseguridad.
7 No adaptarse a la nueva cultura.
8 Estar lejos de la familia y los amigos.

Factores positivos	Factores negativos

2 Ahora, añade un factor positivo y otro negativo para una persona de tu edad.

Positivo:

Negativo:

3 Completa estas frases con la forma adecuada del pretérito pluscuamperfecto.

1 Cuando llegó a casa, sus padres no estaban porque dos horas antes _____ (salir) al cine.
2 Compré a mi madre un libro de poemas de Octavio Paz, pero ya lo _____ (leer).
3 En el restaurante no conseguimos una mesa porque no _____ (reservar).
4 Suspendió el examen porque las semanas anteriores no _____ (estudiar).
5 Tocó muy bien el piano en el concierto porque durante muchos días _____ (practicar).
6 Cuando los niños se levantaron, el padre ya _____ (preparar) el desayuno.
7 Carmen me enseñó el vestido que _____ (comprar) el sábado pasado.
8 No fui al cine con mis amigos porque ya _____ (ver) la película.

4 Transforma estas frases utilizando el pretérito pluscuamperfecto.

1 Llegaron los invitados. Preparé la cena antes.
Cuando llegaron los invitados, ya _____

2 Primero, se traducían los libros al griego y después, al latín.
Antes de traducirse al latín, los libros _____

3 Vivimos dos años en Francia y después fuimos a España.
Cuando vinimos a vivir a España, _____

4 Para ir al aeropuerto, primero recogimos a Pilar y después, a Dani.
Antes de recoger a Dani, _____

5 El español es la tercera lengua que he aprendido.
Cuando empecé a estudiar español, ya _____

6 Cortázar adoptó la nacionalidad francesa antes de morir.
Cuando Cortázar murió, ya _____

5 ¿Cómo se llaman las personas que practican estas religiones?

1 Budismo _____
2 Cristianismo _____
3 Islam _____
4 Judaísmo _____
5 Hinduismo _____

ciento cuarenta y siete **147**

4 Convivencia

6 En esta unidad han aparecido muchos relatos en pasado. En ellos aparecían cuatro tiempos verbales. ¿Cómo se llaman y cuáles son sus características?

1 _____
2 _____
3 _____
4 _____

7 En pequeños grupos, comentad qué hacéis para aprender las formas de los distintos tiempos verbales del pasado y cómo se utilizan. Aquí tenéis una lista con ideas, ¿podéis añadir alguna más?

a Leo lecturas graduadas, textos en internet e incluso libros, y me fijo en los pasados.
b Escucho muchas canciones en YouTube con subtítulos y me fijo en los pasados.
c Escribo algunos pasados irregulares con distintos colores en tarjetas que pongo por mi habitación. Cuando los aprendo, escribo otros nuevos.
d Transformo pequeños relatos del presente al pasado.
e He hecho unas tarjetas con el infinitivo en una cara y el pretérito indefinido en la otra. Me llevo estas tarjetas en el autobús y practico mientras viajo.

8 Con un compañero, traduce este pequeño texto expositivo a tu lengua. Observa cómo traducís los tiempos de pasado.

> Aunque la Escuela de Traductores de Toledo había sido creada en el siglo XII, fue Alfonso X en el siglo XIII quien le dio su máximo impulso. Es importante decir que en la escuela no solo se traducía, sino que también se estudiaban distintas lenguas, así como Filosofía y Astrología, entre otras asignaturas. Sin duda, fueron los árabes quienes conservaron y transmitieron a Occidente el saber griego y romano, y podemos decir que su influencia también ha llegado a nosotros.

9 Escribe frases con las cosas positivas y negativas que consideras al utilizar la traducción cuando aprendes un idioma. Después ponlas en común con tus compañeros.

Positivas

Negativas

Relaciones sociales

10 Un compañero te explica las reglas para hacer un trabajo en grupo. Reacciona con expresiones de aprobación y desaprobación. Aquí tienes algunos ejemplos.

- Me parece fenomenal.
- No me parece bien.
- Lo veo exagerado.
- Lo encuentro muy pesado.
- Lo considero justo.

1 Todos tenemos que ser completamente sinceros siempre.
   Me parece muy bien.
2 Hay que levantar la mano cada vez que se quiere participar.
3 Siempre hay una persona del grupo que escribe las intervenciones y luego hace un resumen.
4 Si un día faltas a la reunión, tienes que comunicarlo al menos cuatro horas antes.
5 Las reuniones pueden ser fuera del instituto, por ejemplo, en nuestras casas.
6 Podemos abrir un documento compartido para trabajar de forma individual desde nuestras casas.
7 Si se falta a alguna de estas reglas, inmediatamente quedas expulsado del grupo.

4 Convivencia

11 Completa esta pequeña historia sobre Luis con el conector adecuado.

como • porque • cuando • por eso • así que • es que

(1) _____ Luis era hijo único, nunca había convivido con hermanos y siempre había tenido todo para él. (2) _____ fue a la universidad y tuvo que compartir un piso con varios compañeros, fue muy difícil para él al principio (3) _____ no entendía las reglas de convivencia. (4) _____ tuvo muchos conflictos con algunos compañeros. No obstante, Luis era una persona muy sociable y pronto aprendió a compartir, (5) _____ en seguida hizo muchos amigos y comenzó a disfrutar de la convivencia con otras personas. Y (6) _____ nunca es tarde para aprender y todo es posible si nosotros queremos.

12 Termina estas frases utilizando los conectores causales y de consecuencia.

1 No he podido comprarte el regalo porque…
2 Como Julia vive cerca de mi casa, después de la fiesta…
3 No te he llamado, es que…
4 Mi hermano vive muy lejos, por eso…
5 He perdido el móvil, así que…

13 Añade las formas exclamativas a las siguientes frases.

1 ¡_____ sorpresa! No sabía que Juan venía también al concierto.
2 ¡Basta! ¡_____ discusión tan violenta! No quiero oír más.
3 Pero… ¡_____ bocadillos has preparado! ¡Solo somos cinco!
4 ¡_____ bonita es tu nueva bici! ¡Me encanta!
5 ¡_____ gente ha venido a la fiesta!
6 ¡_____ me dices! ¡No me lo puedo creer!
7 ¡_____ bien me lo paso con mi hermana, es divertidísima!
8 ¡_____ tiempo sin verte! ¡Al menos, dos meses!

4 Convivencia

14 Ordena este diálogo.

☐ Madre: ¡Eh! A ver quién recoge la mesa hoy…
☐ Julia: Pues yo antes de ayer.
☐ Padre: ¡Venga! La recogemos todos juntos. ¿De acuerdo?
☐ Sonia: Yo la he puesto, así que os toca a vosotros.
☐ Félix: Yo ya lo hice ayer.

15 Ahora, escribe otro diálogo que empiece de la misma forma. No te olvides de incluir alguna interjección que sirva para expresar emociones y sentimientos.

Madre: ¡Eh! A ver quién recoge la mesa hoy…

16 Escribe las normas para una buena convivencia con tus vecinos.

17 (39) Escucha a una psicóloga en un programa de radio hablando sobre los cambios que la tecnología ha supuesto para la convivencia en la familia. Escribe en esta tabla lo que dice sobre estos cambios.

	Antes de la tecnología	Después de la tecnología
Ver películas		
Escuchar música		
Comunicarse con los amigos		

Emigración

18 Completa esta tabla con los sustantivos correspondientes.

infinitivo	sustantivo
emigrar	
integrar	
adaptar	
rechazar	
aceptar	

19 Vicente resume sus primeras experiencias como emigrante. Lee y elige el conector correcto.

Salí de mi país **como / porque** no encontraba trabajo. **Entonces / Cuando** ahorré algo de dinero y compré un billete para ir a Inglaterra. **Cuando / Como** llegué, fui a vivir con un amigo que ya llevaba allí seis meses. Al principio fue difícil encontrar un trabajo y, sobre todo, aprender la lengua, **pero / porque** poco a poco todos mis problemas se fueron solucionando y **al final / entonces** conseguí adaptarme y sentirme bien. **Sin embargo, / Porque** echaba de menos a mi familia, a mis amigos y mi país, y después de tres años volví. **Como / Sin embargo,** había adquirido mucha experiencia trabajando en un hotel y ya sabía hablar muy bien inglés, encontré pronto un trabajo muy bueno en mi ciudad, cerca de todos mis amigos y de mi familia.

20 Lee este ensayo y marca con una cruz el apartado donde se incluye esta información.

	Introducción	Primer párrafo	Segundo párrafo	Tercer párrafo	Conclusión
1 Los protagonistas, las personas que deben actuar contra la discriminación.					
2 Las causas de la discriminación.					
3 El resumen de los argumentos.					
4 La tesis (lo que se quiere probar con el ensayo): la lucha contra la discriminación comienza en la escuela.					
5 Las consecuencias de la discriminación.					
6 La definición de *discriminación*.					

La discriminación en la escuela

(Introducción)
La discriminación consiste en tratar de una forma injusta a una persona o a un grupo de personas por creencias religiosas o políticas, nacionalidad, situación social, elección sexual, edad o discapacidades. La escuela es un pequeño microcosmos en la sociedad, así que, desgraciadamente, la discriminación también tiene lugar dentro de las aulas. Por eso es tan importante que desde la escuela primaria se trabajen los valores y las actitudes. Si creemos que una buena educación es la base de toda sociedad, se debe trabajar el problema de la discriminación de una forma explícita en las clases.

(Primer párrafo)
En primer lugar, los profesores deben estar muy alerta y trabajar junto con los padres en cuanto se observa una conducta extraña en algún niño. Por otro lado, es muy importante el papel de los compañeros, que deben informar inmediatamente de cualquier tipo de discriminación. Por último, es recomendable conocer los pasos que se deben dar en caso de sufrir esta discriminación: a dónde ir, con quién hablar y qué hacer.

(Segundo párrafo)
Es difícil entender la razón por la que una persona discrimina a otra. A veces, las personas tienen miedo a lo desconocido o, simplemente, lo diferente les provoca inseguridades, les hace cuestionarse su propia identidad y no quieren hacerlo. Por ejemplo, muchas de las discriminaciones a los homosexuales vienen dadas por chicos o chicas que cuestionan su propia sexualidad. Otras veces es una cuestión de luchas de poderes: discriminar o hacer de menos a otra persona, los hace a ellos más fuertes.

(Tercer párrafo)
Los efectos de la discriminación pueden repercutir a nivel psicológico y emocional con depresiones y ansiedades, pero también pueden tener consecuencias a nivel cognitivo, por lo que, con seguridad, un niño discriminado puede empezar a obtener resultados por debajo de sus capacidades intelectuales. A veces, incluso repercuten a nivel físico, con la aparición de enfermedades o alergias.

(Conclusión)
En muchos casos estas historias de discriminación terminan con el abandono del colegio, y esta no es la solución. Si el agresor es expulsado, va a una nueva escuela donde puede reproducir la misma conducta. Si es la víctima, probablemente va a tener de nuevo problemas a nivel cognitivo, motivacional y afectivo que le van a llevar a un fracaso escolar y a seguir siendo víctima. Solo la observación de todos los miembros de la escuela, una buena educación, una denuncia a tiempo y, por supuesto, la erradicación de las causas expuestas pueden terminar con la discriminación a medio plazo.

21 Vuelve a leer los textos que aparecen en las páginas 48 y 49 y responde a las siguientes preguntas.
1 ¿En qué años ocurrió la Guerra Civil española?
2 ¿A qué países se exiliaron mayormente los españoles que habían perdido la guerra?
3 ¿De qué países, mayoritariamente, son las personas que van a vivir en España?
4 ¿En qué años y por qué se dio el mayor número de personas que fueron a vivir a España?

22 Imagina que acabas de llegar a un nuevo país como emigrante. Escribe tus sensaciones en un diario.

Autoevaluación

4 Convivencia

Lengua y comunicación

1. Si crees en el islam, entonces eres ___.
   a) ☐ musulmán
   b) ☐ judío
   c) ☐ hindú

2. Cuando comenzó la Escuela de Traductores, los judíos y los cristianos ya se ___ a convivir con los musulmanes.
   a) ☐ adaptaron
   b) ☐ adaptaban
   c) ☐ habían adaptado

3. Alfonso VI reconquistó Toledo y después la ___ en la Ciudad de las Tres Culturas.
   a) ☐ convertía
   b) ☐ convirtió
   c) ☐ había convertido

4. Muchos libros se escribieron en árabe y después ___ al latín.
   a) ☐ se tradujeron
   b) ☐ se traducían
   c) ☐ se habían traducido

5. Muchos judíos se refugiaron en Toledo porque ___ de las ciudades donde vivían.
   a) ☐ huyen
   b) ☐ han huido
   c) ☐ habían huido

6. Los árabes llevaron a Toledo muchos libros que ___ conocimientos del viejo mundo.
   a) ☐ incluyeron
   b) ☐ incluían
   c) ☐ habían incluido

7. A mi hermana ___ parece muy bien la fecha del doce de junio para la fiesta.
   a) ☐ me
   b) ☐ le
   c) ☐ la

8. Julia se enfada ___ su hermano lleva mucho tiempo en el cuarto de baño.
   a) ☐ como
   b) ☐ porque
   c) ☐ es que

9. No hay suficiente pan, ___ papá ha ido a comprarlo.
   a) ☐ por eso
   b) ☐ porque
   c) ☐ como

10. • Mañana me han invitado a una fiesta.
    a) ☐ ■ ¡Estupendo!
    b) ☐ ■ ¡Eh!
    c) ☐ ■ ¡Oye!

11. ¡___, que no me escuchas!
    a) ☐ Estupendo
    b) ☐ Oh
    c) ☐ Oye

12. ___ Que vamos a llegar tarde al teatro.
    a) ☐ ¡Oh!
    b) ☐ ¡Estupendo!
    c) ☐ ¡Venga!

13. Con ayuda, muchos alumnos pueden resolver sus ___.
    a) ☐ conflictos
    b) ☐ castigos
    c) ☐ competencias

14. A los profesores se los llama también ___.
    a) ☐ padres
    b) ☐ alumnos
    c) ☐ docentes

15. Muchos emigrantes se sienten ___, no queridos por la sociedad.
    a) ☐ adaptados
    b) ☐ aceptados
    c) ☐ rechazados

16. No es tan fácil ___ a una nueva cultura.
    a) ☐ adaptarse
    b) ☐ aceptarse
    c) ☐ rechazarse

17. Estaba muy triste, pero al conocer a Carmen, ___ su vida cambió.
    a) ☐ de repente
    b) ☐ sin embargo
    c) ☐ porque

18. Estaba contento, ___, esperaba un mejor resultado.
    a) ☐ porque
    b) ☐ sin embargo
    c) ☐ al final

19. Al principio estaba solo, pero ___ hizo muchos amigos.
    a) ☐ al final
    b) ☐ sin embargo
    c) ☐ como

20. Una guerra entre personas de un mismo país se llama guerra ___.
    a) ☐ interna
    b) ☐ civil
    c) ☐ interior

Total: ___ / 10 puntos

Autoevaluación

4 Convivencia

Destrezas

1. COMPRENSIÓN ESCRITA

1 Lee el texto y señala a quién va dirigido. (___ / 1 punto)

a A los padres ☐   b A los hijos ☐   c A toda la familia ☐

2 ¿En qué párrafo se dicen estas cosas? Escribe el número. (___ / 6 puntos)

a Hay que intentar pasar tiempo con las personas con las que se convive. ☐
b Se debe respetar también que se quiera estar de vez en cuando solo. ☐
c Los padres tienen que ser un modelo para los hijos. ☐
d Todos tienen que ayudar en casa. ☐
e La conversación en la familia es esencial. ☐
f Es importante disculparse si se hace algo mal. ☐

3 Busca en los tres últimos párrafos sinónimos de estas palabras. (___ / 3 puntos)

a) premio (párrafo 4) _____
b) a veces (párrafo 5) _____
c) adultos (párrafo 6) _____

Consejos para una buena convivencia

1 Ante todo, hablar
La base de todo entendimiento está en la comunicación, y los problemas que no se hablan suelen acumularse y causar grandes conflictos más adelante. Si un miembro de la familia tiene un problema hay que animarlo a compartirlo.

2 Establecer momentos de convivencia
Los horarios laborales son complicados y dificultan la posibilidad de compartir algún momento a lo largo del día, pero hay que buscar la manera de encontrarlos. No solo en la comida, sino también en actividades como ver una película, hacer ejercicio, etc.

3 Respetar la intimidad
Tan importante como buscar momentos de convivencia es saber respetar la intimidad de cada miembro de la familia. Hay que respetar que alguno tenga momentos o días con más necesidad de aislamiento.

4 Repartir las tareas
Vivir en familia implica numerosas tareas, según la edad y disponibilidad, pero todos deben colaborar en las tareas domésticas, sin necesidad de tener que recibir ninguna recompensa por ello.

5 Saber pedir perdón
En ocasiones sabemos que nos hemos equivocado, pero pedir perdón no es fácil y, sin embargo, es imprescindible para una convivencia sana.

6 No perder nunca el respeto
El respeto es fundamental en todas las familias, sobre todo a las personas mayores y a los padres, y se enseña con el ejemplo. No se puede pedir respeto a los hijos si el padre y la madre no se respetan.

Adaptado de: http://mejorconsalud.com

Total: _____ / 10 puntos

Autoevaluación

4 Convivencia

 2. PRODUCCIÓN ESCRITA

(Escribe al menos 250 palabras)

En los últimos años ha habido muchas migraciones por motivos políticos o económicos que han dado como resultado nuevos tipos de convivencia. Escribe un artículo de opinión sobre este tema.

Incluye:
- una introducción para contextualizar dónde y cuándo se han producido estas migraciones
- uno o dos párrafos con tus argumentos sobre cómo ves tú esta nueva convivencia
- uno o dos párrafos con argumentos de otros puntos de vista al respecto
- conclusión

▶ EVALUACIÓN DE TU PRODUCCIÓN ESCRITA

- **Lengua** (____ / 4 puntos)
  - Léxico: relativo a la emigración y convivencia
  - Gramática: los pasados y los conectores de causa y consecuencia
- **Contenido** (____ / 4 puntos)
  - La contextualización de la nueva situación
  - Tus argumentos
  - Otros argumentos
  - La conclusión a la situación que se ha creado.
- **Formato** (____ / 2 puntos)
  - ¿Has incluido un buen título y tu nombre?
  - ¿Hay una buena estructura: introducción, desarrollo y conclusión?

Total: ____ / 10 puntos

 3. PRODUCCIÓN ORAL (expresión)

(Mínimo, dos minutos)

Imparte una pequeña conferencia en tu centro sobre lo que es más importante para ti en la convivencia escolar.

Incluye:
- a quién va dirigida tu conferencia y la razón para darla
- análisis de la situación actual y pasada en el centro
- ideas para mejorar la convivencia en tu centro
- propuestas de cara al futuro y conclusión

▶ EVALUACIÓN DE TU PRODUCCIÓN ORAL

- **Lengua** (____ / 4 puntos)
  - Léxico: variado y correcto
  - Gramática: uso de pasados y conectores de causa y consecuencia
- **Contenido** (____ / 4 puntos)
  - Razones
  - Análisis
  - Ideas
  - Propuestas
- **Expresión** (____ / 2 puntos)
  - Hablas con fluidez
  - Tienes una buena pronunciación y entonación

Total: ____ / 10 puntos

 4. COMPRENSIÓN ORAL

Escucha esta encuesta a cinco chicos de un colegio que hablan sobre casos de marginación y completa la tabla según quién dice estas cosas.

	Wilkin	Jorge	Rocío	David	Fátima
1 Racismo					
2 Situación económica					
3 Lengua					
4 Apariencia física					
5 Religión y costumbres					

Total: ____ / 10 puntos

Total: ____ / 50 puntos

Mi progreso

Valora tu progreso después de esta unidad.

Mis habilidades
- Analizar el discurso escrito y los conectores
- Contrastar textos
- Traducir un poema

Mis conocimientos
- Religiones, convivencia, emigración
- Pretérito pluscuamperfecto
- Causa y consecuencia
- La exclamación
- La traducción
- El artículo de opinión

Soy más consciente
- De la comunicación intercultural
- De las relaciones sociales
- De lo que significa emigrar

 Bien   Adecuado   Mal

5 Información

Publicidad

1 Relaciona las palabras o expresiones con sus definiciones.

1 La publicidad
2 La campaña de salud
3 El producto
4 El anuncio
5 La campaña para recaudar fondos

a Objeto o cosa que se produce o elabora.
b Conjunto de actos o esfuerzos que se usan para reunir dinero.
c Soporte visual o auditivo que se utiliza para transmitir un mensaje publicitario.
d Forma de comunicación que intenta incrementar el consumo de un producto o servicio.
e Comunicación, normalmente institucional, para promover hábitos saludables y prevenir enfermedades.

2 Observa los siguientes anuncios y contesta a las preguntas.

1 ¿En qué período del año crees que aparece el anuncio 1? _____
2 ¿Qué promociona el anuncio 2? _____
3 ¿Quién produce el anuncio 3? _____

❶

❷

❸

3 Identifica los cuatro verbos en imperativo de los tres anuncios y modifícalos a las formas de *vosotros*, *usted* y *ustedes*.

tú	vos	vosotros/-as	usted	ustedes

4 Completa los espacios con los verbos entre paréntesis en imperativo.

1 ¡Juana! _____ (cerrar, tú) la ventana. Tengo frío.
2 _____ (cantar, vos) más alto por favor. No te oigo.
3 _____ (traducir, vosotros) los textos para el próximo día.
4 _____ (esperar, usted) aquí. Ahora vuelvo.
5 ¡ _____ (traer, tú) los deberes para mañana!
6 _____ (escribir, ustedes) el vocabulario en sus cuadernos.

5 Relaciona las dos columnas para formar frases.

1 Recoged vuestras cosas,
2 Completa
3 Baja el volumen de la televisión,
4 Incluid los verbos
5 Corregí los ejercicios
6 Abra,

a que no te oigo.
b en imperativo en vuestros trabajos.
c cuando vos te sientas segura.
d que nos vamos.
e que usted tiene la llave.
f las frases en tu cuaderno.

5 Información

6 Escribe una frase en imperativo para cada imagen.

1 _____

2 _____

3 _____

4 _____

7 Completa la tabla con el imperativo de los siguientes verbos irregulares.

	hacer	ser	ir	poner	decir
tú	haz				
vos					
vosotros/-as					
usted					
ustedes					

8 🔊41 Escucha el anuncio en la radio y complétalo con los siguientes verbos en imperativo.

deje • consulte • elija • tome

Para el dolor de cabeza, (1) _____ Dolorex. ¡Dolorex es la solución!
(2) _____ de sufrir y (3) _____ Dolorex.
Para más información, (4) _____ a su médico.

Instrucciones

9 Completa la tabla con el imperativo negativo de los verbos.

	tú	vosotros/-as	usted	ustedes
explorar	no explores			
aprender				
descubrir		no descubráis		
hacer				
estar				
ser			no sea	
ir				
poner				no pongan

10 La gripe puede ser un problema grave en invierno. Completa estas instrucciones para su prevención con el imperativo afirmativo y negativo de los siguientes verbos. Debes utilizar la forma de *usted*.

olvidar • tomar • reutilizar • cubrir • utilizar • dejar • descansar

- Proteja su salud, ¡no (1) _____ que la gripe lo acompañe este invierno!
- No (2) _____ medicamentos o antibióticos sin consultar a su médico.
- (3) _____, es muy importante para reponerse.
- (4) _____ su boca al toser en público.
- (5) _____ pañuelos desechables.
- No (6) _____ pañuelos usados.
- No (7) _____ que debe vacunarse si tiene más de 65 años.

11 Completa las sugerencias del artículo para viajar por un país de Latinoamérica. Utiliza los verbos entre paréntesis en imperativo afirmativo y negativo.

Si quieres pasar unas vacaciones con mucha aventura y mucho sol sin problemas, **organiza** bien tu viaje y **no olvides** algunas cosas importantes:

1 (investigar) _____ en internet o (comprar) _____ una guía de viajes sobre tu destino.
2 Si vas en temporada alta, _____ (reservar) antes una habitación.
3 Si no quieres gastar mucho dinero, _____ (buscar) en internet una lista de hoteles o pensiones económicos.
4 Si no te sientes muy seguro/-a con tu español, _____ (conseguir) un diccionario bilingüe de bolsillo.
5 Antes de comprar tu billete, _____ (averiguar) qué vacunas necesitas o _____ (visitar) a tu médico.
6 _____ (comprar) en tu país medicinas y algo contra la diarrea. No (olvidar) _____ llevar unas aspirinas.
7 _____ (llevar) ropa cómoda de algodón, botas de montaña y un impermeable si vas en época lluviosa.
8 _____ (comprar) una buena mochila, ligera pero resistente.
9 _____ (usar) protector solar, gafas de sol y un sombrero para evitar una insolación y quemaduras solares.
10 _____ (beber) mucha agua, pero no _____ (tomar) agua del grifo. _____ (comprar) siempre el agua embotellada.
11 No _____ (viajar) de noche.
12 No _____ (llevar) joyas ni cosas de mucho valor.

¡Buen viaje!

5 Información

12 Escribe dos sugerencias más para pasar unas vacaciones de aventura utilizando el imperativo.

1 _____
2 _____

13 Relaciona las dos partes para formar un eslogan.

1 Si bebes,
2 Regala lo mejor de ti,
3 Busque, compare y si encuentra algo mejor,
4 No compres el más barato,

a cómprelo.
b compra el mejor
c no conduzcas
d regala ilusión

14 Estás en Buenos Aires y vas en coche desde el Congreso de la Nación Argentina al Obelisco. Lee las instrucciones del GPS y señala el imperativo usado en Argentina. Luego, escucha y comprueba.

1 Primero, **dirígete / dirigite** hacia el norte en Av. Entre Ríos hacia Av. Rivadavia.
2 Luego, **continuá derecho / sigue todo recto** por Av. Callao.
3 Finalmente, **gira / doblá** a la derecha hacia Av. Corrientes y te encontrás con el Obelisco.

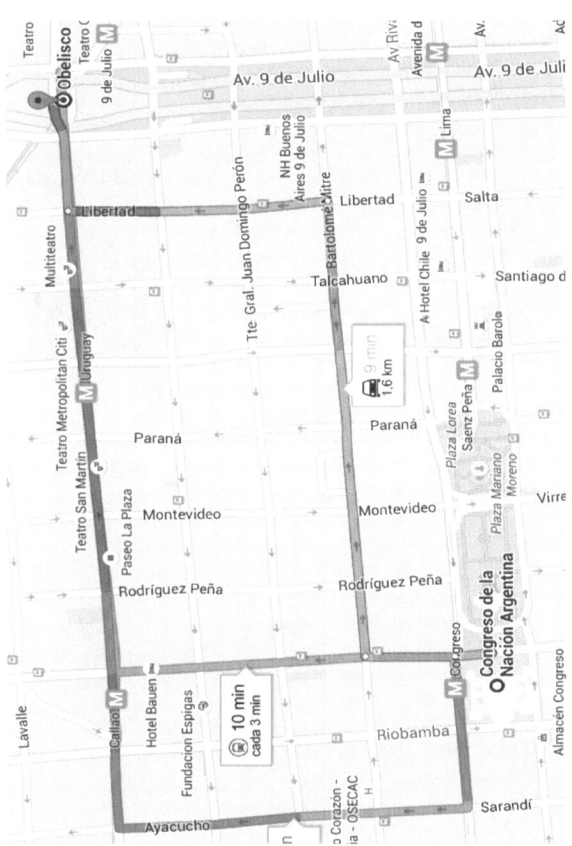

Las redes sociales

15 Haz un mapa mental en tu cuaderno con las expresiones y palabras que conoces relacionadas con las redes sociales.

16 ¿Eres adicto a las redes sociales? Lee esta infografía y comenta tus respuestas con tu compañero.

LOS 5 SÍNTOMAS PARA SABER SI ERES ADICTO A LAS REDES SOCIALES

¿Lo primero y lo último que haces en el día es checar* Instagram o Facebook?
Acostumbras a entrar a Instagram antes de cerrar los ojos para ver si dejas todo en orden previo a tu desconexión temporal, y al despertar, antes de saber si tu pareja está viva todavía, checas de nuevo Instagram para saber si no se ha caído el mundo en tu ausencia.
*Checar es *chequear* en México.

¿Te desesperas cuando no hay red?
Sudas, te mareas y puede que te falte el aire cuando no tienes señal de internet en tu *laptop* o dispositivo móvil.

¿Te sientes desnudo, desprotegido si te quedas sin batería u olvidas tu celular?
Andas como loco en la escuela, el restaurante, el aeropuerto o la casa de tu amigo buscando un contacto de energía eléctrica para poder conectar tu *smartphone*, y si se te olvidó el celular..., ¡no hay vida!

¿Usas tu smartphone mientras caminas?
Mágicamente la gente tiene que abrir el paso ante ti para que puedas pasar libremente mientras tú publicas esa foto que no puede esperar.
¿Cada espacio que tienes entre actividades lo usas para checar las redes?
¡Ahhhh! No hay nada mejor que matar el tiempo en redes sociales o dejar de hacerle caso a la reunión; total Instagram, está más entretenido.

¿Te deprimes si no tienes likes?
Fuiste a esas supervacaciones o al superevento. Pones tu publicación y 1 hora, 2 horas, 3 horas, 3 días después, y ¡CERO *likes*! Seguramente te sientes #ForeverAlone

Extraído de: www.socialunderground.co

17 Escribe otro «síntoma» que indica que eres adicto a las redes. Sigue el modelo de la infografía.

5 Información

18 Completa la tabla con los pronombres de OD y OI.

sujeto	objeto directo	objeto indirecto
yo	me	
tú		te
él, ella, usted		le (se)
nosotros/-as		
vosotros/-as		os
ellos, ellas, ustedes	los, las	les (se)

19 Contesta a las preguntas utilizando el pronombre de OD que corresponda.

1 • ¿Viste a Ana ayer?
  ■ No, no ____ vi, pero creo que hoy sí ____ voy a ver.
2 • ¿Dónde están los mapas que dejé en el escritorio?
  ■ ____ puse en tu biblioteca.
3 • ¿Qué tal es ese libro que estás leyendo?
  ■ ¡Es buenísimo! ____ leí en tres días.
4 • ¿Qué le hacen al protagonista de la última película de Brown?
  ■ ¡____ han maquillado increíblemente!
5 • ¿Aquella señora es tu abuela?
  ■ Sí, es muy divertida y ____ quiero mucho.
6 • ¿Te compraste esa moto?
  ■ Sí, pero nadie ____ sabe.

20 ¿A qué pronombre se refieren los pronombres de OI en las siguientes oraciones? Escribe el pronombre según corresponda.

~~A mí~~
A ti
A él / ella
A nosotros / nosotras
A vosotros / vosotras
A ellos / ellas

1 Tu primo me dio unas revistas que estaba buscando.
  A mí
2 Les dejé mi cámara para las vacaciones. _____
3 Nos mandaron una postal desde Roma. _____
4 ¡Dadle una oportunidad! No es mal chico.
5 Le voy a ofrecer ayuda con la mudanza, ¡Laura está muy cansada! _____
6 ¡Díganos la verdad! _____
7 ¿Te dejaron la *tablet* tus padres? _____
8 ¿Os enviaron un wasap con la información?

21 Traduce las siguientes frases que contienen OD y OI a tu lengua.

1 Se lo envió con la carta, no sé si le llegó.

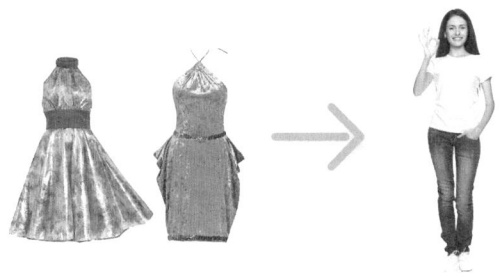

2 Se los voy a ofrecer para la boda de su hermano.

3 Ya se lo he contado, pero no ha pasado nada, ¡menos mal!

4 ¿Les dijiste que la compramos?

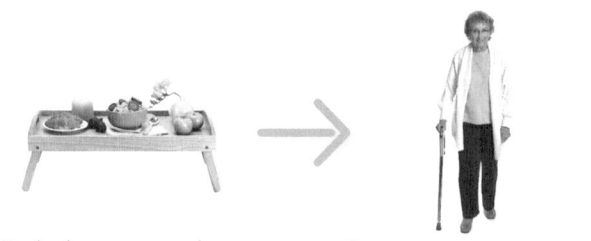

5 Se lo he preparado yo esta mañana.

5 Información

22 Lee el siguiente anuncio y responde a las preguntas.

1 ¿A quién va dirigido?
2 ¿Cuál es el mensaje?
3 ¿Qué ofrece?

SI HAY SALIDA A LA VIOLENCIA DE GÉNERO ES GRACIAS A TI. ÚNETE
LLAMA AL 016
016 ATENCIÓN A VÍCTIMAS DE MALOS TRATOS · hay salida · LIBRES DESCARGA LA APP

23 Escribe tres eslóganes para una campaña publicitaria. En los eslóganes puedes utilizar algunos de los siguientes verbos en imperativo con pronombres de OD / OI.

llamar • ayudar • ofrecer • escribir • contar • acompañar
decir • hacer • dejar • controlar • tomar • poner

1 _____
2 _____
3 _____

24 Las nuevas formas de comunicación también han traído nuevas profesiones. Ser bloguero/-a se ha convertido, en muchos casos, en una profesión muy rentable. Lee este extracto del periódico *El Mundo* y contesta a las preguntas.

El negocio (redondo) de ser bloguera de moda en España

• Les pagan hasta 450 euros por un tuit, y de 6.000 a 25.000 por amadrinar* un «evento»
• Alguna exige por contrato coche con chófer y champán rosado al llegar a un acto
• Ya existe la primera agencia de representación de blogueras en España

Ser bloguera de moda en España es un negocio muy rentable. […] Efectivamente, se puede vivir, y muy bien, de un blog, siempre que el tráfico de visitas de tu rincón cibernético te convierta en un fenómeno de ventas o de estilo. Pero ¿qué es una bloguera? Alguien que escribe un blog. En la mayoría de los casos no se trata de una periodista, ni de una diseñadora, ni de una modelo, aunque algunas firmas las traten como tales. Definimos en femenino a las blogueras por el alto porcentaje de mujeres entre ellas. Y cabe aclarar que hay dos perfiles muy diferenciados: 1.- bloguera con nociones de moda (no es lo mismo amar el *shopping* que conocer la historia y la industria de la moda en profundidad), es decir, una chica con influencia que se convierte en *celebrity* debido a su empatía con las consumidoras, y 2.- *celebrity* con legión de fans (casi siempre actriz, modelo o *socialite*) que se convierte en bloguera para alcanzar un estatus.

* Acompañar o asistir como madrina de alguien.

www.elmundo.es

1 ¿Crees que *redondo*, en el título, es un término negativo o positivo en este contexto?
2 ¿Por qué es rentable ser bloguera en España?
3 ¿Quién escribe un blog en la mayoría de los casos?
4 ¿Crees que ser bloguero/-a es una profesión interesante?

25 ¿Qué palabras con tilde encuentras en el blog anterior? Clasifícalas.

AGUDAS

LLANAS

ESDRÚJULAS

26 Escucha las palabras, escríbelas y clasifícalas según las reglas de acentuación en agudas, llanas, esdrújulas y sobresdrújulas.

AGUDAS	LLANAS	ESDRÚJULAS	SOBRESDRÚJULAS

ciento cincuenta y nueve **159**

Autoevaluación

5 Información

Lengua y comunicación

1. La publicidad es una forma de ___.
   a) ☐ comunicación
   b) ☐ instrucción
   c) ☐ descripción

2. ___ siempre los consejos que os dan vuestros padres.
   a) ☐ Escuche
   b) ☐ Escuchen
   c) ☐ Escuchad

3. ¿Vos no venís a la fiesta? ___, ¡que va a estar muy bien!
   a) ☐ Anímate y ven
   b) ☐ Animate y vení
   c) ☐ Anímese y venga

4. ___ eso por favor, ¿usted no entiende que no se puede?
   a) ☐ No hagas
   b) ☐ No hagáis
   c) ☐ No haga

5. Busca, compara y si encuentras algo mejor, ___.
   a) ☐ cómpralo
   b) ☐ cómprelos
   c) ☐ cómprelo

6. • ¿Has visto la última película de Almodóvar?
   ▪ No, no ___ he visto.
   a) ☐ la
   b) ☐ le
   c) ☐ lo

7. ¿___ has dicho a Sofía lo que pasó?
   a) ☐ Le
   b) ☐ Lo
   c) ☐ La

8. En una campaña ___ hemos advertido de los riesgos de no vacunarse si se viaja a destinos exóticos.
   a) ☐ para recaudar fondos
   b) ☐ solidaria
   c) ☐ de salud

9. ___ dije a Juan y no me hizo caso.
   a) ☐ Se la
   b) ☐ Se lo
   c) ☐ Se las

10. ¿Ustedes no conocen los riesgos? No ___, ya saben lo malo que es para la salud.
    a) ☐ fuméis
    b) ☐ fumen
    c) ☐ fumes

11. Tengo que reconocer que ___ enganchado a las redes.
    a) ☐ estoy
    b) ☐ soy
    c) ☐ siento

12. La palabra *esdrújula* es una palabra ¡___!
    a) ☐ aguda
    b) ☐ llana
    c) ☐ esdrújula

13. ___, continúe todo recto hasta la calle Mendoza y, finalmente, gire a la izquierda.
    a) ☐ Luego
    b) ☐ Primero
    c) ☐ Por último

14. ___ es una palabra aguda con tilde o acento gráfico.
    a) ☐ *Información*
    b) ☐ *Móvil*
    c) ☐ *Página*

15. ___ las fuentes de información de manera clara.
    a) ☐ Formula
    b) ☐ Cita
    c) ☐ No olvides

16. Un vídeo ___ es una grabación ampliamente difundida por diferentes medios, en especial por internet.
    a) ☐ musical
    b) ☐ controversial
    c) ☐ viral

17. Si no ___, no es creativo. (Eslogan de David Ogilvy)
    a) ☐ vendemos
    b) ☐ vende
    c) ☐ vended

18. ___ compré el último libro de Pérez Reverte y ¡___ terminé de leer en un día!
    a) ☐ Se / lo
    b) ☐ Me / lo
    c) ☐ Me / le

19. No ___ tantas galletas, ¡vas a engordar, Sandra!
    a) ☐ coman
    b) ☐ comas
    c) ☐ comáis

20. Si quieres ser feliz, ___ de la vida cada segundo.
    a) ☐ disfruten
    b) ☐ disfruta
    c) ☐ disfrutá

Total: ___ / 10 puntos

Autoevaluación

5 Información

Destrezas

 1. COMPRENSIÓN ESCRITA

1 Lee la entrada de un blog sobre las redes sociales e indica la opción A, B o C en la casilla de la derecha.
(____ / 1 punto)

El propósito del texto es:
A relatar una historia personal relacionada con las redes sociales ☐
B advertir de los peligros de las redes sociales ☐
C publicitar las redes sociales ☐

2 Busca en el párrafo 1 las palabras o expresiones con significados similares a las siguientes. (____ / 4 puntos)

1 insaciable
2 incoherentes
3 estaban trayendo problemas
4 nos atraen

3 Lee los párrafos 2 y 3 y señala si las afirmaciones siguientes son verdaderas (V) o falsas (F). Utiliza palabras del texto. (____ / 5 puntos)

1 A la autora le costó mucho estar sin móvil 24 horas (párrafo 2). ☐
   Justificación: _____
2 La autora afirma que internet solo ofrece aspectos negativos (párrafo 2). ☐
   Justificación: _____
3 Según la autora, es muy difícil poder ver una película sin chequear el móvil (párrafo 2). ☐
   Justificación: _____
4 El autor afirma que las redes sociales todavía no nos hacen perder tiempo productivo (párrafo 3). ☐
   Justificación: _____
5 El autor recomienda que todos debemos reflexionar sobre el uso de las redes sociales (párrafo 3). ☐
   Justificación: _____

Chequeo rápido para saber si las redes sociales han chamuscado* su cerebro
¿Recuerda la última vez que vio una película entera sin consultar el móvil?

SERGIO C. FANJUL

1 Nicholas Carr estudió Literatura en las universidades de Dartmouth y Harvard y le pasó lo peor que le puede pasar a un lector voraz: de pronto, era incapaz de leer novelas. Le costaba concentrarse, la cabeza se iba volando a otros asuntos inconexos, cada dos o tres páginas estaba en otro sitio. ¿Qué le pasaba? Las redes sociales, descubrió, estaban jugándole una mala pasada: acababan con su concentración y llenaban su cabeza de pajaritos haciendo *tuit, tuit*. Inspirado en su propio caso, Carr escribió *Superficiales. ¿Qué está haciendo Internet con nuestras mentes?* (Taurus). El libro, que redactó en un exilio voluntario en una apacible cabaña de Colorado (sin conexión a internet, claro), y que trataba sobre la pérdida de atención y la superficialidad a la que nos avocan las redes, se publicó en 2010. Las cosas a este lado de las pantallas no parecen haber mejorado.

2 «En momentos como los debates políticos, pero también los partidos de fútbol u otros eventos, se hace evidente la necesidad que tenemos de estar conectados. Yo, una vez, me propuse estar un día sin móvil, y lo cierto es que lo pasé mal: me inventaba excusas que darme a mí misma para usarlo. Por ejemplo, mirar el WhatsApp para ver que mi familia estaba bien», dice Lucía Taboada, autora del libro *#Hiperconectados* (Zenith). Taboada reconoce las indudables ventajas que internet nos ha traído, pero también pone el ojo en los inconvenientes: «Perdemos más el tiempo y estamos más distraídos», comenta. «Ver una película entera sin revisar el móvil es toda una hazaña». Recuerda un tuit que rondaba por ahí y decía algo así como: «Me levanto una hora antes para perder una hora en las redes sociales».

3 «Antes hacíamos una distinción muy clara entre lo que era la vida real y la virtual, pero esa diferencia se estrecha cada vez más», comenta Ceballos. «Creo que en el momento en el que aún te lo planteas y te das cuenta de que estás perdiendo mucho tiempo productivo, todavía no es un problema grave», continúa el autor, «Cada uno debe hacer examen de conciencia y comparar el ahora con las cosas que hacía antes. Y así decidir si hace un uso saludable».

*Quemado

Total: ____ / 10 puntos

Autoevaluación

5 Información

 2. PRODUCCIÓN ESCRITA

(Escribe al menos 250 palabras)

Escribe una entrada de blog sobre el impacto de las redes sociales en tu vida.

Incluye:
- el título, el autor, la fecha, etc.
- las ideas o los argumentos que apoyan tu opinión
- tus reflexiones
- invita al lector a dejar sus comentarios

▶ EVALUACIÓN DE TU PRODUCCIÓN ESCRITA

- **Lengua** (___ / 4 puntos)
- Léxico: relacionado con las redes sociales
- Gramática: presente de indicativo, pronombres de objeto directo e indirecto e imperativos

- **Contenido** (___ / 4 puntos)
- Título, autor, fecha
- Ideas, argumentos
- Reflexiones personales
- Invitación a comentarios

- **Formato:** entrada de blog (___ / 2 puntos)
- ¿Hay título, autor y fecha?
- ¿Has incluido ideas y reflexiones personales?

Total: _____ / 10 puntos

 3. PRODUCCIÓN Y COMPRENSIÓN ORAL (interacción)

(Mínimo, un minuto cada uno)

Con un compañero, habla sobre las redes sociales que utilizas.

- Di qué redes sociales utilizas más y con qué frecuencia
- Di para qué utilizas las redes sociales
- Di cuánto tiempo puedes pasar sin utilizar el móvil o internet
- Di si crees que eres adicto o no a las redes sociales y por qué

▶ EVALUACIÓN DE TU PRODUCCIÓN ORAL Y DE LA COMPRENSIÓN ORAL DE TU COMPAÑERO

- **Lengua** (___ / 4 puntos)
- Léxico: relacionado con las redes sociales
- Gramática: presente de indicativo

- **Contenido** (___ / 4 puntos)
- Redes sociales que utilizas más y con qué frecuencia
- Para qué utilizas las redes sociales
- El tiempo que puedes pasar sin utilizar el móvil o internet
- Eres adicto o no a las redes sociales y por qué

- **Expresión** (___ / 2 puntos)
- Hablas con fluidez
- Tienes una buena pronunciación y entonación

- **Interacción** (___ / 10 puntos)
- Comprendes lo que dice tu compañero
- Respondes de forma coherente a lo que dice tu compañero

Total: _____ / 20 puntos

Total: _____ / 50 puntos

Mi progreso

Valora tu progreso después de esta unidad.

Mis habilidades

- Hacer sugerencias
- Asociar ideas y referencias
- Redactar instrucciones

Mis conocimientos

- Léxico relacionado con la publicidad, las instrucciones y las redes sociales
- Imperativo afirmativo
- Imperativo negativo
- Pronombres de OD y OI
- Identificar y valorar las fuentes de información
- Las habilidades de investigación
- El acento gráfico
- Información sobre vídeos virales

Soy más consciente

- Del objetivo de la publicidad
- De cómo nos comunicamos
- De la importancia de las redes sociales en nuestra vida

 Bien    Adecuado   Mal

6 Bienestar

El estado de bienestar

1 Escribe los verbos correspondientes a estos sustantivos:

1 recaudación: *recaudar*
2 gasto: _____
3 ingreso: _____
4 educación: _____
5 garantía: _____
6 aumento: _____

2 Completa las frases con las siguientes palabras.

Estado • desempleo • sociales • bienestar • salud • conocimiento

1 El estado de _____ en este país solo se puede mantener con más impuestos.
2 Las personas que se quedan sin trabajo tienen derecho a recibir un subsidio de _____.
3 La oposición del Gobierno no ha aprobado los presupuestos del _____.
4 Las actividades del Gobierno con fines _____ son una prioridad.
5 En mi país, el sistema de _____ es universal y gratuito.
6 El acceso al _____ tiene que ser un derecho para todos.

3 Completa este fragmento de una conferencia sobre el estado de bienestar con las partes que faltan.

Como todos sabemos • Voy a hablarles • En conclusión • Por otro lado • El problema es que • Por este motivo

Buenas tardes a todos. (1) _____ de la nueva reforma aprobada por el Gobierno sobre el cambio de la edad de jubilación en nuestro país. (2) _____, nos encontramos ante un acelerado proceso de envejecimiento, que se debe al aumento de la esperanza de vida, la reducción de la mortalidad y la disminución de la natalidad. Por esa razón, el Gobierno aprobó recientemente la ley sobre actualización y modernización del sistema de Seguridad Social, con el objetivo de alargar la vida laboral de los trabajadores. La finalidad de la reforma es consolidar y reforzar el sistema público y eliminar riesgos de desequilibrio financiero. ¿Se ha conseguido? Por supuesto que no.
Por un lado, es cierto que la reforma retrasa los problemas financieros, pero hoy en día es complicado obligar a la gente a trabajar hasta los 67 años. (3) _____, el hecho de intentar solucionar los problemas financieros de las prestaciones retrasando la edad de jubilación ha supuesto también el aumento de la tasa de paro. Por tanto, hemos querido solucionar una cosa, pero hemos empeorado otra. (4) _____ aquellos trabajadores que empezaron a trabajar muy jóvenes, y que a fecha de hoy ya han contribuido a la financiación del sistema van a verse perjudicados. (5) _____, ante la preocupación de la futura reducción o extinción de la prestación de jubilación, muchas personas han buscado soluciones para poder disfrutar de una vejez tranquila a través de planes de pensiones o de otras formas de ahorro. (6) _____, el estado de bienestar como lo conocíamos ya no existe.

4 Vuelve a leer el texto y responde a las siguientes preguntas.

1 ¿Por qué ha aprobado el Gobierno una nueva reforma sobre la edad de jubilación?
2 ¿Qué espera obtener el Gobierno de esa reforma?
3 ¿El conferenciante cree que va a ser una reforma positiva?
4 ¿Qué ventajas y qué desventajas ve el conferenciante en esta reforma?
5 ¿Cuál es la solución para muchas personas que quieren asegurarse una vejez tranquila?

6 Bienestar

5 Completa las tablas con las formas de presente de subjuntivo.

trabajar	responder	permitir
trabaje		
	respondas	
		permita

ser	estar	ir	saber
	esté		
seamos			
			sepáis
		vayan	

6 Completa las siguientes opiniones sobre el estado de bienestar con presente de indicativo o de subjuntivo.

1. Creo que el estado de bienestar no (ir) _____ a durar mucho tiempo
2. ¿Tú opinas que nuestro país (tener) _____ una educación de calidad?
3. No me parece que la sanidad (ser) _____ muy buena en este país.
4. Pienso que la sociedad (tener) _____ que ser más consciente de que el estado de bienestar está en peligro.
5. No creo que todo el mundo (pensar) _____ que estamos en una situación tan grave.
6. Me parece que en nuestro país (estar) _____ acostumbrados a tener un nivel de bienestar muy alto.
7. Mis padres no opinan que la solución para mantener el estado de bienestar (ser) _____ evitar el fraude fiscal.
8. Muchos no creemos que los seres humanos (estar) _____ preparados para cambiar la situación.

7 ¿Estás de acuerdo con las siguientes afirmaciones? Escribe frases como la del ejemplo con tu opinión.

- El problema más grande que hay en este país es la corrupción.
- *Sí, estoy de acuerdo. / No, no creo que el problema más grande sea la corrupción.*

1. Aquí, la gente está muy contenta con el sistema de salud público.
2. En este país es fácil encontrar trabajo.
3. Los padres siempre protestan por la calidad de la educación.
4. El futuro de las pensiones está en peligro.
5. En este país, el Gobierno permite el fraude fiscal.

Estrés

8 Relaciona los emoticonos con los estados de ánimo.

1. estar enfadado/-a
2. estar triste
3. estar cansado/-a
4. tener miedo
5. estar sorprendido/-a
6. estar enamorado/-a

a ☐  d ☐
b ☐  e ☐
c ☐  f ☐

9 Completa las frases con los siguientes verbos.

enfadarse • tener sueño • ponerse nervioso • tener hambre
aburrirse • tranquilizarse • sorprenderse • enamorarse

1. Siempre _____ porque me acuesto muy tarde y me levanto muy temprano.
2. Cuando _____, llamo a algún amigo para salir y hacer algo juntos.
3. No sé por qué siempre que tienes un examen _____. ¡Nunca suspendes!
4. Mi madre, últimamente, está estresada. Tiene que _____.
5. Cuando te dijo que tenía seis hermanos, ¿no _____?
6. Andrés dice que _____ de Julia. Todos los días le regala una flor. ¡Qué romántico!
7. Lo siento, he llegado media hora tarde, pero, por favor, ¡no _____ conmigo!
8. ¿No habéis comido? ¡Seguro que _____!

10 Lee el siguiente artículo sobre las causas del estrés en los adolescentes y pon los siguientes títulos en el párrafo correspondiente.

Expectativas • Trabajo escolar • Exceso de actividad • Relaciones • Círculos sociales

¿Cuáles son las causas del estrés en los adolescentes?

Escrito por Gregory Hamel | Traducido por Paula Ximena Cassiraga

Para los adultos, el estrés suele venir de responsabilidades laborales, tareas familiares u obligaciones financieras, que pueden llevarte a pensar que los adolescentes tienen una vida fácil, ya que no tienen que lidiar con los problemas de los adultos. En realidad, los adolescentes se enfrentan también a numerosas situaciones estresantes; el estrés, simplemente, proviene de distintas fuentes.

1 _____
[…] La presión de rendir bien en clase determina las oportunidades futuras. Para estudiantes a los que les cuestan ciertas materias, como matemáticas o ciencias, tener buenas calificaciones puede ser una lucha intensa, las tareas simples pueden ser muy estresantes y los exámenes aún más. Cuando un adulto trabaja, por lo general, hace algo en lo que tiene habilidades y entrenamiento, pero los adolescentes deben completar tareas que no les gustan o encuentran difíciles.

2 _____
[…] Debido a que los adolescentes son jóvenes, inexpertos y sufren cambios hormonales y emocionales, las amistades y los romances pueden causar ansiedad, miedo o incluso depresión. Las rupturas y primeras citas tienden a ser especialmente estresantes.

3 _____
Lo que esperan los padres, maestros y otros adultos de los adolescentes les produce mucho estrés. Normalmente, los adolescentes quieren complacer a sus padres, aunque a veces actúan con rebeldía. Cuando los padres transmiten a los hijos sus expectativas, tanto en el rendimiento académico como en el extracurricular, los adolescentes sienten un estrés adicional.

4 _____
En muchas escuelas secundarias se crean grupos o pandillas, cada una de las cuales puede vestirse de cierta manera, escuchar un tipo de música y tener intereses específicos. Los adolescentes suelen querer ser uno más en el grupo, por ese motivo usan la ropa adecuada del grupo, tienen el mismo estilo de cabello y actúan de la misma manera que el grupo, aunque no vaya con su personalidad.

5 _____
Aunque los adolescentes, por lo general, no trabajan a tiempo completo, las actividades obligatorias y la escuela llenan sus horarios, dejándoles poco tiempo para divertirse o descansar. Las horas escolares suelen ocupar hasta seis horas cada día, más las actividades extracurriculares y varias horas de tareas. Este ritmo de actividad también puede llevar a un cansancio extremo.

Extraído de: www.ehowenespanol.com

11 Vuelve a leer la introducción del artículo anterior y responde a la pregunta siguiente.

¿Qué tres cosas generan el estrés en los adultos?
1 _____
2 _____
3 _____

12 Las frases siguientes son verdaderas (V) o falsas (F). Marca la respuesta correcta basándote en los párrafos señalados con los números del 1 al 5 del artículo anterior. Justifica tu respuesta utilizando palabras del texto.

El adulto está preparado para su trabajo (párrafo 1).   [V]
Justificación: … hace algo en lo que tiene habilidades y entrenamiento,…

1 A algunos adolescentes les genera mucho estrés tener que sacar buenas notas en algunas asignaturas (párrafo 1).   [ ]
Justificación: _____

2 Las relaciones sociales y amorosas pueden causar estrés (párrafo 2).   [ ]
Justificación: _____

3 Los adolescentes no quieren hacer nunca lo que sus padres les piden (párrafo 3).   [ ]
Justificación: _____

4 Los adolescentes quieren ser como los miembros de su pandilla (párrafo 4).   [ ]
Justificación: _____

5 Normalmente, los adolescentes trabajan todo el día (párrafo 5).   [ ]
Justificación: _____

6 Bienestar

13 Completa la tabla con las formas verbales que faltan.

	querer	poder	servir
yo	*quiera*		*sirva*
tú		*puedas*	
él, ella, usted	*quiera*		*sirva*
nosotros/-as		*podamos*	
vosotros/-as	*queráis*		*sirváis*
ellos, ellas, ustedes		*puedan*	

14 Escribe las formas verbales en presente de subjuntivo.

1 tenemos	*tengamos*	6 pongo	
2 hago		7 vienes	
3 salen		8 conoce	
4 dicen		9 construyen	
5 traéis		10 elijo	

15 🔊 Escucha los problemas y señala cuál de los siguientes consejos es el más adecuado para cada uno.

A Te sugiero que hagas mucho deporte y un poco de meditación. ☐
B Te aconsejo que la invites al cine o a tomar algo. ☐
C Te sugiero que le preguntes y que decida él. ☐
D Es mejor que se lo digas y que no mientas. A todos nos puede pasar algo así. ☐

16 Completa los siguientes consejos y recomendaciones con los verbos en infinitivo o en presente de subjuntivo. Elige el verbo más adecuado en cada caso.

pasear • compartir • cuidar • pasar • perder
hacer • dormir • ordenar

1 Si tienes un problema, es importante que lo _____ con alguien.
2 Es necesario _____ ejercicio para tener una buena salud mental y física.
3 Es bueno _____ por el parque o nadar en la piscina.
4 Te sugiero que no _____ el sentido del humor. Reírse es muy importante.
5 Te recomiendo que _____ la habitación. El orden ayuda a relajarse.
6 Es necesario _____, como mínimo, siete u ocho horas todos los días.
7 Te aconsejo que _____ tu salud.
8 No es bueno _____ muchas horas sentado en el sofá viendo la tele.

Hacer ejercicio

17 ¿Qué adjetivo define a estas personas?

tranquilo • sano • inquieto • sociable • familiar
creativo • estudioso • solitario

1 Hago mucho ejercicio y como mucha fruta y verdura. _____
2 Me gusta mucho hablar con la gente y tengo muchos amigos. _____
3 Yo prefiero estar solo, no me gustar salir.
4 Yo no paro. Siempre estoy haciendo cosas. Tengo curiosidad por todo. _____
5 Me encantan las matemáticas y la física. Lo más importante para mí es llegar a la universidad. _____
6 Yo nunca me pongo nervioso. Pienso que todo tiene solución y no me gusta estresarme. _____
7 Me gusta mucho escribir y he ganado un premio de literatura en mi ciudad. _____
8 A mí me encanta estar con mis hermanos y con mis padres. Los fines de semana los paso con ellos. _____

18 Elige la opción correcta: *ser* o *estar*.

1 Mi hermano pequeño **es / está** muy nervioso. No para nunca de correr y duerme muy poco.
2 Últimamente **soy / estoy** muy activo en las redes sociales. Tengo cuenta en Twitter, en Facebook y en Instagram, y tengo mi propio blog.
3 No sé qué me pasa estos días, pero **ser / estoy** muy inquieto. Creo que es porque el domingo llega mi novia de viaje.
4 ¿Qué te pasa? Te veo raro. ¿**Estás / Eres** triste?
5 No sé por qué me llama tanto Marta… Creo que **es / está** aburrida y no sabe qué hacer con su tiempo.
6 ¡Qué rico este pastel! **Es / Está** muy bueno.
7 Tu padre **es / está** muy atento. Siempre me saluda cuando me ve.
8 ¿**Eres / Estás** listo? Tenemos que salir ya.
9 Nos ha tocado la lotería. ¡**Somos / Estamo**s ricos!

6 Bienestar

19 Relaciona las palabras de las dos columnas. Puede haber más de una opción.

1	Prevenir	a	ejercicio con regularidad
2	Dormir	b	el colesterol
3	Reducir	c	agujetas
4	Tener	d	bien
5	Hacer	e	activo
6	Mantenerse	f	calorías
7	Mejorar	g	una enfermedad
8	Quemar	h	el aspecto físico

20 Los alumnos de bachillerato de un centro tienen una página web para escribir y compartir sus trabajos. Lee la siguiente entrada de un alumno sobre el ocio y los jóvenes y marca si estas son sus opiniones.

1 ☐ Cree que los jóvenes pasan mucho tiempo sentados.
2 ☐ No cree que todos usen su tiempo libre divirtiéndose.
3 ☐ Piensa que los que estudian tienen derecho a descansar durante el fin de semana.
4 ☐ No cree que los jóvenes lleven una vida sedentaria.
5 ☐ Opina que estudiar también favorece el sedentarismo.
6 ☐ No opina que los jóvenes sean unos vagos.

El ocio y los jóvenes

Actualmente, los jóvenes no son como la mayoría de la gente piensa. Es verdad que pasan mucho tiempo frente al ordenador, la TV, las consolas o el móvil. Pero no solo utilizan su tiempo libre para divertirse, también hay jóvenes que hacen deporte o leen...

Es evidente que muchos jóvenes están deseando que llegue el viernes para salir. Es cierto, sí, y yo soy la primera, pero el fin de semana es un tiempo de «descanso» para los que estamos estudiando y pasamos horas y horas frente a los libros a diario. Los jóvenes llevamos una vida sedentaria causada por el ocio, pero ¿estudiar y estar sentada frente a un libro no es también llevar una vida sedentaria? Porque igual que pasamos tiempo sentados frente al ordenador o la televisión, también lo hacemos frente a un libro, para estudiar.

Creo que muchos que dicen que los jóvenes somos unos vagos y no nos gusta trabajar están equivocados. Por eso no deben juzgarnos a todos por igual.

21 Escribe una entrada en la página web anterior con tu opinión sobre el ocio y los jóvenes.

22 ¿A cuáles de los siguientes deportes crees que se refieren estas descripciones? Hay tres que no corresponden.

tenis • fútbol • natación • *squash* • escalada

❶ Este es mi deporte favorito por muchas razones. Desde pequeño, siempre me ha gustado estar en el agua, pero además, con esta actividad haces ejercicio y mantienes una buena salud. Fortalece los huesos, aporta grandes beneficios a nivel cardiorespiratorio y muscular, y te da fuerza, resistencia y flexibilidad.

❷ Además de ser muy divertido, implica un trabajo en equipo, concentración y ejercicio a diferente niveles. Aumenta la capacidad aeróbica, mejora la salud cardiovascular, mejora la resistencia y la flexibilidad muscular y ayuda a bajar de peso. Por otro lado, es un deporte que obligatoriamente se practica durante 90 minutos, en los que en todo momento se debe correr.

23 Lee la introducción de un artículo sobre el tiempo libre, pero, ¡atención!, el teclado no está configurado en español y le faltan todas las tildes. Escríbelas.

La importancia del ocio

¿Cuando fue la ultima vez que dedico tiempo a relajarse y hacer cosas que le divierten? Probablemente, no lo recuerda, debido al ritmo de vida que llevamos, y seguramente tampoco recuerda cuando paso un dia entero sin hacer nada. Cada dia tiene menos tiempo para disfrutar del ocio y de actividades relajantes. ¿Sabe cuantas horas deberiamos dedicar diariamente al ocio? ¿Alguna vez se pregunto por que el ocio es importante? Si todavia no lo ha hecho, ya es tiempo de saberlo.

Autoevaluación

6 Bienestar

Lengua y comunicación

1. El ___ es un estado emocional positivo.
   a) ☐ bienestar
   b) ☐ estrés
   c) ☐ estado de bienestar

2. Cuando alguien se jubila, recibe ___.
   a) ☐ un presupuesto
   b) ☐ un subsidio
   c) ☐ una pensión

3. En mi país no es necesario tener un seguro privado de salud porque ___ funciona muy bien.
   a) ☐ el sistema sanitario
   b) ☐ el sistema educativo
   c) ☐ el sistema de empleo

4. El Gobierno recauda menos dinero debido al ___ fiscal.
   a) ☐ servicio
   b) ☐ fraude
   c) ☐ presupuesto

5. Buenos días. Es ___ estar con todos ustedes para hablar sobre el futuro.
   a) ☐ un placer
   b) ☐ una conclusión
   c) ☐ una razón

6. No creo que el sistema educativo en este país ___ bueno.
   a) ☐ es
   b) ☐ esté
   c) ☐ sea

7. Me parece que el estado de bienestar no ___ en peligro.
   a) ☐ esté
   b) ☐ está
   c) ☐ es

8. No opino que ___ una mala gestión del Gobierno.
   a) ☐ tenemos
   b) ☐ tengamos
   c) ☐ hemos

9. ¿Qué te pasa? ¿___ enfadado conmigo?
   a) ☐ Eres
   b) ☐ Estás
   c) ☐ Tienes

10. Estos días ___ mucho estrés por los exámenes de fin de curso.
    a) ☐ son
    b) ☐ soy
    c) ☐ tengo

11. Tienes que ___. Últimamente ___ muy nerviosa.
    a) ☐ estresarte / estás
    b) ☐ tranquilizarte / estás
    c) ☐ relajarte / eres

12. Es importante que ___ de tu salud.
    a) ☐ cuidar
    b) ☐ cuides
    c) ☐ cuidas

13. Es necesario ___ un poco de ejercicio todos los días.
    a) ☐ haces
    b) ☐ hagas
    c) ☐ hacer

14. Te aconsejo que ___ una siesta todos los días.
    a) ☐ duermas
    b) ☐ duermes
    c) ☐ dormir

15. Te recomiendo que ___ de casa.
    a) ☐ sales
    b) ☐ salgas
    c) ☐ sales

16. Fernanda es muy ___. Le encanta hacer ejercicio.
    a) ☐ sociable
    b) ☐ deportista
    c) ☐ estudiosa

17. Mi novio es un chico muy ___, siempre ___ contento.
    a) ☐ alegre / está
    b) ☐ feliz / es
    c) ☐ sociable / sea

18. Estos pasteles ___ muy ricos. ¿Quién los ha preparado?
    a) ☐ estén
    b) ☐ están
    c) ☐ sean

19. No creo que Juan ___ tan listo; creo que tiene mucha suerte.
    a) ☐ es
    b) ☐ está
    c) ☐ sea

20. Todavía no sabemos ___ ha denunciado al portero.
    a) ☐ quien
    b) ☐ quién
    c) ☐ que

Total: ___ / 10 puntos

Autoevaluación

6 Bienestar

Destrezas

1. COMPRENSIÓN ESCRITA

1 Lee la introducción de un artículo en una página web de salud y señala la respuesta correcta. (___ / 1 punto)

El autor va a dar unos consejos después de:
1 un viaje al Reino Unido.
2 leer un artículo.
3 probar los cinco pasos para mejorar la salud.
4 repasar los cinco pasos para mejorar la salud.

2 Lee el artículo y relaciona estas frases con cada uno de los pasos que recomiendan. (___ / 5 puntos)

A Dice que es importante ser generoso.
B Recomienda que seamos más sociables.
C Aconseja que hagamos actividad física.
D Sugiere que seamos conscientes del momento que vivimos.
E Dice que es bueno que activemos la mente.

3 Busca en los cinco pasos una palabra que signifique lo mismo. (___ / 4 puntos)

1 reforzar (paso 1) _____
2 aumentar (paso 1) _____
3 básico (paso 2) _____
4 trabajo (paso 2) _____
5 éxito (paso 3) _____
6 pasarlo bien (paso 3) _____
7 colaborar (paso 4) _____
8 desafío (paso 5) _____

Cinco pasos para mejorar tu bienestar

Deja un comentario

Hace unos días, me encontré con un interesante artículo del Instituto Nacional de Salud del Reino Unido (NHS) que daba una lista de cinco pasos que cualquier persona puede probar por su cuenta para mejorar su bienestar. El enfoque está dirigido al bienestar mental, pero incluye acciones de diversos tipos. Vamos a repasar estos pasos, que me han parecido muy interesantes.

1 Conecta

El ser humano es un animal social, y para ser feliz necesita poder relacionarse con los demás. Pero no basta con una relación superficial del tipo hola y adiós; se trata de, realmente, conectar con las personas. Y para ello hay dos estrategias principales:
• Fortalecer la relación con las personas cercanas (familia y amigos). Se trata de pasar más tiempo de calidad hablando con ellos. […]
• Ampliar tu red de relaciones. Cada persona es un mundo, y conocer a una nueva persona siempre es una experiencia enriquecedora. No te quedes encerrado en un círculo cerrado, intenta ampliar tu círculo. […]

2 Actívate

El ejercicio físico es fundamental para una buena salud tanto física como mental. Evita tener una actitud sedentaria. Busca el tipo de ejercicio que mejor te conviene e intenta hacer al menos cinco veces a la semana media hora de actividad de intensidad moderada. Incluso caminar te vale, siempre que lo hagas con un ritmo que suponga algo de esfuerzo. […]

3 Aprende

Aprender no es una actividad reservada a los niños y los estudiantes. Si quieres tener una vida plena, deberías buscar incrementar tus habilidades aprendiendo nuevas cosas. No importa si se trata de una asignatura, un idioma, un deporte, un baile, un arte u otra cosa. Lo que cuenta es que aprender nos da una sensación de logro y refuerza nuestra autoconfianza, además de ser una de las formas de divertirse más eficaces que hay.

4 Da

Hacer un esfuerzo por los demás es una de las mejores formas de relativizar nuestra propia situación y sentirnos mejor. […] Por eso, igual merece la pena que te plantees hacer algún tipo de voluntariado. Puedes enseñar algo o ayudar en una ONG, lo que te parezca más interesante.

5 Sé consciente

¿Estás atento a lo que ocurre en tu mundo personal? Procura vivir el momento presente y ser consciente de lo que te está pasando en él (tus pensamientos, tus sensaciones, tu cuerpo, el mundo a tu alrededor). Si eres más consciente, te vas conociendo mejor y vas afrontando los retos de la vida con una actitud más positiva.

Resumiendo
• Conecta con la gente.
• Activa tu cuerpo.
• Aprende cosas nuevas.
• Sé generoso.
• Aumenta tu autoconciencia.

Extraído de: http:/blogdebienestar.com

Total: ___ / 10 puntos

Autoevaluación

6 Bienestar

 2. PRODUCCIÓN ESCRITA

(Escribe al menos 250 palabras)

Escribe un artículo informativo sobre cómo reducir el estrés y tener una vida más sana.

Incluye:
- una introducción
- una presentación del tema
- el cuerpo del artículo (los párrafos donde vas a dar respuesta a tu planteamiento)
- una conclusión

▶ EVALUACIÓN DE TU PRODUCCIÓN ESCRITA

- **Lengua** (___ / 4 puntos)
- Léxico: vocabulario relacionado con el bienestar, los estados de ánimo, la personalidad, la salud y la actividad física o los deportes
- Gramática: estructuras con presente de subjuntivo, *ser* y *estar*

- **Contenido**: los cuatro puntos de la instrucción (___ / 4 puntos)
- Introducción
- Presentación del tema
- Cuerpo del artículo
- Conclusión

- **Formato**: artículo (___ / 2 puntos)
- ¿El título resume el contenido de tu artículo?
- ¿Has dado respuesta a la cuestión que planteabas?

Total: _____ / 10 puntos

 3. PRODUCCIÓN Y COMPRENSIÓN ORAL (interacción)

(Mínimo, dos minutos cada uno)

Con un compañero, habla y opina sobre el estado de bienestar en tu país.

Incluye:
- descripción del estado de bienestar en tu país
- opinión sobre el estado de bienestar en tu país
- mostrar acuerdo o desacuerdo con tu compañero
- dar consejos o sugerencias para mejorar la situación

▶ EVALUACIÓN DE TU PRODUCCIÓN ORAL

- **Lengua** (___ / 4 puntos)
- Léxico: variado y correcto
- Gramática: presente de subjuntivo con estructuras para expresar opinión y dar consejos o recomendaciones

- **Contenido**: los cuatro puntos de la instrucción (___ / 4 puntos)
- Describir la situación del estado de bienestar
- Opinar sobre el estado de bienestar
- Expresar acuerdo o desacuerdo
- Dar consejos o recomendaciones

- **Expresión** (___ / 2 puntos)
- Hablas con fluidez
- Tienes una buena pronunciación y entonación

- **Interacción** (___ / 10 puntos)
- Comprendes lo que dice tu compañero
- Respondes y reaccionas de manera coherente a lo que dice tu compañero

Total: _____ / 20 puntos

Total: _____ / 50 puntos

Mi progreso

Valora tu progreso después de esta unidad.

Mis habilidades

- Expresar opinión
- Recomendar, aconsejar
- Hablar de estados de ánimo
- Preparar una conferencia y escribir un artículo

Mis conocimientos

- Léxico relacionado con el estado de bienestar, los estados de ánimo, la personalidad, la salud y los deportes
- Aprender a sentirse bien
- Analizar la situación social
- La atención plena
- La tilde diacrítica

Soy más consciente

- De qué nos proporciona bienestar en la vida
- De cómo mantener o crear un buen estado de bienestar

 Bien    Adecuado   Mal

7 Ciencia

La ciencia de la sostenibilidad

1 Relaciona las dos columnas. Puede haber varias opciones.

1. emisiones
2. efecto
3. turismo
4. calentamiento
5. consumo
6. destrucción
7. extinción
8. explosión
9. vertido

a. sostenible
b. de paisajes
c. de especies
d. de gases
e. demográfica
f. de energía
g. invernadero
h. de residuos
i. global

2 Ordena los siguientes marcadores de mayor a menor proximidad a hoy.

1 HOY
- [ ] Dentro de un año
- [ ] En 2060
- [ ] Dentro de tres semanas
- [ ] La semana próxima
- [ ] El mes que viene
- [ ] Mañana
- [ ] Pasado mañana
- [ ] Dentro de tres días
- [ ] Dentro de dos meses
- [ ] Dentro de una década
- [ ] El próximo siglo

3 Completa las tablas con el futuro simple de cada verbo.

necesitar	conocer	vivir	ser
	conoceré		
			serás
necesitará			
		viviréis	

estar	tener	poder	decir
estaré			
		podrás	
			diremos
	tendrán		

4 Completa las frases con los verbos en futuro simple.

1. Cada año la población mundial _____ (incrementarse) en unos 80 millones.
2. En el futuro _____ (haber) una extinción de especies masiva.
3. Los países desarrollados _____ (consumir) el 90 % de los recursos naturales del planeta en las próximas décadas.
4. La tormentas, las inundaciones y las erupciones volcánicas _____ (aumentar) en los próximos años.
5. Todos _____ (tener) que adoptar nuevas formas de consumo y producción para sostener el medioambiente en el futuro.
6. Muchas especies de flora y fauna _____ (desaparecer) si no se protegen sus hábitats en un futuro cercano.

5 Escribe cuatro frases más sobre el futuro del medioambiente.

1. _____
2. _____
3. _____
4. _____

6 Completa estas frases.

1. _____ (salvar, nosotros) el planeta, si todos reciclamos.
2. Si no _____ (querer) ir solo a la fiesta, te acompañaré.
3. Si estás enfermo, _____ (tener) que ir al médico.
4. Si consigues ese trabajo, _____ (ganar) mucho más dinero.
5. Si _____ (visitar, vosotros) ese museo, veréis cuadros famosos.
6. Si hacéis deporte, _____ (sentirse) mejor.
7. Si estudias mucho, _____ (aprobar) el examen.
8. El consumo responsable ayudará a mejorar el medioambiente, si _____ (ser, nosotros) conscientes de la importancia que tiene.

ciento setenta y uno **171**

7 Ciencia

7 Relaciona las tres partes para formar una condición con *si* + presente + futuro.

1. ahorrar + comprar +
   Si ahorramos, compraremos una casa.

2. cuidar el medioambiente + tener un mejor +
   _____

3. no comprar hoy +  + ser más caro la semana que viene
   _____

4. no practicar turismo responsable + desaparecer +
   _____

8 Lee este blog sobre los derechos humanos y la sostenibilidad y rellena los espacios en blanco con las siguientes palabras o expresiones.

> toma de decisiones • futuras • cultural • humanos
> saludable • exigirá • solidaridad • hoy

DERECHOS HUMANOS Y SOSTENIBILIDAD

Juan López

La preservación sostenible de la especie humana en nuestro planeta (1) _____ la participación de la ciudadanía en la (2) _____ y la satisfacción de sus necesidades básicas. Pero esta preservación aparece (3) _____ como un derecho en sí mismo, es decir, como parte de los derechos llamados derechos de (4) _____, y que incluyen, de forma destacada, el derecho a un ambiente (5) _____, a la paz y al desarrollo para todos los pueblos y para las generaciones (6) _____, integrando en este último la dimensión (7) _____ que supone el derecho al patrimonio común de la humanidad. Se puede comprender, así, la vinculación que se establece entre desarrollo sostenible y universalización de los derechos (8) _____.

Adaptado de: www.oei.es

9 Lee de nuevo el blog. ¿Crees que es importante que el desarrollo sostenible del medioambiente sea parte de los derechos humanos? Comenta la pregunta con tu compañero.

10 Leed las siguientes predicciones sobre avances científicos y comentad en grupos si creéis que pasarán estas cosas en el futuro. Justificad vuestras respuestas.

1. Todo el mundo tendrá un robot.
   Yo creo que todo el mundo tendrá un robot porque será barato...
2. Solo existirán coches eléctricos.
   _____
3. La gente viajará en helicópteros.
   _____
4. Las personas viajarán con frecuencia a Marte y el planeta será habitable.
   _____

11 Escribe predicciones o condiciones en el futuro sobre las siguientes imágenes.

1. *La escasez de agua será un grave problema en el futuro.*
2. _____
3. _____
4. _____

12 ¿A qué ámbitos corresponden las siguientes frases?

Profesión	Familia	Hábitat	Estudios

1. Conseguiré un trabajo que me guste.
2. Haré un máster.
3. Tendré una pareja e hijos.
4. Ganaré mucho dinero.
5. Viviré cerca del mar.
6. Me cambiaré de ciudad.
7. Viviré cerca de mis padres.
8. Haré una carrera universitaria.

Ser científico

13 Lee las frases y escribe qué profesión tendrá la persona en cada caso. Luego, escribe cinco frases similares. Tu compañero adivinará la profesión.

1 Le gusta mucho organizar viajes.
2 Le gusta la música.
3 Está interesado en la salud.
4 Es muy bueno en los deportes.
5 Se le dan muy bien las matemáticas.

14 Completa las frases del mapa mental.

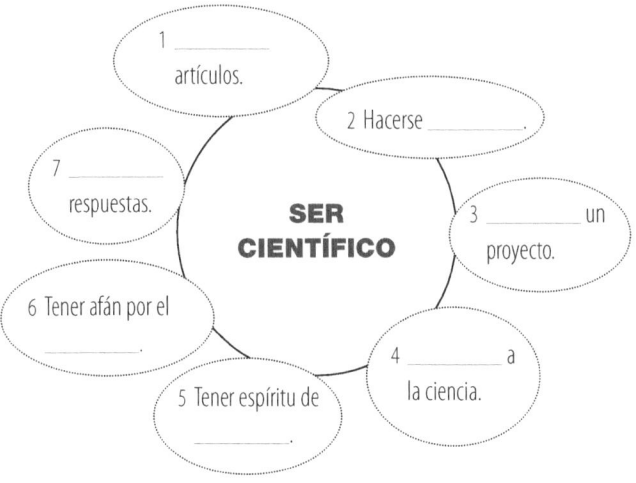

15 Las siguientes frases hacen referencia al futuro. Complétalas con el presente de subjuntivo, el imperativo o el futuro.

1 Cuando Tomás _____ (venir) a España, _____ (visitar) Toledo.
2 Por favor, _____ (comprar, tú) queso cuando _____ (ir, tú) a Francia.
3 Cuando _____ (tener, ustedes) tiempo de ir al cine, no _____ (perderse, ustedes) la última película de Amenábar.
4 Cuando los científicos _____ (recibir) el apoyo del Gobierno, _____ (poder) realizar proyectos más ambiciosos.
5 El proyecto _____ (ser) un éxito cuando lo _____ (subvencionar) la empresa privada.
6 Cuando _____ (ser, yo) mayor, _____ (ser, yo) un científico.

16 Contesta a las preguntas.

1 Cuando seas mayor, ¿qué profesión tendrás?
2 Cuando termines el bachillerato, ¿qué estudiarás?
3 Cuando tengas una familia, ¿dónde vivirás?
4 Cuando cumplas los 21, ¿qué harás?

17 Reacciona utilizando el futuro para expresar probabilidad.

1 No encuentro a Juan por ningún lado. (biblioteca)
   Estará en la la biblioteca.
2 Maribel no ha venido al colegio. (enferma en casa)
   _____
3 No sabemos cuánto cuesta el concierto. (20 euros)
   _____
4 Estoy preocupada, no ha llegado Carolina. (en la casa de su amiga)
   _____
5 Tengo miedo, he escuchado un ruido. (la radio)
   _____
6 ¿Sabes dónde se tiene que llenar el formulario de inscripción? (en la recepción)
   _____

18 (45) Escucha la biografía del científico mexicano Mario Molina Henríquez y completa las frases con las palabras que faltan.

1 Mario Molina Henríquez se fue a estudiar a Suiza por considerar el idioma alemán como de gran importancia en el desarrollo _____.
2 En 1972 obtuvo el _____ en Química Física por la Universidad de Berkeley.
3 El 28 de junio de 1974 publicó en la revista *Nature* un _____, junto a Sherry Rowland, sobre la descomposición generada por los CFC* en la capa de _____.
4 El 11 de octubre de 1995 fue galardonado con el Premio Nobel de _____ junto a Rowland y Paul Crutzen.
5 Su descubrimiento abrió una de las prioridades en las agendas de trabajo de las principales naciones. El cambio _____, el estado de salud del _____ y su repercusión en el ser humano son temas de máximo impacto en la actualidad.
6 El Dr. Molina es uno de los hombres más influyentes _____ y socialmente.

* Cloro, flúor y carbono.

19 Lee algunas frases célebres del gran científico Albert Einstein. Elige la que más te gusta y justifica tu elección presentando tus argumentos de forma oral.

1 «Lo importante es no dejar de hacerse preguntas».
2 «El misterio es la cosa más bonita que podemos experimentar. Es la fuente de todo arte y ciencia verdaderos».
3 «Si buscas resultados distintos, no hagas siempre lo mismo».
4 «Hay dos cosas infinitas: el universo y la estupidez humana. Y de lo primero no estoy seguro».

7 Ciencia

Proyectos científicos

20 Trabaja con tu compañero. Comentad cómo creéis que funciona este invento y para qué sirve.

- *Yo creo que es un aparato que sirve para...*
- *Pues yo pienso que...*
- *¿Y cómo crees que funciona?*

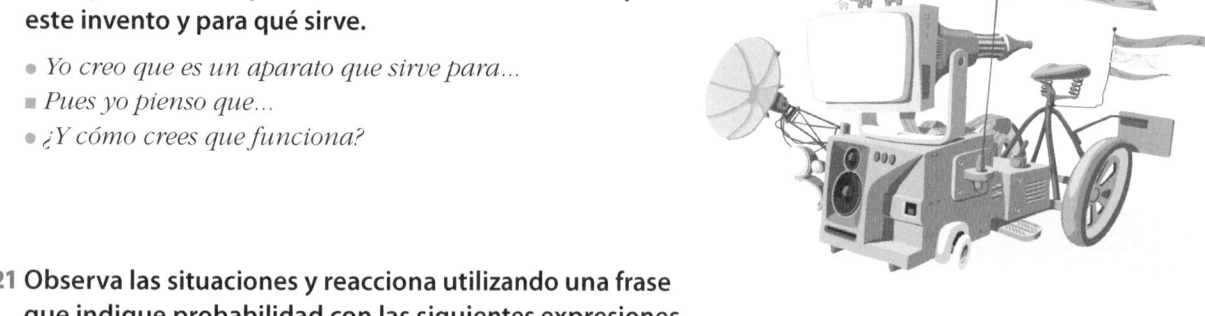

21 Observa las situaciones y reacciona utilizando una frase que indique probabilidad con las siguientes expresiones.

tal vez • probablemente • a lo mejor • puede que • seguro que • quizás

1 Ana no para de bostezar.   2 Están disfrazados de payasos.   3 Cecilia está muy enfadada.

4 José está muy contento.   5 Jimena no deja de toser.   6 El bebé está llorando.

22 Imagina que estás en el año 2050. ¿Cómo crees que serás? Escribe tu respuesta utilizando las expresiones de probabilidad: *seguro que, tal vez, posiblemente, a lo mejor, quizás...* Piensa en cómo será tu aspecto, tu forma de vida, tus aficiones, etc. Después, coméntalo con tus compañeros.

Tal vez sea calvo y posiblemente viva en el extranjero... ¡Seguro que me gustará el golf cuando sea mayor!

23 En el mundo de la moda es frecuente encontrar extranjerismos, muchos innecesarios. Lee la lista de algunos de estos extranjerismos y relaciónalos con su alternativa en español.

1 *casual*   a supermodelo
2 *top model*   b ir de compras
3 *celebrities*   c imagen, estilo
4 *denim*   d salón de exposición
5 *fashion* o *trendy* e famosos
6 *look*   f estilo informal
7 *make up*   g de última moda, de moda, lo último
8 *shopping*   h maquillaje
9 *showroom*   i tejido vaquero

7 Ciencia

24 Lee las tres noticias de investigaciones científicas, a continuación, y completa la tabla.

---

1 | MEDIOAMBIENTE Expedición a 4000 metros de profundidad

Descubren especies desconocidas en las profundidades del Pacífico

Un equipo de investigadores que participa en una expedición de la NOAA* a 4000 metros de profundidad en aguas de Hawái ha descubierto cientos de especies y formaciones geológicas que hasta ahora eran desconocidas para la ciencia.

* Administración Nacional Oceánica y Atmosférica
 (National Oceanic and Atmospheric Administration)

---

2 | BIOTECNOLOGÍA Hallazgo publicado en *Science*

Fabrican ADN artificial con los mínimos genes para la vida

El padre del genoma humano, Craig Venter, ha dado un nuevo paso gigante en biología sintética. Tras crear el primer genoma artificial en 2010, ha logrado fabricar una célula con ADN sintético que contiene los mínimos genes necesarios para la vida: 473.

---

3 | CAMBIO CLIMÁTICO Unas 10 000 millones de toneladas al año

Las emisiones de CO^2 no tienen precedentes desde la era de los dinosaurios, hace 66 millones de años

Un equipo de científicos ha analizado los restos fósiles del fondo marino y ha determinado que la Tierra no vivía un período de emisiones de carbono tan alto desde hace 66 millones de años.

www.elmundo.es/ciencia.html

---

1 ¿En qué sección del periódico están?	
Noticia 1	
Noticia 2	
Noticia 3	
2 ¿De qué informan?	
Noticia 1	
Noticia 2	
Noticia 3	
3 ¿Quién realiza la investigación?	
Noticia 1	
Noticia 2	
Noticia 3	
4 ¿Por qué es relevante la noticia?	
Noticia 1	
Noticia 2	
Noticia 3	

25 ¿Crees que las tres noticias cumplen con las características de lo que debe ser una noticia? ¿Por qué sí o por qué no? Coméntalo con tu compañero.

26 Lee un fragmento de un texto sobre la era digital y, con un compañero, comenta las preguntas.

1 ¿Crees que este texto es una noticia? ¿Por qué?
2 Las partes resaltadas indican una valoración u opinión de lo que se está hablando. ¿Tienes en cuenta esto cuando lees?
3 ¿Crees que el pensamiento crítico ayuda a ser mejor lector?

Más tecnológicos, más internacionales

Los centros se adaptan a una sociedad hipertecnologizada y a los nativos digitales, que ya pueblan las aulas

SERGIO C. FANJUL

En tiempos de globalización, el planeta Tierra es un lugar cada vez más pequeño, también más **competitivo**. Para manejarse por los senderos de esta realidad global, las nuevas generaciones **necesitarán dominar algunos lenguajes y herramientas** que suponen un reto para la educación en colegios e institutos. Entre ellos está el inglés, cuyo aprendizaje en España supone un **problema endémico**, y las nuevas tecnologías, a las que los centros educativos tienen que adaptarse a marchas forzadas por **la presión de una sociedad hipertecnologizada** y las oleadas de nativos digitales, esos chavales que ya han nacido en plena era de la información con una tableta en la mano.

http://ccaa.elpais.com

Autoevaluación

7 Ciencia

Lengua y comunicación

1. La ciencia de la sostenibilidad ___ a mejorar el futuro del planeta.
   a) ☐ ayude
   b) ☐ ayudará
   c) ☐ ayudaré

2. Si ___ con un consumo irresponsable, las necesidades humanas ___ mayores.
   a) ☐ continuamos / serán
   b) ☐ continuarán / serán
   c) ☐ continuaremos / será

3. Una de las desventajas del turismo es la destrucción de ___.
   a) ☐ paisajes
   b) ☐ agua
   c) ☐ energía

4. Un científico se hace ___ continuamente.
   a) ☐ proyectos
   b) ☐ artículos
   c) ☐ preguntas

5. Cuando ___ mayor, ___ elegir qué carrera estudiar.
   a) ☐ serás / puedes
   b) ☐ seas / podrás
   c) ☐ estés / podrás

6. Tener afán por el conocimiento es una característica del ___.
   a) ☐ ciencia
   b) ☐ científico
   c) ☐ científica

7. ● Santiago no ha venido a trabajar.
   ■ ___ enfermo.
   a) ☐ Estaré
   b) ☐ Estará
   c) ☐ Esté

8. Cuando ___ a Barcelona, ___ el Parque Güell.
   a) ☐ vayas / visita
   b) ☐ voy / visitaré
   c) ☐ irás / visites

9. Tal vez ___ a la fiesta de Carla, aún no lo sé.
   a) ☐ vaya
   b) ☐ fui
   c) ☐ ir

10. La ___ de agua provocará dificultades en el futuro.
    a) ☐ escasez
    b) ☐ extinción
    c) ☐ destrucción

11. Tom ___ a visitarnos el año que viene, ¡qué bien!
    a) ☐ vino
    b) ☐ vendrá
    c) ☐ ha venido

12. ● ¿Has visto a tu hermana? ¡No la encuentro!
    ■ ___ ya en la tienda.
    a) ☐ Esté
    b) ☐ Estará
    c) ☐ Estaré

13. En los próximos años ___ un aumento importante de especies en peligro de extinción.
    a) ☐ hay
    b) ☐ hubo
    c) ☐ habrá

14. ___ estará afectada en su totalidad si no se toma conciencia de la importancia de la sostenibilidad del planeta.
    a) ☐ La flora y fauna
    b) ☐ La biodiversidad
    c) ☐ Las especies

15. ___ ser más conscientes de los peligros que afectan el medioambiente, si ___ salvar el planeta.
    a) ☐ Necesitaremos / queremos
    b) ☐ Necesitamos / queramos
    c) ☐ Necesitaron / queremos

16. Puede que ___ el artículo, estoy pensándomelo.
    a) ☐ escriba
    b) ☐ escribo
    c) ☐ escribí

17. Seguro que el proyecto científico de María ___ el ganador del concurso de ciencia este año.
    a) ☐ es
    b) ☐ sea
    c) ☐ era

18. La palabra ___ es un extranjerismo adaptado a las reglas de acentuación del español.
    a) ☐ *master*
    b) ☐ *masters*
    c) ☐ *máster*

19. ___ que tardaré unos días en acabar el proyecto.
    a) ☐ Supongo
    b) ☐ Quizás
    c) ☐ Es probable

20. Ser científico requiere mucho ___ y dedicación.
    a) ☐ sacrificio
    b) ☐ inteligencia
    c) ☐ voluntad

Total: ___ / 10 puntos

Autoevaluación   7 Ciencia

Destrezas

 1. COMPRENSIÓN ESCRITA

1 Lee el título y los subtítulos del artículo sobre el hombre del futuro y responde *sí, no* o *no se menciona* (N/M) a las siguientes afirmaciones. (___ / 4 puntos)

	Sí	No	N/M
1 El cerebro no será tan grande como ahora en el futuro.	☐	☐	☐
2 El corazón aumentará de tamaño.	☐	☐	☐
3 La piel será más blanca.	☐	☐	☐
4 Habrá menos obesidad porque los intestinos serán más largos.	☐	☐	☐

2 Lee todo el artículo y contesta a las preguntas con palabras del texto. (___ / 6 puntos)

1 ¿Qué tres variantes se han tenido en cuenta para el estudio? _____
2 ¿Por qué los brazos y los dedos serán más largos? _____
3 ¿Qué tendrá en cuenta la comunicación? _____
4 ¿Por qué será más pequeño el cerebro? _____
5 ¿Qué parte del cuerpo cambiará menos? ¿Por qué? _____
6 ¿Qué pasará como consecuencia de los dispositivos electrónicos? _____

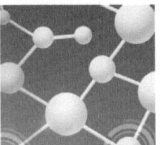
El hombre del futuro será más alto y delgado y tendrá el cerebro más pequeño

- Nuestros intestinos se harán más cortos, por lo que no absorberán tanta grasa y azúcar, una forma natural de evitar la obesidad.
- Los humanos cada vez tendrán una piel más oscura debido a la mezcla entre las diversas razas.

El proceso de evolución biológica de la especie humana desde sus ancestros hasta ahora ha pasado por diversos estados. El ser humano ha cambiado su cuerpo, su rostro, su vello... y lo seguirá haciendo. Un diario británico ha reunido a un grupo de expertos médicos para intentar realizar un retrato robot de cómo será el hombre dentro de 1000 años. Y el resultado es que nos pareceremos muy poco a como somos ahora. Para determinar los cambios, en el estudio se han tenido en cuenta variantes como los alimentos, el clima y la evolución de la medicina.
Dentro de unos 1000 años, el hombre será más alto, como ha ocurrido desde 1960. Se prevé que su altura sea de entre 1,83 m y 2,13 m.
Nuestros intestinos se harán más cortos, por lo que no absorberán tanta grasa y azúcar, una forma natural de evitar la obesidad.
Las extremidades se harán más largas, sobre todo los brazos y los dedos. Esto tiene sentido debido a los numerosos aparatos tecnológicos que utilizamos con los dedos actualmente, tales como ordenadores, móviles, videoconsolas, etc. Aumentará el número de terminaciones nerviosas, «como resultado del frecuente uso de dispositivos que requieren una compleja coordinación de

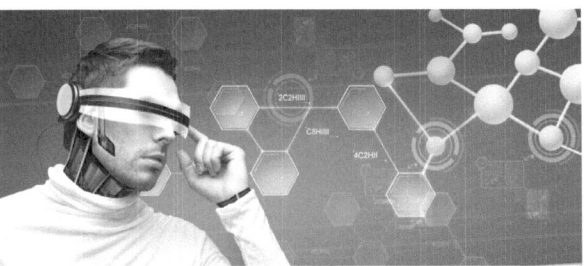

manos y ojos». «La comunicación se basará en las expresiones faciales y los movimientos de los ojos».
También tendremos el cerebro más pequeño, a causa de que «la mayor parte del trabajo de memorización y pensamiento lo harán los ordenadores».
Nuestros ojos serán más grandes para compensar el tamaño de la boca, que se hará más pequeña, ya que se podrá conseguir que la nutrición se base en líquidos.
Lo que menos cambiará, dicen los expertos, será la nariz, ya que gracias al aire acondicionado y a la calefacción el hombre no notará tanto el cambio del clima. Por esta razón, la calefacción hará que tengamos menos pelo, aunque tendremos más arrugas debido a los dispositivos electrónicos.

Extraído de: www.teinteresa.es

Total: ___ / 10 puntos

Autoevaluación

7 Ciencia

 2. PRODUCCIÓN ESCRITA

(Escribe al menos 250 palabras)

Eres el encargado de la sección de Ciencia en el periódico de tu colegio. Escribe un artículo sobre el futuro de la ciencia. Puedes tratar los avances científicos, el futuro del planeta, la ciencia en la vida diaria, etc.

Incluye:
- introducción al tema
- desarrollo de una idea
- desarrollo de otra idea
- conclusión

▶ EVALUACIÓN DE TU PRODUCCIÓN ESCRITA

- **Lengua** (___ / 4 puntos)
- Léxico: vocabulario relacionado con la ciencia
- Gramática: futuro simple

- **Contenido** (___ / 4 puntos)
- Introducción
- Desarrollo de una idea
- Desarrollo de otra idea
- Conclusión

- **Formato:** sinopsis (___ / 2 puntos)
- ¿Has incluido una introducción y una conclusión?
- ¿Has utilizado un registro formal?

Total: ___ / 10 puntos

 3. PRODUCCIÓN ORAL (expresión)

(Mínimo, dos minutos)

Habla sobre tu futuro dentro de 20 años.

Incluye:
- qué aspecto tendrás
- dónde vivirás
- qué profesión tendrás
- qué aficiones tendrás

▶ EVALUACIÓN DE TU PRODUCCIÓN ORAL

- **Lengua** (___ / 4 puntos)
- Léxico: relacionado con información personal
- Gramática: futuro simple

- **Contenido** (___ / 4 puntos)
- aspecto
- lugar de residencia
- profesión
- aficiones

- **Expresión** (___ / 2 puntos)
- Hablas con fluidez
- Tienes una buena pronunciación y entonación

Total: ___ / 10 puntos

 4. COMPRENSIÓN ORAL

46 **Escucha los pasos a seguir para participar en el concurso de ciencia Google Science Fair y coloca el número en la lista, según corresponda.**

1 Crear un sitio web para el proyecto ☐
2 Encontrar un tutor ☐
3 Conocer los criterios de evaluación del jurado ☐
4 Familiarizarse con las instrucciones y elegir el proyecto ☐
5 Experimentar ☐

Total: ___ / 10 puntos

Total: ___ / 50 puntos

Mi progreso

Valora tu progreso después de esta unidad.

Mis habilidades

- Hablar, entender y escribir sobre el papel de la ciencia en la sociedad
- Escribir una noticia y confeccionar una infografía

Mis conocimientos

- Léxico relacionado con la sostenibilidad, ser científico y las profesiones
- El futuro simple
- La importancia de la ciencia de la sostenibilidad y de los proyectos científicos
- El pensamiento crítico
- Los extranjerismos
- La noticia y el primer cíborg del mundo

Soy más consciente

- De la sostenibilidad del planeta en el futuro
- De la profesión de ser científico
- De la importancia de la ciencia en la vida diaria

 Bien  Adecuado   Mal

8 Amor

El significado del amor

1 Completa esta tabla.

sustantivo	adjetivo	verbo
la tristeza		
		estar / ser celoso/-a
		deprimirse
	perdido/-a	
	dolido/-a	
la felicidad		

2 Completa las frases con estos verbos valorativos según tu opinión.

> me entristece • me molesta • me preocupa • me encanta
> no me importa • me pone nervioso/-a

1 _____ que mis compañeros se ayuden entre ellos.
2 _____ que mis compañeros hagan ruido.
3 _____ que alguien hable demasiado.
4 _____ que alguien no esté integrado en el grupo.
5 _____ que el profesor no controle más a los grupos.
6 _____ que el profesor se siente con nosotros en el grupo.

3 Completa las tablas con los verbos en presente de subjuntivo.

	hacer	venir	poder
yo	haga		
tú		vengas	
él, ella, usted			pueda
nosotros/-as	hagamos		
vosotros/-as		vengáis	
ellos/-as, ustedes			puedan

	sentir	ser	decir	dar
yo		sea		dé
tú			digas	
él, ella, usted		sea		
nosotros/-as	sintamos			demos
vosotros/-as			digáis	
ellos/-as, ustedes	sientan			

4 🔊47 Escucha y lee estos dos poemas de amor de Gustavo Adolfo Bécquer y señala a cuál de los dos pertenecen estas afirmaciones. Puede haber más de una opción.

	Amor eterno	Rima XI
1 El yo lírico (el protagonista del poema) es una mujer.		
2 Tiene un tono trágico.		
3 Se refiere al momento presente.		
4 Es un diálogo entre dos personas.		
5 Hay descripción física.		
6 Es un poema alegre.		
7 Compara el amor a una persona con la naturaleza.		

Amor eterno

*Podrá nublarse el sol eternamente;
podrá secarse en un instante el mar;
podrá romperse el eje de la tierra
como un débil cristal.
¡Todo sucederá! Podrá la muerte
cubrirme con su fúnebre crespón*;
pero jamás en mí podrá apagarse
la llama de tu amor.*

(*crespón: tela negra)

Rima XI

*—Yo soy ardiente, yo soy morena,
yo soy el símbolo de la pasión;
de ansia de goces mi alma está llena;
¿a mí me buscas? —No es a ti, no.*

*—Mi frente es pálida; mis trenzas, de oro;
puedo brindarte dichas sin fin;
yo de ternura guardo un tesoro;
¿a mí me llamas? —No, no es a ti.*

*—Yo soy un sueño, un imposible,
vano fantasma de niebla y luz;
soy incorpórea, soy intangible;
no puedo amarte. —¡Oh, ven, ven tú!*

8 Amor

5 Vuelve a leer los dos poemas anteriores y valóralos. Utiliza *me gusta / me encanta / me molesta*, etc.

No me gusta que el autor presente un amor tan imposible...

6 Lee este poema y cambia las palabras subrayadas por otras que te gusten más.

Mi escuela, mi escuela
Gloria Fuertes

Yo voy a <u>una escuela</u>
muy <u>particular</u>
cuando llueve se moja
como las demás.

Yo voy a <u>una escuela</u>
muy <u>sensacional</u>
si se estudia, se aprende,
como en las demás.

Yo voy a una escuela,
muy *sensacional*,
los <u>maestros</u> son guapos
las <u>maestras</u> son más.

Ser romántico

7 Relaciona palabras de las tres columnas y construye frases. Puede haber varias opciones.

1 Mi novio me	han dedicado	una sorpresa.
2 Mis padres	ha dado	unas flores.
3 Mi mejor amigo me	han celebrado	una cena romántica para celebrar nuestro aniversario.
4 Mis amigos me	ha preparado	un poema de amor.
5 Mi novia	ha escrito	una canción muy divertida en la fiesta.
6 Mis amigas me	han regalado	sus bodas de plata este año.

8 El bolero es un género musical que nació en Cuba en los años 40. Las canciones son muy románticas y suelen contar historias de amor. Lee esta letra. ¿Crees que está pasada de moda? ¿Crees que las relaciones de novios son muy distintas hoy en día? Coméntalo en tu grupo. Después, búscala en internet y escúchala.

Somos novios, de Armando Manzanero

Somos novios
pues los dos sentimos
mutuo amor profundo
y con eso ya ganamos
lo más grande de este mundo.
Nos amamos,
nos besamos como novios
nos deseamos
y hasta a veces
sin motivos, sin razón,
nos enojamos.

Somos novios
mantenemos un cariño
limpio y puro
como todos
procuramos el momento
más oscuro.
Para hablarnos, para darnos
el más dulce de los besos
recordar de qué color
son los cerezos,
sin hacer más comentarios
somos novios.

8 Amor

9 Transforma y completa estas frases.

1. Quiero ir a la fiesta.
   Quiero que tú *vayas a la fiesta*.
2. Espero tener tiempo para visitar a la abuela.
   Espero que vosotros _____.
3. Pido tener los exámenes corregidos pronto.
   Pido que el profesor _____.
4. Queremos preparar una fiesta.
   Queremos que vosotros _____.
5. Exigimos ser puntuales.
   Exigimos que todas las personas _____.
6. Espero pasarlo bien en el viaje.
   Espero que vosotros _____.

10 Basándote en este diagrama, construye frases en subjuntivo con lo que se espera de un profesor y compártelas con un compañero. ¿Estáis de acuerdo en todo?

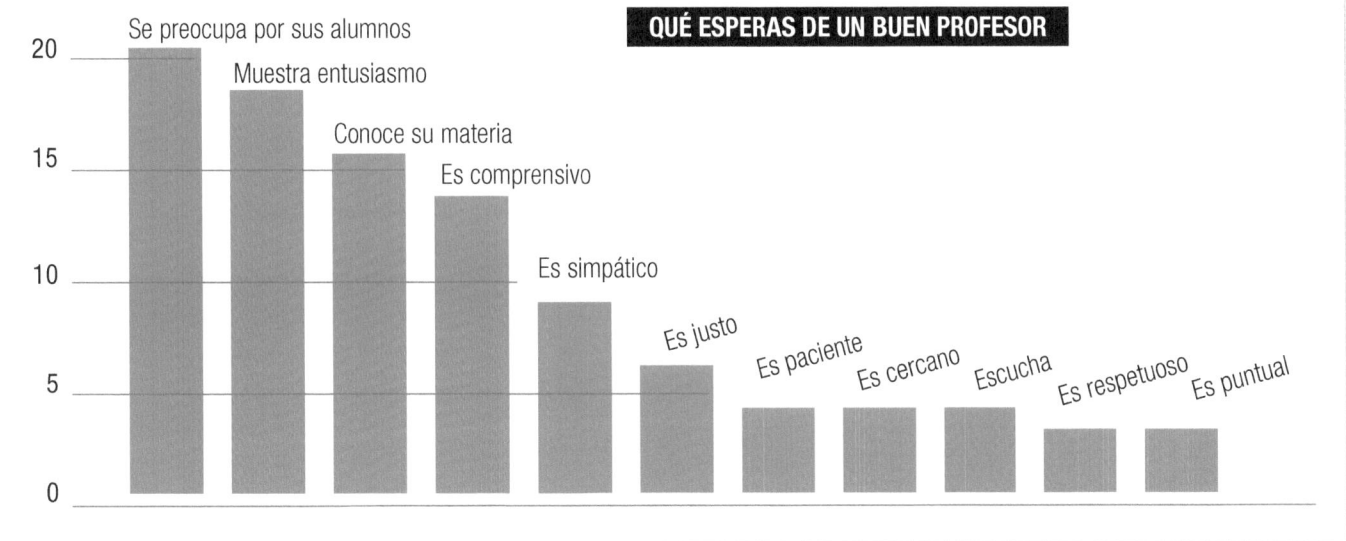

Espero que se preocupe por sus alumnos.

11 Añade tres cosas más que tú esperas.

1. _____
2. _____
3. _____

12 ¿Qué quieres o esperas de tus compañeros de clase? Escribe cinco frases. Recuerda utilizar el subjuntivo.

1. _____
2. _____
3. _____
4. _____
5. _____

13 Completa el mapa mental con siete deseos para tu futuro.

TENGA UN TRABAJO QUE ME HAGA FELIZ.

OJALÁ

8 Amor

14 Lee estos resúmenes de historias de amor y añade estos finales.

1 La hermana huye con otro hombre y los protagonistas pueden estar juntos.
2 Cuando ella lo besa, también muere, porque no puede soportar la muerte de su amado.
3 Después del terrible accidente de su amado, ella decide suicidarse.
4 Los dos huyen juntos, pero la familia los encuentra, mata al novio y ella se suicida.
5 Cuando el marido muere, los viejos enamorados recobran su amor de más de medio siglo.

A

Los amores entre Florentino Ariza y Fermina Daza comienzan cuando eran muy jóvenes. Quieren casarse, pero el padre de ella se opone a la boda y la manda de viaje para separarlos. Florentino la persigue, enviándole mensajes en clave. Cuando Fermina vuelve, sus sentimientos han cambiado y decide casarse con otro hombre.
(*El amor en los tiempos del cólera*, de Gabriel García Márquez)

B

Aunque Isabel y Diego pertenecen a dos clases sociales muy diferentes, se conocen y están enamorados desde niños. Diego pide su mano, pero su padre lo rechaza por ser pobre. Entonces, Diego decide hacer dinero en un plazo de cinco años y se va. Como parece que no vuelve, el padre busca a un hombre rico para su hija. Diego vuelve el día de la boda, pero llega tarde y del dolor muere allí mismo. Entonces, antes del funeral, ella decide besar a su amado.
(*Leyenda de los Amantes de Teruel*)

C

Dos familias acuerdan la boda de sus hijos sin tener en cuenta que la novia está enamorada de un hombre al que no puede presentar a su familia porque sus familias son enemigas.
(*Bodas de Sangre*, de Federico García Lorca)

D

Tita y Pedro están enamorados, pero la madre de Tita decide que ella, al ser la más pequeña de la familia, tiene que quedarse soltera, en casa, con ella. Para estar cerca uno del otro, Pedro se casa con su hermana. La pasión entre ellos no se termina y Tita se encierra en la cocina y expresa sus sentimientos a través de la comida.
(*Como Agua para Chocolate*, de Laura Esquivel)

E

Calixto ve a Melibea, de quien se enamora inmediatamente. Para lograr que ella lo quiera también a él, busca la ayuda de Celestina, una vieja que, entre otras cosas, se ocupa de asuntos de amor. Celestina visita a Melibea y la convence del amor de Calixto. Este visita a su amada, pero se cae por la escalera y muere.
(*La Celestina*, de autor anónimo)

15 ¿Cuál de las historias anteriores es para ti la más romántica? Coméntalo en grupo.

16 Escribe una sinopsis de un libro o una película que te guste.

Otras formas de querer

17 ¿En qué se caracterizan los distintos tipos de amor? Señálalo en la tabla. Puede haber varias opciones.

	un(a) amigo/-a	un familiar	una mascota	el trabajo
1 Te hace ganar dinero.				
2 Te hace conocerte mejor a ti mismo.				
3 Te ayuda cuando estás triste.				
4 No lo has elegido tú.				
5 Te hace ser una mejor persona.				
6 Sabes que depende de ti.				
7 Detecta tus estados de ánimo.				
8 Te da muchas satisfacciones.				

18 Lee estas frases sobre el amor y la amistad. ¿Cuál te gusta más? ¿Puedes confeccionar tú dos más? Las podéis colgar en la clase.

❶ AMISTAD

Los amigos son como los zapatos. Podemos tener muchos, pero siempre andamos con los que nos sentimos mejor

❷ AMOR:
¿Dónde andará el amor de MI VIDA?

❸ AMOR:
Ojalá pienses en mí antes de cerrar tus preciosos ojos como yo pienso en ti antes de dormir.

19 Completa las siguientes frases:

1 Yo estudio para que mis padres…

2 Yo estudio para que mis profesores…

3 Yo estudio para que mis amigos…

4 Yo estudio para que mis objetivos…

5 Yo estudio para que mis compañeros…

20 Lee esta carta de una sobrina a su tía y y escribe las mayúsculas que sean necesarias.

Pekín, 15 de marzo de 2016

querida tía:

sé que te gusta mucho recibir cartas, y he aprovechado tu cumpleaños para escribirte una, felicitarte y decirte todo lo que te quiero. ¿cómo estás? ¿ya has terminado de leer *dime quién soy*? a mí me ha gustado mucho.

Espero que te encuentres mejor de tu dolor en las piernas y que ahora que hace buen tiempo puedas salir más con tus amigas.

Yo estoy muy bien en china. aquí todo es muy diferente, pero me gusta. Los lunes y los miércoles voy a clase a aprender chino, ¡es muy difícil! La profesora me llama la señora díez, y yo siempre me acuerdo de ti. Bueno, aunque también muchas personas te llaman doña juana, ¿verdad? Nuestra ong tiene falta de personal estos meses, pero creo que pronto podré coger vacaciones e ir a verte. prometido.

da muchos recuerdos a los primos de mi parte. te quiere mucho,

tu sobrina,

p. d.: ya te he comprado el juego de *mahjong* que me encargaste.

Autoevaluación

8 Amor

Lengua y comunicación

1. Ser ____ significa tener miedo a perder el amor de una persona por otra.
   a) ☐ triste
   b) ☐ deprimido
   c) ☐ celoso

2. La alegría es lo contrario de la ____.
   a) ☐ tristeza
   b) ☐ pérdida
   c) ☐ pasión

3. Sí, estoy muy enamorada ____ mi novio.
   a) ☐ con
   b) ☐ de
   c) ☐ en

4. A mi novia ____ encantan los poemas de amor.
   a) ☐ la
   b) ☐ le
   c) ☐ se

5. Me alegro mucho de que ____ a la fiesta el sábado.
   a) ☐ vengas
   b) ☐ vienes
   c) ☐ vendrás

6. No me ____ que el poema sea triste, porque es precioso.
   a) ☐ alegro
   b) ☐ importa
   c) ☐ encanta

7. Me gusta ____ correos de mis amigos.
   a) ☐ que yo recibo
   b) ☐ que yo reciba
   c) ☐ recibir

8. Me molesta que ____ me controlen tanto.
   a) ☐ mis padres
   b) ☐ mi madre
   c) ☐ tú

9. No creo en el amor ____ primera vista
   a) ☐ en
   b) ☐ a
   c) ☐ de

10. Emma no ha querido salir con Simón, lo ha ____.
    a) ☐ rechazado
    b) ☐ opuesto
    c) ☐ aceptado

11. Mis mejores amigos se casan y celebran ____ este verano.
    a) ☐ la cena
    b) ☐ la joya
    c) ☐ la boda

12. Para entrar en este club ____ tener 21 años.
    a) ☐ exigen
    b) ☐ esperan
    c) ☐ ordenan

13. El Día de San Valentín era ya una fiesta ____ antes de convertirse en una fiesta cristiana.
    a) ☐ comercial
    b) ☐ tradicional
    c) ☐ pagana

14. Yo espero que mi pareja me ____ una sorpresa para nuestro aniversario.
    a) ☐ dé
    b) ☐ regala
    c) ☐ compra

15. Ojalá que algún día tus sueños se ____ realidad.
    a) ☐ hagan
    b) ☐ hacen
    c) ☐ harán

16. *Ojalá* es una palabra de origen ____.
    a) ☐ latino
    b) ☐ griego
    c) ☐ árabe

17. Estoy aquí para lo que tú ____.
    a) ☐ necesites
    b) ☐ necesitas
    c) ☐ necesitabas

18. El próximo ____ 5 de ____ tenemos un examen.
    a) ☐ Viernes / Marzo
    b) ☐ viernes / marzo
    c) ☐ viernes / Marzo

19. En algunos países del norte de ____ se habla ____.
    a) ☐ Africa / francés
    b) ☐ África / francés
    c) ☐ África / Francés

20. Yo soy de ____ y hablo ____.
    a) ☐ Honduras / Español
    b) ☐ honduras / español
    c) ☐ Honduras / español

Total: ____ / 10 puntos

Autoevaluación

8 Amor

Destrezas

 1. COMPRENSIÓN ESCRITA

1 Lee el texto y elige el título que crees que lo resume mejor. (___ / 1 punto)

1 Tipos de amor ☐   2 Otra invención griega ☐   3 Amor solo hay uno ☐

2 ¿A cuál de los cuatro tipos de amor corresponden estas características? (___ / 8 puntos)

1 Es un amor que no dura mucho. _____
2 Se parece mucho a la solidaridad. _____
3 Se da sin esperar nada a cambio. _____
4 Es el amor que tienes a tus hermanos. _____
5 Este amor se desarrolla muy despacio. _____
6 Es el amor que se puede sentir por los compañeros de clase. _____
7 Puede ir unido a la pasión. _____
8 Solo tiene lugar si conoces bien a la persona. _____

3 El propósito del texto es: (___ / 1 punto)

1 Informar al lector ☐   2 Aconsejar sobre el amor ☐   3 Dar una opinión ☐

En temas de amor, los griegos fueron los expertos, y lograron asignar diversas definiciones con la finalidad de aclarar algunas de las formas en las que manifestamos el amor.

EROS
La mitología griega consideraba a Eros el dios del amor; sin embargo, este solo representaba la parte carnal: el deseo y la atracción sexual. Representaba el amor erótico, el que se manifiesta al principio de una relación, cuando la pasión y la curiosidad juegan un papel importante. Este tipo de amor es fugaz, determina el inicio de una aventura que, después, podría convertirse en algo más profundo.

STORGÉ
Conocido también como *amor fraternal*, lo desarrollamos hacia nuestra familia, los compañeros y los amigos. Bajo esta definición se dan las relaciones en las que el compromiso es fundamental, incluso podemos sentirlo hacia alguna mascota. Los griegos aseguraban que el afecto o amor *storgé* se da lentamente, que es necesario tener un conocimiento amplio de la persona para poder definirlo como tal.

PHILIA
Su palabra es *hermandad*. La intención de este tipo de amor es promover el bien común y la cooperación con otros seres humanos durante la convivencia. Tiene mucho más que ver con la psicología social y el cómo interactuamos con otras personas dentro de un ambiente determinado. Este tipo de amor es el que nos mueve a ser amables y solidarios con los otros y a trabajar en equipo.

ÁGAPE
Este es el concepto que resalta el lado más profundo de la palabra. Se refiere a un amor incondicional y reflexivo, en el que la prioridad siempre es el bienestar del ser amado. Esta definición le da un tono un poco religioso al amor, ya que lo podemos asociar con la filosofía cristiana sobre la divinidad y la devoción.

Total: _____ / 10 puntos

Autoevaluación

8 Amor

 2. PRODUCCIÓN ESCRITA

(Escribe al menos 250 palabras)

Escribe una carta a alguien que quieres.

Incluye:
- un encabezamiento y un saludo
- un párrafo con el motivo de tu carta
- un párrafo donde expresas tus sentimientos
- una despedida

▶ EVALUACIÓN DE TU PRODUCCIÓN ESCRITA

- **Lengua** (___/ 4 puntos)
- Léxico: relacionado con los sentimientos
- Gramática: el presente de subjuntivo

- **Contenido** (___/ 4 puntos)
- El encabezamiento y el saludo
- El motivo
- La expresión de los sentimientos
- La despedida

- **Formato** (___/ 2 puntos)
- ¿Has incluido el encabezamiento?
- ¿Hay una buena estructura y una despedida?

Total: _____ / 10 puntos

 3. PRODUCCIÓN Y COMPRENSIÓN ORAL (interacción)

(Mínimo dos minutos)

Con un compañero, habla y opina sobre estos temas:
- ¿Se puede vivir sin amor?
- ¿Hay varios tipos de amor? ¿Cuáles?
- ¿Cómo es una persona romántica?
- ¿Qué significa estar enamorado/-a?

Incluye:
- vivir sin amor
- tipos de amor
- ser romántico/-a
- estar enamorado/-a

▶ EVALUACIÓN DE TU PRODUCCIÓN ORAL

- **Lengua** (___/ 4 puntos)
- Léxico: variado y correcto
- Gramática: presente de subjuntivo

- **Contenido** (___/ 4 puntos)
- Vivir sin amor
- Tipos de amor
- Ser romántico/-a
- Estar enamorado/-a

- **Expresión** (___/ 2 puntos)
- Hablas con fluidez
- Tienes una buena pronunciación y entonación

- **Interacción** (___/ 10 puntos)
- Comprendes lo que dice tu compañero
- Respondes y reaccionas de manera coherente a lo que dice tu compañero

Total: _____ / 20 puntos

Total: _____ / 50 puntos

Mi progreso

Valora tu progreso después de esta unidad.

Mis habilidades
- Valorar e interpretar poemas
- Escribir un resumen
- Construir una historia
- Componer un poema
- Formular deseos
- Expresar finalidad

Mis conocimientos
- Léxico relacionado con los sentimientos, el amor y la amistad
- Mostrar solidaridad
- Analizar la situación de la sociedad
- Los factores afectivos
- La escucha activa
- Las mayúsculas y minúsculas

Soy más consciente
- Del significado del amor
- De lo que significa ser romántico
- De los distintos tipos de amor

 Bien   Adecuado   Mal

9 Solidaridad

Acoso

1 Escribe los sustantivos o los verbos que faltan.

1. acosar: *acoso*
2. _____: insulto
3. abusar: _____
4. _____: denuncia
5. agredir: _____
6. _____: amenaza
7. maltratar: _____
8. _____: sufrimiento

2 Lee la siguiente información de la página web de la organización Save the Children y completa el texto con las siguientes palabras.

> violencia • víctimas • diálogo • acoso • seguro
> físico • castigo • académico

ACOSO ESCOLAR O *BULLYING*

La escuela debería ser siempre un espacio en el que sentirse (1) _____. Sin embargo, para muchos niños, la escuela se ha convertido en la fuente de un tipo de violencia del que son (2) _____ y que ejercen sus propios compañeros. Hay niños que, por distintas razones, sufren maltrato (3) _____ o psicológico por parte de otros niños a través de actitudes como la represión, la discriminación, la homofobia, la violencia sexual o el (4) _____ corporal.
Este tipo de (5) _____ entre iguales tiene efectos negativos en la salud física, el bienestar emocional y el rendimiento (6) _____ de los niños, especialmente si dicha violencia se repite en el tiempo, además de influir en el clima escolar del centro educativo.
Trabajamos en la prevención de situaciones de (7) _____ escolar o *bullying* en las escuelas, teniendo en cuenta a los niños y las niñas, al centro educativo, a las familias y a las Administraciones. Ofrecemos talleres dirigidos a niños, madres y padres para que estén preparados frente a estas situaciones y para que se generen espacios de (8) _____ en los que los niños puedan compartir sus vivencias.

Extraído de: www.savethechildren.es

3 Vuelve a leer la información anterior y responde a las siguientes preguntas.

1. ¿Cómo deberían sentirse los niños en la escuela?
2. ¿De quién son víctimas algunos niños en la escuela?
3. ¿Qué tipo de maltrato sufren algunos niños?
4. ¿Qué efectos tiene la violencia entre compañeros en las escuelas?
5. ¿Cuál es el objetivo de Save the Children?
6. ¿Qué actividades organiza Save the Children?

4 Describe los diferentes tipos de acoso.

1. acoso laboral
   Normalmente, se trata del maltrato psicológico a un trabajador por parte de los jefes o de sus compañeros, que puede provocar una enfermedad en la persona que lo sufre.
2. acoso escolar
   _____
   _____
   _____
3. acoso sexual
   _____
   _____
   _____
4. ciberacoso
   _____
   _____
   _____

5 Completa la tabla con las formas del condicional.

	estar	deber	compartir
yo	*estaría*		
tú		*deberías*	
él, ella, usted			*compartiría*
nosotros/-as	*estaríamos*		
vosotros/-as		*deberíais*	
ellos/-as, ustedes			*compartirían*

6 Completa los siguientes diálogos con los verbos en condicional.

1. • Hoy he llegado a clase con una gorra y mis compañeros se han reído de mí. ¿Tú qué (hacer) _____?
   ■ Yo, en tu lugar, (decírselo) _____ a tus mejores amigos de la clase y los (animar) _____ a llevar a clase la misma gorra.
2. • Me han robado mi mejor bolígrafo y creo que sé quién ha sido.
   ■ Yo que tú, (poner) _____ una nota en la pared de la clase explicando qué ha pasado y (esperar) _____ un día o dos para ver si te lo devuelven.
3. • Soy nuevo en el instituto. Hace dos meses que empezaron las clases y todavía no tengo ningún amigo. ¿Crees que (poder) _____ ayudarme?
   ■ Yo, (hacer) _____ una fiesta en tu casa e (invitar) _____ a toda la clase.

9 Solidaridad

7 🔊 **Escucha los siguientes problemas y escribe un consejo para cada persona con las siguientes estructuras.**

1 Deberías _____.
2 Yo, en tu lugar, _____.
3 Yo que tú, _____.
4 Podrías _____.

Ciudadanía y discapacidad

8 Completa las frases con las siguientes palabras.

| intelectual • sordo • ciego • síndrome • signos • discapacidad |

1 Cuando tenía 15 años, sufrí una enfermedad muy grave y me quedé _____. Ahora, gracias a mi perro guía, puedo tener una vida casi como la que tenía antes.
2 Tengo _____ de Down y vivo con mi madre y con mi hermano. Voy a una escuela especial para personas con discapacidad _____ y me divierto mucho con mis compañeros.
3 Cuando era pequeño, mis padres pensaban que tenía dificultades para aprender a hablar y después de algunas pruebas descubrieron que era _____. Ahora me comunico con ellos y con mis amigos en lengua de _____.
4 Voy en una silla de ruedas desde que tuve un accidente de moto. Ahora conduzco un coche adaptado para personas con _____ física.

9 Lee el siguiente texto publicado en una página web y escribe un título.

10 Lee de nuevo el texto y marca si las siguientes afirmaciones son verdaderas (V) o falsas (F):

1 El Día Internacional de las Personas con Discapacidad se celebra en diciembre todos los años. ☐
2 El objetivo de la celebración del Día Internacional de las Personas con Discapacidad es integrar a estas personas en sus comunidades. ☐
3 En este día, las personas con discapacidad organizan actividades con su comunidad para disfrutar de sus derechos. ☐
4 Naciones Unidas aprobó el Programa de Acción Mundial para Personas con Discapacidad hace más de 30 años. ☐

11 Busca palabras o expresiones en el texto que signifiquen:

1 incorporación (párrafo 1) _____
2 finalidad (párrafo 1) _____
3 conseguir (párrafo 2) _____
4 promocionar (párrafo 2) _____

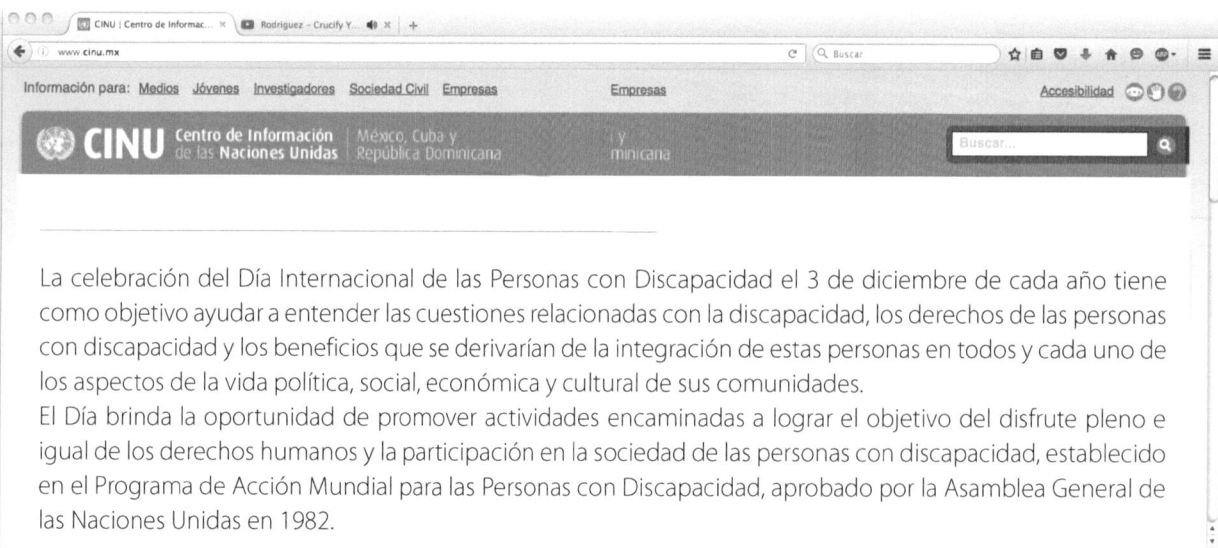

La celebración del Día Internacional de las Personas con Discapacidad el 3 de diciembre de cada año tiene como objetivo ayudar a entender las cuestiones relacionadas con la discapacidad, los derechos de las personas con discapacidad y los beneficios que se derivarían de la integración de estas personas en todos y cada uno de los aspectos de la vida política, social, económica y cultural de sus comunidades.

El Día brinda la oportunidad de promover actividades encaminadas a lograr el objetivo del disfrute pleno e igual de los derechos humanos y la participación en la sociedad de las personas con discapacidad, establecido en el Programa de Acción Mundial para las Personas con Discapacidad, aprobado por la Asamblea General de las Naciones Unidas en 1982.

www.cinu.mx

9 Solidaridad

12 Completa las siguientes frases.

1. FELICITAR: Felicita a tu compañero que ha aprobado el examen.
   ¡Felicidades *por aprobar el examen!*
2. PROPONER: Propón una actividad a tu mejor amigo.
   ¿Quieres _____?
3. PEDIR ALGO: Pide algo a un compañero de clase.
   ¿Podrías _____?
4. DAR UNA INFORMACIÓN: Informa a tus primos sobre algo.
   Os escribo para deciros que _____.
5. PREGUNTAR: Pregunta a tus compañeros.
   ¿Sabéis _____?
6. AGRADECER: Da las gracias a tu profesor(a) por algo.
   Muchas gracias por _____.
7. ACONSEJAR: Da un consejo a un amigo que tiene un problema en clase con un compañero.
   Deberías _____.

13 Relaciona las frases.

1. Me ha preguntado
2. Me ha dicho
3. Julio me ha pedido
4. El otro día me propuso
5. Ayer, mi profesora me felicitó
6. Me ha dado las gracias

a. el móvil para hacer una llamada.
b. porque era mi cumpleaños.
c. que han cambiado el horario de la clase de español.
d. por acompañarla hasta casa.
e. pasar el fin de semana con su familia en la montaña.
f. si he ido esta mañana a clase.

14 Escribe qué crees que les han dicho exactamente, como en el ejemplo.

1. Me ha felicitado por aprobar el curso.
   Has aprobado el curso. ¡Felicidades!
2. Unos amigos me han propuesto pasar el fin de semana con su familia en la playa.
   _____
3. Un compañero me ha dado las gracias por ayudarlo con los ejercicios de matemáticas.
   _____
4. Una señora en la calle me ha preguntado si hay una panadería cerca.
   _____
5. Después del concierto, mis padres me han felicitado porque he tocado la guitarra muy bien.
   _____
6. Anabel me ha pedido una hoja de papel.
   _____
7. El entrenador de fútbol me ha preguntado qué días puedo jugar.
   _____
8. Mi hermano me ha dicho que tiene novia.
   _____

15 Comenta con un amigo los consejos, peticiones y recomendaciones que te han dado. Escríbelo.

1. Ayuda siempre a tus compañeros.
   Me han aconsejado que _____
2. ¿Puedes participar en la organización de la fiesta de fin de curso?
   Me han propuesto que _____
3. Deberías informarte de lo que pasa en tu ciudad.
   Me han sugerido que _____
4. Ve a pie, en bici o en transporte público por la ciudad. Es más ecológico.
   Me han recomendado que _____
5. Deja el videojuego y haz deporte.
   Me han ordenado _____
6. Si ves algún caso de acoso en tu clase, denúncialo.
   Me han aconsejado que _____
7. ¿Podrías dejar el asiento libre para aquella señora?
   Me han pedido que _____

9 Solidaridad

16 ¿Eres un buen ciudadano? ¿Qué puedes hacer para ayudar a tu comunidad? Lee el siguiente artículo y toma nota de las cosas que vas a hacer o puedes hacer tú para colaborar con tu ciudad. Después, coméntalo con tus compañeros.

AYUDA A TU COMUNIDAD

Los buenos ciudadanos participan activamente en su comunidad para mejorar la vida de sus conciudadanos. Todos queremos ser buenos ciudadanos y, con un poco de planificación y esfuerzo, cualquiera puede serlo.

1 Obtén una buena educación. Una de las mejores cosas que podrás hacer por tu comunidad es obtener una buena educación. Cuando uno la tiene, obtiene mejores empleos y contribuye más a la economía.

2 Trabaja duro. Cuando uno trabaja duro, brinda servicios a los demás y gana dinero, lo cual contribuye a fortalecer la economía en tu área. Si no tienes trabajo, busca la oficina de desempleo local de tu comunidad para que te ayuden a encontrarlo.

3 Mantente al corriente de las noticias. Lee el periódico y mantente informado de los problemas que te afectan a ti, a tu área y al resto del país.

4 Comparte tu buena fortuna. Si te va tan bien que tienes tiempo o dinero extra, devuélveselo a tu comunidad como agradecimiento.
-Haz trabajo voluntario en las organizaciones que consideras importantes.
-Ayuda a los que no tienen hogar. Sé voluntario en el comedor de beneficencia o en el albergue local para las personas que viven en la calle.
-Haz donaciones. Dona dinero a organizaciones locales, nacionales o internacionales.

5 Dona sangre. La sangre salva las vidas de miles de personas todos los días. Donar sangre es especialmente importante cuando hay una crisis.

6 Obtén capacitación de emergencia. Capacítate para primeros auxilios, además de otras capacitaciones de emergencia, como las de desastres naturales, para que puedas ayudar a tus conciudadanos cuando surja alguna emergencia.

7 Crea empleos. Crea oportunidades de trabajo cada vez que puedas. Contrata a alguien y págalo justamente.

8 Mantente sano. Es importante que cuides tu cuerpo y te mantengas lo más sano posible. Cuando uno se enferma, pone a los demás en riesgo y ocupas el valioso espacio de los consultorios médicos y hospitales que podrían usarse para otras personas.

Extraído de: http://es.wikihow.com

Voluntariado

17 Relaciona las siguientes definiciones con las palabras de la derecha.

1 Pertenece al Gobierno.
2 Defiende una religión.
3 Su objetivo es ayudar a las personas.
4 No es público o del Estado.
5 No busca ganar dinero.
6 Defiende la naturaleza y la conservación del medioambiente.
7 Busca la paz.

a ecologista
b pacifista
c gubernamental
d confesional
e sin ánimo de lucro
f humanitario/-a
g privado/-a

18 Busca información en internet sobre una ONG y completa los siguientes datos.

Nombre de la ONG:
¿Quiénes son?
¿Qué hacen?
¿A qué personas va dirigida?
¿En qué países desarrolla sus actividades?
¿Qué fuentes de financiación económica tiene?

19 ¿Colaborarías con la ONG que has elegido? ¿Por qué?

20 Completa la tabla con los verbos que faltan en pretérito imperfecto de subjuntivo.

	ser / ir	poder	tener
yo	fuera		tuviera
tú,		pudieras	
él, ella, usted	fuera		tuviera
nosotros/-as		pudiéramos	
vosotros/-as	fuerais		tuvierais
ellos/-as, ustedes		pudieran	

9 Solidaridad

21 Completa las frases con condicional o pretérito imperfecto de subjuntivo.

1. Si _____ (tener, tú) tiempo, ¿_____ (colaborar) con una ONG?
2. Yo _____ (donar) una parte de mi salario a una ONG si _____ (tener) trabajo.
3. Si yo _____ (ser) el director de esta escuela, _____ (proponer) la solidaridad como asignatura.
4. Nosotros _____ (ir) a un proyecto de voluntariado a Sri Lanka si _____ (poder) pagar el viaje.
5. ¿Qué _____ (hacer, tú) si _____ (ser) presidente de tu país?
6. Si mi madre _____ (poder) estudiar de nuevo, seguro que _____ (estudiar) Medicina para trabajar con Médicos sin Fronteras.
7. Si mis padres _____ (ser) ricos, _____ (ayudar) a mucha gente.
8. Si este fin de semana no _____ (tener) que estudiar para el examen del lunes, _____ (participar) en el concierto benéfico.

22 🔊49 *Qué harías si…* es el nombre de un programa de radio que propone a su público que deje en el contestador la respuesta a una pregunta que todos los días es diferente. Escucha y toma nota de sus respuestas.

La pregunta del lunes:
1. ¿Qué harías si pudieras cambiar el mundo?
_____

La pregunta del martes:
2. ¿Qué harías si no tuvieras un lugar para vivir?
_____

La pregunta del miércoles:
3. ¿Qué harías si fueras el alcalde de tu ciudad?
_____

La pregunta del jueves:
4. ¿Qué harías si pudieras vivir sin trabajar?
_____

La pregunta del viernes:
5. ¿Qué harías si fueras la persona más rica del mundo?
_____

23 Ahora, responde tú a las preguntas anteriores.

1. _____
2. _____
3. _____
4. _____
5. _____

24 Lee la siguiente información sobre la Fundación Pies Descalzos y responde a las preguntas.

1. ¿Quién fundó Pies Descalzos? _____
2. ¿A qué colectivo va dirigida? _____
3. ¿Qué hace? _____

Fundación Pies Descalzos
Somos una organización no gubernamental colombiana, creada por la artista Shakira en 1997. Trabajamos para la construcción de una Colombia más equitativa y solidaria, con mayores oportunidades para los niños y las niñas.

Misión
Apostamos por una Colombia equitativa a través de la educación pública de calidad. Lo hacemos construyendo espacios educativos dignos, generando pedagogías innovadoras, apoyando la nutrición, brindando atención psicosocial y promoviendo el desarrollo comunitario, para niñas y niños en situación de vulnerabilidad.

25 Lee la información sobre voluntariado para Pies Descalzos y señala si las siguientes frases son verdaderas.

1. Necesitan profesores de inglés y psicólogos. ☐
2. Necesitan expertos en medicina. ☐
3. Aceptan voluntarios para menos de un mes. ☐
4. Lo primero que hay que hacer para ser voluntario es enviar el currículum. ☐

Información voluntariado

El programa de voluntariado de la Fundación Pies Descalzos es una oportunidad de aprendizaje y una experiencia inolvidable que busca intercambiar conocimientos entre los voluntarios, los niños y niñas, sus familias y la comunidad.
En nuestra fundación, tanto los voluntarios como las comunidades tienen un crecimiento personal, que genera confianza, solidaridad y reciprocidad.
Actualmente, estamos buscando voluntarios en:
- Educación
- Apoyo a una segunda lengua (inglés)
- Apoyo psicosocial (individual o grupal)
- Ayuda en proyectos comunitarios
- Ayuda en la construcción y reparación de estructuras y edificios (voluntariado grupal o empresarial)

Por un período mínimo de un mes y con una intensidad horaria de, mínimo, veinte horas semanales.
Si cumples con los requisitos anteriores, como primer paso para ingresar al voluntariado, regístrate y envíanos tu hoja de vida. Adicionalmente, cuéntanos el tiempo del que dispones para realizar el voluntariado (fechas y horarios).

www.fundacionpiesdescalzos.com

26 Quieres ir a Colombia como voluntario a la Fundación Pies Descalzos. Escribe una carta de motivación.

Autoevaluación

9 Solidaridad

Lengua y comunicación

1. Un amigo mío ha presentado ____ por acoso.
   a) ☐ un abuso
   b) ☐ una denuncia
   c) ☐ un insulto

2. Un compañero de clase ha pegado ____ un chico de otro curso.
   a) ☐ de
   b) ☐ a
   c) ☐ Ø

3. Si sufres amenazas de un compañero, ____ con tu profesor.
   a) ☐ hable
   b) ☐ hablarías
   c) ☐ deberías hablar

4. No tienes buena cara. ____ iría al médico.
   a) ☐ Yo, en tu lugar,
   b) ☐ Deberías
   c) ☐ Podrías

5. Yo que tú, ____ a Recepción para informarme.
   a) ☐ iría
   b) ☐ irías
   c) ☐ iríais

6. No sé si invitar a Sergio a la fiesta, ¿tú qué ____?
   a) ☐ haría
   b) ☐ harías
   c) ☐ haríais

7. Las personas con síndrome de Down tienen una discapacidad ____.
   a) ☐ visual
   b) ☐ intelectual
   c) ☐ auditiva

8. Mi hermano tiene una discapacidad ____, y por eso va en silla de ruedas.
   a) ☐ intelectual
   b) ☐ física
   c) ☐ movilidad

9. Silvia me ha ____ por el regalo que le di en su cumpleaños.
   a) ☐ felicitado
   b) ☐ dado las gracias
   c) ☐ propuesto

10. La profesora me ha preguntado ____ es mi cumpleaños hoy.
    a) ☐ cuándo
    b) ☐ si
    c) ☐ que

11. Mi amiga Ana me ha pedido que la ____ a su casa.
    a) ☐ acompañe
    b) ☐ acompaña
    c) ☐ acompaño

12. La policía aconseja que ____ todos los casos de acoso.
    a) ☐ denunciaríamos
    b) ☐ denunciemos
    c) ☐ denunciamos

13. Voy a colaborar con una ONG ____ para luchar por el medioambiente.
    a) ☐ pacifista
    b) ☐ gubernamental
    c) ☐ ecologista

14. Muchas ONG tienen programas de ____ en África.
    a) ☐ desarrollo
    b) ☐ justicia
    c) ☐ humanitarios

15. Médicos sin Fronteras es una organización ____ ánimo de lucro.
    a) ☐ sin
    b) ☐ con
    c) ☐ de

16. Greenpeace no acepta ____ de Gobiernos.
    a) ☐ derechos
    b) ☐ donaciones
    c) ☐ partidos

17. Si ____ trabajar en una ONG, ____ con Amnistía Internacional.
    a) ☐ podría / trabajaría
    b) ☐ pudiera / trabajaría
    c) ☐ pudiera / trabajaré

18. Yo ____ muchas cosas si ____ el presidente de mi país.
    a) ☐ cambiaría / sería
    b) ☐ cambiaría / fuera
    c) ☐ cambiaré / sería

19. ¿Y vosotros qué ____ por vuestra ciudad si ____ mucho dinero?
    a) ☐ harías / tuvieras
    b) ☐ harías / teníais
    c) ☐ haríais / tuvierais

20. Las siglas de la Unión Europea son ____.
    a) ☐ EU
    b) ☐ UE
    c) ☐ EE. UU.

Total: ____ / 10 puntos

Autoevaluación

9 Solidaridad

Destrezas

 1. COMPRENSIÓN ESCRITA

1 Lee dos cartas al director publicadas en dos periódicos diferentes y elige uno de los siguientes títulos para cada una.
(____ / 2 puntos)

a Acoso escolar ☐
b Ser un buen ciudadano ☐
c Promover el buen uso de las redes ☐
d Contra el acoso laboral ☐

2 Lee la carta 1 y continúa las frases con la opción más adecuada según el texto. (____ / 4 puntos)

1 En los últimos años…
☐ a hay menos violencia de género y acoso.
☐ b son frecuentes la violencia de género y el acoso.
☐ c no hay violencia de género ni acoso.

2 La gente joven…
☐ a lucha por cambiar la situación.
☐ b puede cambiar la situación.
☐ c no puede cambiar la situación.

3 Las redes sociales…
☐ a ayudan a educar a los niños.
☐ b no ayudan a cambiar la situación.
☐ c educan a los niños.

4 Todos debemos…
☐ a educar para utilizar bien las redes sociales.
☐ b diferenciar quién es amigo y quién es enemigo.
☐ c educar a los niños.

3 Lee la carta 2 y señala si las siguientes frases son verdaderas (V) o falsas (F). (____ / 4 puntos)

1 Más de la mitad de los alumnos es víctima de acoso escolar. ☐
2 La prensa informa de los casos de acoso. ☐
3 La sociedad es consciente del problema, pero no hace nada. ☐
4 Es necesario que los profesores, los padres y los alumnos hagan algo. ☐

Carta 1: _____

JAVIER LUENGO MOYA **Torrejón de Ardoz, Madrid**
En estos últimos años, están a la orden del día los delitos de violencia de género, acosos escolares, acosos sexuales… Los jóvenes, que son ahora los que tienen la capacidad de cambiarlo mediante la educación, el respeto, etcétera, están dejando pasar ese tren que podría hacer cambiar a la sociedad y avanzar hacia la igualdad de género, en definitiva, hacia el futuro. Pero las redes sociales, a las que todos ellos tienen un acceso relativamente fácil en el momento que tienen un ordenador o un *smartphone,* no ayudan a ese avance… Por ello, desde los centros educativos, lo que se debe hacer es promover el buen uso de las redes y educar a los niños (colectivos de entre 12 y 15 años) para que ellos mismos se den cuenta de lo que es delito, quién es amigo, quién es enemigo, cosas que tienen que poder diferenciar ellos mismos con ayuda de padres, profesores, hermanos/-as. Por ellos, todos en común debemos de promoverlo.

http://elpais.com

Carta 2: _____

Los datos cantan por sí solos. El 41% de los alumnos de nuestro país, entre siete y ocho años, sufre acoso escolar. [...] Los diarios publican dichos datos escalofriantes ¿y qué se hace? Nada de nada [...] Es un problema de todos, de nuestros políticos, del Departamento de Enseñanza, del profesorado, de los padres de los alumnos y de los propios alumnos. Colaborando siempre todos juntos y asumiendo cada uno el rol que le corresponda, se deben tomar las medidas oportunas ya para paliar una situación que, por los datos descritos, es inaceptable y preocupante para todos. ¿O no?
— **J.L.R.**

www.20minutos.es

Total: _____ / 10 puntos

Autoevaluación

9 Solidaridad

 2. PRODUCCIÓN ESCRITA

(Escribe al menos 250 palabras)

Escribe una carta de motivación para un puesto de voluntario en una ONG o en una fundación.

Incluye:
- destinario y fecha
- el motivo de tu carta
- tu formación y cualidades
- saludo y despedida

▶ EVALUACIÓN DE TU PRODUCCIÓN ESCRITA

- **Lengua** (___ / 4 puntos)
- Léxico: vocabulario relacionado con las ONG, la solidaridad, las habilidades, la formación y la experiencia profesional
- Gramática: presente, pasados, condicional

- **Contenido:** (___ / 4 puntos)
- Destinatario y fecha
- Motivo
- Formación y habilidades
- Saludo y despedida

- **Formato:** carta de motivación (___ / 2 puntos)
- ¿Has escrito en el lugar adecuado la fecha, el lugar, el saludo y la despedida?
- ¿Has utilizado un registro formal?

Total: _____ / 10 puntos

 3. PRODUCCIÓN Y COMPRENSIÓN ORAL (interacción)

(Mínimo dos minutos)

Con un compañero habla y opina sobre cómo mejorar la sociedad en general.

Incluye:
- descripción de los problemas más urgentes
- la aportación a la sociedad de las ONG y las fundaciones
- consejos o sugerencias para mejorar la situación
- acuerdo o desacuerdo con tu compañero

▶ EVALUACIÓN DE TU PRODUCCIÓN ORAL

- **Lengua** (___ / 4 puntos)
- Léxico: variado y correcto
- Gramática: condicional, *si* + imperfecto de subjuntivo

- **Contenido:** los cuatro puntos de la instrucción (___ / 4 puntos)
- Describir los problemas que existen en la sociedad
- Comentar qué aportan las ONG y las fundaciones
- Dar consejos o recomendaciones
- Expresar acuerdo o desacuerdo

- **Expresión** (___ / 2 puntos)
- Hablas con fluidez
- Tienes una buena pronunciación y entonación

- **Interacción** (___ / 10 puntos)
- Comprendes lo que dice tu compañero
- Respondes y reaccionas de manera coherente a lo que dice tu compañero

Total: _____ / 20 puntos

Total: _____ / 50 puntos

Mi progreso

Valora tu progreso después de esta unidad.

Mis habilidades
- Transmitir mensajes de otra persona
- Expresar condiciones poco probables
- Escribir una carta al director
- Escribir una carta de motivación

Mis conocimientos
- Léxico relacionado con el acoso, la discapacidad, la solidaridad y las organizaciones no gubernamentales
- Mostrar solidaridad
- Analizar la situación de la sociedad
- El trabajo colaborativo
- Las siglas

Soy más consciente
- De los problemas que afectan a las sociedad
- De la importancia de ser solidario
- De lo que hacen las ONG y las fundaciones

 Bien   Adecuado   Mal

TRANSCRIPCIONES

LIBRO DEL ALUMNO

1 Diversidad

Identidades

2 C (1)

Mi padre es de Marruecos y mi madre, española, pero yo nací en Francia. A los diez años nos vinimos a vivir a Canadá. Hablo francés y español y, bueno, también inglés porque voy a una escuela internacional. Tengo muchas dificultades cuando me preguntan de dónde soy. Nací en Francia y tengo pasaporte francés, pero es que casi no me acuerdo de Francia. La familia de mi padre vive en Casablanca, en Marruecos. Vamos todos los veranos allí y me encanta. Tengo una familia muy grande, con muchos primos y primas, y me lo paso muy bien con ellos. En las vacaciones de Navidad siempre vamos a España, a Sevilla. A mí me gusta ir a Sevilla porque no hace tanto frío como en Toronto y porque también tengo muchos primos. Quiero mucho a mis abuelos españoles porque son muy divertidos y siempre hacemos cosas juntos. En la escuela internacional tengo amigos de muchas nacionalidades. Algunos, como yo, tienen una mezcla de culturas y siento que me entienden mejor. Pienso que es algo muy especial y que no tengo por qué definir exactamente de dónde soy. Me gusta Canadá y muchas veces digo que soy canadiense porque es más fácil que contar toda mi historia.

Hábitos

1 D (2)

Muere lentamente
quien se transforma en esclavo del hábito
repitiendo todos los días los mismos trayectos,
quien no cambia de marca,
no se atreve a cambiar el color de su vestimenta
o bien no conversa con quien no conoce.

2 B (3)

A Victoria: Yo me levanto pronto, y es que no puedo dormir por la mañana. Es igual si me acuesto temprano o tarde: a las ocho me despierto y me tengo que levantar.
Marcos: Pues a mí me cuesta mucho despertarme por la mañana. Pongo el despertador y suena y suena y nada, no me puedo levantar. En cambio, por la noche no puedo parar de hacer cosas y no quiero acostarme.

B Victoria: Soy muy organizada y me gusta tener todo controlado. Siempre preparo los viajes con mucha antelación y, en el instituto hago una planificación para estudiar para los exámenes y hacer los proyectos con tiempo. Me estresa mucho si no lo hago.
Marcos: Pues yo odio planificar demasiado. Me gusta improvisar y ser flexible. No puedo hacer planes para el fin de semana el martes o miércoles porque no sé cómo me voy a sentir el sábado o el domingo. Es verdad que esto, a veces, es un problema en el instituto, y siempre termino los proyectos o estudio para los exámenes el día antes.

C Victoria: Me gustan los deportes de equipo. Voy a clase de pilates los martes, porque necesito estar en un grupo, no puedo hacer deporte sola.
Marcos: A mí me gustan los deportes al aire libre. Me gusta correr, a veces por la mañana, si no estoy muy cansado. Los fines de semana, normalmente, juego al fútbol con mis amigos. Si hace buen tiempo, voy en bicicleta o llamo a algún amigo e improvisamos una excursión por las montañas.

D Victoria: Yo prefiero ducharme por la mañana. Me ayuda a despertarme y a ponerme en marcha.
Marcos: Yo, por la mañana, no tengo tiempo para ducharme, prefiero hacerlo por la noche porque me relaja.

E Victoria: Yo voy andando al instituto. Está un poco lejos de mi casa, pero voy siempre con un compañero de clase y así podemos hablar por el camino.
Marcos: Pues yo igual. En invierno, cuando llueve o hace frío, prefiero ir en autobús al instituto, pero cuando hace buen tiempo voy andando con una compañera de clase muy simpática, y así hablamos.

Estilos de aprendizaje

2 B (4)

1 ● Yo voy a escribir las palabras diez veces para aprenderlas.
   ■ ¿Así las aprendes mejor? Me parece una buena idea.

2 ● ¿Me pasas el rotulador verde? Es que voy a subrayar los verbos.
   ■ ¿Para qué te ayudan los colores? ¿Puedes recordar mejor los irregulares?

3 ● ¡No he entendido nada del vídeo! ¿Lo podemos ver otra vez?
   ■ Yo sí que he entendido algo, pero antes también me costaba mucho.

2 Tradición

Vintage

2 A (5)

Entrevistadora: ¿Es lo mismo *retro* que *vintage*?
Alberto: El término *vintage* se ha confundido a menudo con el término *retro*. *Vintage* es una pieza que se elaboró en una época pasada, y sigue teniendo la estética de esa época. *Retro* se refiere a una pieza que se ha elaborado actualmente, pero se ha inspirado o ha seguido una estética pasada.
Entrevistadora: ¿Cuánto tiempo hace que existe el diseño *vintage*?
Alberto: El diseño que se hace a partir de los años 40 se considera *vintage* y lleva influenciando el mercado casi dos décadas; es en los 40 cuando muchos diseñadores crean esa estética industrial que, sin duda, marca todo el resto del siglo XX.
Entrevistadora: *Vintage*, como término, ¿en qué contexto comienza a utilizarse primero?
Alberto: El término *vintage* se empieza a utilizar y difundir en el contexto de los muebles: cómodas, sillones, sillas, etc., con el fin de volver a descubrir grandes diseñadores del siglo XX. Luego, a partir de ahí, la moda comienza a apropiarse del término y pasa a influir a su vez a otras áreas.
Entrevistadora: ¿Cuándo comienza el interés actual por el *vintage*?
Alberto: A nivel internacional, podemos decir que el *vintage* comienza en los años noventa, cuando empieza a haber grandes subastas de estos objetos en París y se convierte en mucho más que una tendencia de moda.
Aquí, en España, llega mucho más tarde y es introducida principalmente por revistas como la nuestra, que han hecho una labor de difusión del diseño importantísima en nuestro país. Podemos decir que desde mediados del 2000, mucho más reciente de lo que realmente se cree. Actualmente, nuestra revista está promoviendo la estética del *vintage* de forma sólida y estamos a punto de lanzar una edición especial en muchos países latinoamericanos. Latinoamérica, poco a poco, ha dejado de mirar el diseño moderno como la estética predominante para dar importancia al *vintage*.

Estereotipos

5 B y C (6)

En el programa de hoy vamos a presentar dos contextos que se ven afectados por prejuicios o estereotipos que preocupan, sin lugar a dudas, a mucha gente.
La diferencia de género que existe en disciplinas como la ingeniería o la tecnología es difícil de creer. El número de mujeres matriculadas en este momento en Ingeniería es del 25 %, frente a un 74 % de estudiantes que son hombres. Hablamos con algunas de las chicas que representan a esa poca cantidad y ellas nos repiten que existen muchos estereotipos y demasiados prejuicios en estos casos. Por ejemplo, el hecho de que desde pequeños, la mayoría tiene asignada una serie de juguetes adaptados al género o de que todo el mundo cree que si eres informático, eres un friki.
Adaptado de: http://www.padresehijos.com.mx

Costumbres y celebraciones

2 D (7)

Vive el águila en su nido,
el tigre vive en la selva,
el zorro en la cueva ajena,
y en su destino incostante
solo el gaucho vive errante
donde la suerte lo lleva.

Ricardo Darín

1 B (8)

Ricardo Darín: Yo creo que lo más importante para un actor es pensar. Y pensar en otro idioma es muy difícil. Lograrás pensar en otro idioma después de muchísimos años; algunos lo consiguen, de vivir en un lugar donde estás obligado no solo a hablar en ese idioma, sino a tener que resolver todas las cuestiones de tu vida en ese idioma.
Entrevistador: Una cosa es decir una frase en inglés y otra cosa es pensarla.
Ricardo Darín: Y otra es pensar, y es muy difícil pensar en otro idioma. Yo, a mí me costaría muchísimo pensar en otro idioma que no sea el mío, y me parece que estaría entregando una herramienta muy valiosa, a lo mejor es por una cuestión de cuidado, si se quiere, pero lo asocio a que no me quita el sueño Hollywood, como no me quita el sueño el Óscar…

3 Cambio

Transformaciones en el mercado laboral

3 B (9)

Álex: ¡Hombre, Diego! ¿Qué tal? ¡Cuánto tiempo sin verte!
Diego: Hola, Álex, ¿qué tal tú?
Álex: Bien, bien, pero te veo muy cambiado, ¿qué te ha pasado?
Diego: Bueno, es que he empezado a trabajar… Hace tres meses que trabajo en una empresa.
Álex: Pues pareces otra persona. Te has cortado el pelo, ya no llevas barba… Pareces una persona más formal.
Diego: Sí, bueno, es que ahora me levanto muy temprano y ya no salgo por la noche. No te lo vas a creer, pero me he vuelto más responsable.
Álex: Ya, ya lo veo. Oye, te veo más fuerte, ¿no?
Diego: Bueno, más que fuerte, he engordado un poco, pero solo unos kilos. Pero estoy muy contento con mi trabajo, me estimula mucho. Estoy pensando en montar mi propia empresa. Justo ahora voy a una reunión al club.
Álex: ¿A qué club? ¿Te has hecho socio de algún club de fútbol?

ciento noventa y cinco **195**

TRANSCRIPCIONES

Diego: No, no. Me he hecho socio de un club de emprendedores. Nos reunimos una vez a la semana y está muy bien, porque intercambiamos ideas y estoy conociendo a gente muy interesante que creo que me puede ayudar.
Álex: Oye, ¿y sigues viviendo con César y con Jonathan?
Diego: Sí, de momento sí, pero ahora estoy buscando piso con Anabel.
Álex: ¿Sigues con Anabel?
Diego: Sí, sí.
Álex: Oye, pues me alegro de verte. Saluda a Anabel de mi parte…

Evolución de la educación

2 A (10)

● Abuela, ¿cómo era la escuela cuando eras pequeña?
■ Cuando era pequeña, yo vivía en el campo. En los años 40, en España, después de la Guerra Civil española, había mucha pobreza. Mi pueblo era muy pequeño y solo había una escuela con una clase.
● ¿Cuántos niños había en la clase?
■ Éramos casi 40 niños y niñas. Todos en la misma clase, los mayores y los pequeños.
● ¿Y cómo era la clase? ¿Qué cosas había?
■ Recuerdo que en la clase había un mapa grande de España y encima de la pizarra había una foto de Franco, el jefe del Gobierno. Y en invierno hacía mucho frío porque no había calefacción.
● ¿Y las clases cómo eran?
■ Antes de empezar las clases teníamos que rezar, la Religión era obligatoria. Después, empezábamos la lección, pero como solo había una maestra para todos, nos daba clases en grupos. Primero, a los pequeños; luego, a los mayores. Teníamos que estar siempre en silencio.
● Ahora nos dejan hablar cuando hacemos trabajos en grupos o en parejas…
■ Uy, eso antes era imposible.
● Había mucha disciplina, ¿no?
■ Sí, teníamos que tratar a los profesores con mucho respeto. Cada vez que entraba un profesor en la clase teníamos que levantarnos y saludar: «¡Buenos días, don Antonio!». Y si no hacías bien los deberes, te castigaban.
● ¡Qué fuerte! Ahora los profesores intentan ayudarnos y nos dicen que para aprender es normal cometer errores…
■ ¡Qué suerte tenéis, hija!
● Y… ¿cuándo dejaban la escuela normalmente los niños?
■ Muchos dejaban la escuela cuando aprendían a leer y a escribir, porque se ponían a trabajar a partir de los 12 o 13 años.

3 D (11)

Yo considero que Teresa actúa de una forma muy resiliente porque ha aprendido de la mala nota que ha sacado por falta de tiempo y va a organizar mejor su próximo trabajo.
Adriana, en cambio, está probablemente frustrada y no quiere saber por qué el examen no está bien. No quiere aprender de sus errores.
Finalmente, Pablo no ha abandonado el fútbol. Ha entendido que no todo lo hace bien y ha buscado una solución. Pablo es un ejemplo de persona resiliente.

Revolución de la mujer

4 A (12)

1 validez
2 celebrar
3 crecimiento
4 manifestación
5 reaccionar
6 sintetizar
7 ofrecer
8 producir

4 B (13)

1 convención
2 social
3 preocupación
4 internacional
5 acción
6 decisión
7 modificación
8 discriminación
9 alcanzar
10 creación

4 Convivencia

Comunicación intercultural

1 A (14)

Presentador: Buenas tardes a todos. Hemos hecho un pequeño reportaje a tres personas que actualmente están viviendo fuera de su país. La pregunta es: ¿cuál es su experiencia al convivir en un nuevo país con una cultura diferente? Estas son sus opiniones…
Alejandro, cubano. Vive en España.
Alejandro: Un amigo mío ya estaba aquí y me decía que aquí había mucho trabajo. Pero yo sufro porque para mí es muy difícil integrarme, porque el color de mi piel llama la atención y siento, no por todo el mundo, claro, pero sí por algunos, una especie de rechazo. Hay muy pocos negros en esta ciudad, y cuando voy por la calle mucha gente me mira. Yo solo quiero reunir suficiente dinero para traer a mi familia. ¿Lo positivo? Creo que hay muchas personas siempre dispuestas a ayudar.
Presentador: Marta, española. Vive en Reino Unido.
Marta: Yo estoy encantada, la verdad, quería tener una experiencia en el extranjero para enriquecer mi currículum. Aprendí el idioma antes de venir y ahora comparto un piso, tengo un buen trabajo aquí y, en fin, que la experiencia está siendo muy positiva porque estoy aprendiendo mucho en mi trabajo y conociendo a gente muy interesante. Me quiero quedar dos años más para perfeccionar el idioma. ¿Negativo? Pues estar lejos de mi familia y amigos, sin duda.
Presentador: Roberto, mexicano. Vive en Estados Unidos.
Roberto: Yo vine a Estados Unidos porque me ofrecieron una beca de investigación aquí en Los Ángeles. Tengo que quedarme dos años más para terminar el proyecto, pero lo bueno es que me pagan muy bien y puedo vivir mejor que en México. ¿Lo negativo? No me gusta el ambiente que hay en la universidad. La gente aquí es muy independiente y después de dos meses todavía no tengo amigos. No conozco a nadie.

Relaciones sociales

2 D (15)

1 **Julia:** Oye, Félix, ¿cuándo vas a salir? ¡Llevas una hora dentro!
Félix: Pues tienes que esperar un poco más…
Julia: Pero es que he quedado con David para ir al cine y voy a llegar tarde.
2 **Madre:** ¡Eh! A ver quién recoge la mesa hoy…
Félix: Yo ya lo hice ayer.
Julia: Pues yo, antes de ayer.
Sonia: Yo la he puesto, así que os toca a vosotros.
Padre: ¡Venga! La recogemos todos juntos. ¿De acuerdo?
3 **Madre:** Vale, entonces, si tú pasas el aspirador, yo limpio el cuarto de baño…
Padre: ¡Muy bien! Y después nos vamos al cine.
Madre: ¡Estupendo!
4 **Sonia:** ¡Me han vuelto a coger los pantalones!
Julia: ¡Qué dices! Yo no me los he puesto. Seguro que están en el armario. ¡Mira, aquí están!
Sonia: ¡Ah! Perdona.

Emigración

2 A (16)

Entrevistador: Eloísa, ¿puedes contarnos la experiencia de tu abuelo como emigrante español?
Eloísa: Sí, claro, durante la Guerra Civil española, mi abuelo César tuvo que exiliarse porque era comunista y sabía que si ganaban los fascistas lo iban a meter en la cárcel. Primero, huyó a Francia caminando a través de los Pirineos, pero entonces se dio cuenta de que allá los campos de refugiados eran terribles y decidió irse a Argentina. En el barco conoció a mi abuela, también exiliada española, y de repente la vida cambió para ellos, porque se enamoraron. La vida no fue nada fácil para ellos en un país extranjero, sin embargo fueron muy felices. Al final, los dos consiguieron trabajo: mi abuelo de profesor en una escuela y mi abuela en un taller, de modista.
Entrevistador: Gracias Eloísa, y ahora la situación contraria, Marco, ¿cómo es que tú vives en España?
Marco: Pues mi madre, que se llama Joana, vino a España a principios de los años noventa. En República Dominicana había una situación económica muy mala y pensaron que en España era un buen momento para encontrar trabajo. Entonces, toda la familia reunió dinero para comprar un billete de avión. Los primeros meses en Barcelona fueron muy difíciles para mi madre, pero un día la panadera le ofreció un trabajo para cuidar a su padre y, de repente, las cosas empezaron a ir mejor. Mi madre consiguió alquilar un piso, un buen sueldo y un trabajo que le gustaba. Como tenía un piso, nos llamó, y mi padre, mis hermanos y yo fuimos también a Barcelona a vivir con ella. Al final, no solo mejoró nuestra situación económica, sino que también pudimos vivir todos juntos y adaptarnos a un nuevo país.
Entrevistador: Gracias a los dos por vuestros testimonios, y ahora…

5 Información

Publicidad

4 A y B (17)

¿Busca el mejor diseño para la página web de su negocio?
Encuentre la solución, encuentre el mejor servicio: Diseños Montevideo.
Diseños Montevideo es la empresa líder en diseños de páginas web. Diseños exclusivos y originales.
Visite nuestra web: diseñosmontevideo.com.uy o llame al 29 15 71 68.
Sea inteligente y seleccione lo mejor del mercado. Diseños Montevideo, ¡siempre con usted!

Las redes sociales

1 A (18)

Entrevistador: En el programa de hoy vamos a hablar sobre nuevas fuentes de información, y para ello hemos invitado a dos jóvenes: Berta y Luis. ¡Buenas tardes, chicos!
Berta y Luis: ¡Buenas tardes!
Entrevistador: Bueno, comencemos con las preguntas.
Luis: Muy bien…
Berta: Vale…
Entrevistador: Berta, ¿cuántas horas al día crees que pasas con tu móvil sin hacer nada más?
Berta: Uff, muchas, creo que más de cinco al día, seguro.
Entrevistador: ¿Y tú, Luis?
Luis: Yo también, tal vez seis o siete.
Entrevistador: Luis, ¿cuánto tiempo puedes pasar sin tu móvil?

TRANSCRIPCIONES

Luis: ¡No puedo! ¿Una hora? Pero… me pongo nervioso cuando no tengo wifi o me olvido el cargador…
Entrevistador: ¿Y tú, Berta?
Berta: Yo creo que un día puedo, ¡creo! ¡Pero no me ha pasado todavía!
Entrevistador: ¿Qué red social utilizas más?, Luis…
Luis: Muchas, pero utilizo más Instagram, y también utilizo YouTube para ver vídeos.
Entrevistador: ¿Berta?
Berta: También Instagram, pero también Facebook…
Entrevistador: ¿Con qué frecuencia las chequeas? Berta…
Berta: Continuamente, cada hora.
Luis: ¡Igual que yo!
Entrevistador: ¿Qué contenidos compartes más, Luis?
Luis: Lo que más publico o subo son fotos. Y también vídeos.
Berta: Yo también, aunque también comparto algún artículo que me gusta.
Entrevistador: ¿Por qué utilizas las redes sociales, Berta?
Berta: Ah, no sé, creo que, principalmente, para estar en contacto con mis amigos.
Luis: ¡Yo también!
Entrevistador: Luis, si estás con tu familia o tus amigos, ¿utilizas el móvil?
Luis: Sí, tengo que decir que sí, aunque sé que no está bien.
Berta: Yo trato de olvidarme del móvil, pero… ¡no es fácil!
Entrevistador: Y la última pregunta, ¿creéis que estáis atrapados en el mundo de las redes sociales? ¿Luis…?
Luis: ¡Totalmente! Yo soy adicto a las redes sociales.
Berta: Yo creo que también, ¡es el mal de este siglo! Estoy muy enganchada también.

3 A y B 19
Situación 1
● ¡Manos arriba! ¡Esto es un atraco! ¡Denos todos los móviles de la tienda!
■ Por favor, no nos hagan nada, vamos a darles todo: los móviles y todo el dinero.
Situación 2
Les dedico esta canción, que ha sido un éxito viral, a mis músicos, con mucho amor…
¡Por favor, dadles un fuerte aplauso! ¡Gracias por estar ahí siempre!

Los hermanos Ospina
2 A 20
Yo viajé por distintos países,
conocí las más lindas mujeres,
yo probé deliciosa comida,
yo bailé ritmos muy diferentes.

Desde México fui a Patagonia,
y en España unos años viví,
me esforcé por hablar el idioma,
pero yo nunca lo conseguí…

Qué difícil es hablar el español,
porque todo lo que dices tiene otra definición.
Qué difícil entender el español,
si lo aprendes, ¡no te muevas de región!

Qué difícil es hablar el español,
porque todo lo que dices tiene otra definición.
Qué difícil entender el español,
Yo ya me doy por vencido, «para mi país me voy».

6 Bienestar

El estado de bienestar
3 A y B 21
Buenas tardes y muchas gracias por invitarme a este congreso. Es un placer estar con todos ustedes para hablar sobre la situación en la que se encuentra nuestro estado de bienestar. Muchas personas, hoy en día, se sienten inseguras porque ven en peligro el bienestar que ha conseguido la sociedad en las últimas décadas. Como todos sabemos, el estado de bienestar incluye prestaciones como las pensiones o el subsidio del paro y la sanidad o la enseñanza, entre otros servicios sociales. Creo que, en general, todos estamos de acuerdo con la idea de que un buen nivel del estado de bienestar contribuye a reducir los desequilibrios sociales y a aumentar la igualdad de oportunidades.
Para evaluar si el estado de bienestar actual es sostenible, podemos tener en cuenta varios aspectos. En primer lugar, en los últimos años ha crecido la demanda de recursos necesarios para financiar el estado de bienestar. Esto se explica por distintos motivos: el incremento del paro y la pobreza, así como los avances en medicina, que incrementan los costes del sistema sanitario y alargan la esperanza de vida de la población, y eso hace que aumente el número de pensionistas.
En segundo lugar, la crisis ha reducido la recaudación de impuestos y, por tanto, el Gobierno dispone de menos dinero para cubrir todos los servicios públicos. En algunos países el Gobierno ha declarado que el estado de bienestar, tal como se ha conocido hasta ahora, ha llegado a su fin.
Un tercer punto son los altos niveles de fraude fiscal: la economía sumergida existente implica que se dejan de recaudar impuestos por un valor de miles de millones de euros al año.
El cuarto aspecto que tenemos que valorar es la necesidad de mejorar la eficiencia en la gestión pública. En este ámbito es necesario contar con una gestión pública basada en la eficacia y la transparencia. La colaboración entre el ámbito público y el privado puede ser de gran ayuda y evitar la corrupción.
La conclusión es que el estado de bienestar que hemos conocido hasta ahora está en peligro, y que solo se podrá mantener si se mejoran los ingresos, se reduce el fraude y se gana eficiencia en el gasto.
Muchas gracias por su atención.

Estrés
2 B 22
Hola a todos. ¡Bienvenidos a mi *podcast*! Hoy vamos a tratar el tema del estrés. Todos pasamos por momentos estresantes en nuestra vida, pero hay formas de superarlo o de evitarlo. Os voy a dar siete consejos:
En primer lugar, si tienes un problema que te genera estrés, es importante que hables con algún amigo o con algún familiar. No te lo guardes.
Mi segundo consejo: es necesario que realices una actividad física regularmente, porque relaja la tensión física y mental del cuerpo. La actividad física puede ser una buena fuente de felicidad también. Si no te gustan los deportes, intenta ir al parque a caminar o a una piscina a nadar.
El tercer consejo: es muy bueno reír. Te sugiero que rías mucho. La risa nos hace sentir felices. No debes tener miedo a soltar una carcajada de vez en cuando después de escuchar un chiste o después de ver una película cómica, o incluso cuando estás solo leyendo cosas graciosas, ¡no dejes de reír!
Consejo número cuatro: te aconsejo que seas organizado. Puedes empezar por ordenar tu mesa de trabajo y tu habitación. Para estar tranquilo, es necesario un poco de orden.
Consejo número cinco: te recomiendo que duermas siete u ocho horas cada día. Si no puedes dormir, puede que sea por estrés, ansiedad o depresión. Recuerda que la actividad física puede ayudar a mejorar la calidad del sueño.
Consejo número seis, y muy importante: cuida tu salud. Sabes que es malo fumar, tomar alcohol o cualquier tipo de droga. Las personas que no se cuidan viven mal y viven menos.
Y mi último consejo, el número siete: sé generoso. Ayuda a los demás. Todos recibimos lo que damos. Está demostrado que las personas generosas son más felices, y la gente feliz sufre menos estrés.
Y estos son los consejos de hoy. Mañana vamos a hablar sobre…

4 B 23
Mindfulness o atención plena es la conciencia del momento presente. Es vivir aquí y ahora. A través de la atención plena quedas libre de los malos recuerdos del pasado o de preocuparte por el futuro. El efecto de esta práctica es la paz mental. Estas técnicas mentales son una excelente manera de aumentar nuestra calidad de vida.
Ejercicio: observación consciente.
Elige un objeto que tengas a tu alrededor. Puede ser una taza de café o un lápiz, por ejemplo. Colócalo en tus manos y permite que tu atención sea totalmente absorbida por el objeto. Solo observa.
Vas a notar una mayor sensación de estar presente en «el aquí y ahora» durante este ejercicio. Te vuelves mucho más consciente de la realidad. Observa cómo tu mente libera rápidamente los pensamientos del pasado o del futuro, y lo diferente que te sientes al estar en el momento presente de una manera muy consciente.
La observación consciente es una forma de meditación. Es sutil, pero poderosa. Inténtalo.

7 Ciencia

Ser científico
2 C 24
Entrevistador: Hoy, en nuestro programa, titulado *Ser científico*, entrevistamos al prestigioso científico uruguayo Daniel González, doctor en Biología de la Universidad de Montevideo.
Buenas tardes, doctor González: ¿el científico nace o se hace?
Dr. González: Creo que el científico se hace con el tiempo. Una persona no nace siendo una cosa u otra, aunque hay gente que sabe que quiere dedicarse a la ciencia desde la infancia, claro. Y no olvidemos que la ciencia es una forma de vida, pero también una manera de ganarse la vida. Es necesario que haya más científicos para mejorar las condiciones de vida y la economía de los países. Cuando los gobiernos y las empresas inviertan en investigación, habrá muchos más científicos que ahora.
Un científico es también alguien que se hace preguntas continuamente, y las respuestas son muchas veces nuevas preguntas, un principio sin fin.
Para los científicos, la ciencia forma parte de sus vidas, es algo importante y muchas veces esencial, es como el lienzo para un pintor, el instrumento para un músico, el balón para un jugador de fútbol.
Entrevistador: ¿Qué se requiere para tener éxito como científico?

TRANSCRIPCIONES

Dr. González: Mucho estudio, dedicación y sacrificio. No hay una clave para el éxito en ciencia. Un científico tiene éxito cuando descubre algo útil para la gente. Esa es la única manera de conseguir el éxito. Mi lema es: trabajá mucho cuando puedas porque ¡uno nunca sabe lo que puede pasar en el futuro!
Entrevistador: ¿Qué recomienda a las personas que quieren dedicarse a la ciencia?
Dr. González: Para mí, suele ayudar ser consciente de que lo importante no es la meta, sino el trabajo diario. Como dijo Albert Einstein: «Cada día sabemos más y entendemos menos». Las jornadas suelen ser largas, y muchas veces sin horarios. Por ejemplo, cuando realizás un experimento en un laboratorio, escribís un artículo o trabajás en un proyecto con fechas límite, muchas veces o casi siempre, tenés que olvidarte de los amigos y de la familia y concentrarte solo en ese trabajo.
Entrevistador: Y por último, ¿podría definir qué es ser científico?
Dr. González: La perseverancia, el espíritu de sacrificio, el no saber qué pasará mañana, el tener afán por el conocimiento, son algunas de las características que se usan para definir a un científico. Yo, cuando esté cansado de luchar, dejaré la ciencia…

4 A (25)

1 ● ¿Cuántos años tiene el profe?
   ■ Tendrá 28 o 29.
2 ● ¿Sabes si Juan está todavía en el colegio? Estoy preocupada, es tarde.
   ■ Estará en la biblioteca o en el parque con sus amigos, no te preocupes.
3 ● ¿Has visto al profesor de Biología?
   ■ No, pero estará en la sala de profesores.
4 ● ¿Sabes cuánto dura el viaje?
   ■ Calculo que durará unas dos horas.

Proyectos científicos

2 A (26)

1 **Luis:** ¿Vas a participar en el concurso de Google?
   Jorge: No sé, probablemente participe; tengo un proyecto, ¿y tú?
   Luis: Quizás me dé tiempo a terminar el proyecto que estoy preparando, pero…
2 **María:** ¿Lo tendrás todo listo para el concurso, verdad?
   Javier: ¡Casi! Puede que acabe el proyecto hoy.
   María: ¡Qué bien! ¡Eres increíble!
   Javier: ¿Tú acabaste la semana pasada, no?
   María: Bueno, todavía tengo que revisarlo. Lo más seguro es que esté listo mañana por la tarde.
3 **Rubén:** ¿Has terminado de construir el microscopio para el concurso?
   Saray: ¡Qué va! Supongo que me llevará un par de días más…
   Rubén: ¡Yo estoy igual! Tampoco he podido terminar mi proyecto. A lo mejor lo termino el viernes, pero lo dudo…
   Saray: ¡Tal vez estamos demasiado cansados!

8 Amor

El significado del amor

2 C (27)

A – Octavio Paz
Tendidos en la hierba
una muchacha y un muchacho.
Comen naranjas, cambian besos
como las olas cambian sus espumas.

B – Mario Benedetti
Si te quiero es porque sos
mi amor, mi cómplice y todo.
Y en la calle, codo a codo,
somos mucho más que dos.

C – Gabriela Mistral
Hay besos silenciosos, besos nobles
hay besos enigmáticos, sinceros
hay besos que se dan solo las almas
hay besos por prohibidos, verdaderos.

D – Pablo Neruda
Puedo escribir los versos más tristes esta noche.
Pensar que no la tengo. Sentir que la he perdido.

E – Dulce María Loynaz
Si me quieres, no me recortes:
¡Quiéreme toda… o no me quieras!

F – Luis Cernuda
Tú justificas mi existencia:
si no te conozco, no he vivido;
si muero sin conocerte, no muero, porque no he vivido.

Ser romántico

2 C (28)

1 ¿Por qué no vienes mañana a patinar conmigo? Puedes ir con Rosa otro día.
2 Tenemos planeado ir este fin de semana a la playa, pero puede llover…
3 ¡No sé qué hacer! Tengo tanto trabajo que creo que no puedo ir a la fiesta.
4 ¿Sabes dónde está su casa?
5 ¡Vale! Nos encontramos delante del teatro a las cinco.

3 B (29)

Presentador: Buenos días. Hoy, Día de San Valentín, nuestra emisora ha salido a la calle a preguntar a varias personas su opinión sobre este día. Aquí están algunas de las respuestas….

1 A mí me parece que este día es totalmente artificial. Las parejas celebran sus aniversarios, la primera cita que tuvieron, la primera vez que se dijeron te quiero, y yo creo que nadie tiene que decirte cuándo tienes que celebrar algo que es tan íntimo y tan personal.
2 Yo creo que es una costumbre muy linda. A mí ese día me encanta salir a cenar con mi novio y que me haga un regalo.
3 A mí me gusta San Valentín, pero pienso que nadie piensa en las personas que no tienen pareja. Creo que muchas de esas personas sufren mucho porque se sienten fracasadas, ya que la sociedad dice que ese día tienen que celebrar el amor y ellos no lo tienen.
4 Me parece bien que se celebre el Día de San Valentín. Yo lo celebro con mi novio y normalmente vamos a cenar a algún restaurante especial. Pero creo que no tiene que ser tan comercial y tener que hacer regalos.
5 Es una tradición, ¿no? Y yo soy una persona conservadora y me encantan las tradiciones. Me parece importante celebrar las cosas importantes de la vida, y el amor es importante, ¿no?

4 A (30)

Ana: ¿Cómo que has olvidado que hoy es el Día de San Valentín?
Pablo: Perdona, perdona, de verdad, es que he tenido una semana terrible con todos los exámenes.
Ana: ¡Los exámenes! Ya sabías que ibas a tener exámenes hace mucho tiempo. ¿No podías haber comprado el regalo antes?
Pablo: Entiendo cómo te sientes, de verdad; sé lo importante que es para ti este día, pero escucha, ¿no podemos olvidar que hoy es día 14 de febrero y tener nuestro Día de San Valentín el sábado? De todas formas, el sábado es nuestro aniversario, ya llevamos ocho meses juntos.
Ana: Tienes razón, no sé por qué me he enfadado tanto. Lo celebramos el sábado, pero hasta entonces yo tampoco te doy mi regalo, ¿eh?

9 Solidaridad

Acoso

3 A y B (31)

1 No soy la chica más popular de mi clase y tengo pocos amigos en el instituto. Supongo que es porque soy un poco gordita. El otro día, cuando entraba en el instituto, me resbalé y me caí. En ese momento, un compañero de la clase hizo un vídeo con su móvil y ahora lo ha visto todo el colegio. Una amiga me lo envió, pero lo peor no es el vídeo, lo peor son los comentarios que están haciendo todos sobre mí. ¿Podrías ayudarme?
2 Llevo 20 años trabajando en una empresa y siempre he sido una persona bastante solitaria, pero nunca he tenido problemas con mis compañeros. Hace un año que tenemos un nuevo director de departamento y me está haciendo la vida imposible. Ahora tengo que hacer el triple de trabajo que hacía antes, me pide que haga los trabajos que no quiere hacer nadie, controla mi hora de llegada y de salida, todos los días viene a mi mesa de trabajo y delante de todos mis compañeros me dice que lo hago todo mal… Cada día me siento peor…
3 Trabajo en una oficina como administrativa desde hace dos meses. Desde el principio noté que el jefe de mi sección me miraba mucho. Me ha invitado a cenar muchas veces, pero siempre le he dicho que no. El otro día me llamó a su oficina, cerró la puerta y me dijo que yo le gustaba mucho y que tenía que cenar con él… No sé qué hacer. Estoy muy mal y no quiero volver a la oficina.
4 Tengo problemas con un chico de mi clase. Es un chico mayor que yo y bastante fuerte. Todo empezó cuando un día me obligó a invitarle a desayunar, y ahora todos los días me pide algo. A veces me pide dinero, a veces me pide que haga sus trabajos de clase… Si continúa esta situación, no sé qué va a pasar. Tengo miedo y no sé qué hacer.

Voluntariado

3 A (32)

1 ● Si fueras el presidente de tu país, ¿qué harías por la gente?
   ■ Yo invertiría más dinero en educación y sanidad. Creo que es lo más importante para un país.
2 ● Si tuvieras mucho dinero, ¿cómo ayudarías a la gente?
   ■ Creo que daría una parte a Greenpeace porque creo que es importante cuidar el planeta. Y otra parte, a Médicos Sin Fronteras, porque creo que hacen un trabajo muy importante en las partes del mundo donde hay guerra y ayudan a mucha gente que está sufriendo.
3 ● Si pudieras trabajar para una ONG, ¿con cuál colaborarías?
   ■ Si pudiera trabajar para una ONG… Pues yo trabajaría para Amnistía Internacional. Creo que la libertad es lo más importante en la vida de un ser humano y es muy importante denunciar todos los casos de injusticia que hay en el mundo.

TRANSCRIPCIONES

CUADERNO DE EJERCICIOS

1 Diversidad

Hábitos

11 (33)
Hoy os voy a contar qué hago en un día normal. Pues yo creo que tengo una vida muy ordenada, quizás un poco aburrida, pero es que me gusta la rutina.
Me levanto todos los días a la misma hora, a las siete y media. Entonces voy a correr media hora por el parque con mi perro. A él también le gusta mucho correr. Después, me ducho, desayuno y voy al trabajo. Siempre voy en bicicleta, porque mi oficina está muy cerca. La verdad es que mi trabajo me gusta mucho, soy programadora en una empresa de tecnología. A mucha gente le parece un trabajo aburrido, pero yo me divierto mucho.
Trabajo de nueve a una y hago un descanso de una hora para comer. Normalmente, me llevo la comida y como con mis compañeros de trabajo en la cocina de la empresa. Después, trabajo desde las dos hasta las seis.
Cuando salgo del trabajo, voy a comprar. Tengo un supermercado muy cerca de mi casa, que es muy práctico. Llego a casa y casi siempre cocino. Mi comida favorita es la asiática.
A veces vienen amigos a cenar a casa, pero normalmente, durante la semana, ceno sola. Luego veo normalmente las noticias, escucho música o veo una película en la televisión.
Y eso es todo. A las diez y media me voy a la cama porque me gusta leer antes de dormir. A las once y media, más o menos, me duermo. Como digo, una vida un poco aburrida.

2 Tradición

Estereotipos

15 (34)
En los procesos de selección para un puesto de trabajo o un puesto de dirección los estereotipos son un gran problema cuando la candidata es una mujer. Existen ideas que se han transmitido a lo largo de la historia y que, por supuesto, no son ciertas. A continuación, una lista de las falsas creencias o estereotipos:
- A las mujeres se les da mejor hacer trabajos rutinarios y con las manos.
- Una mujer no tiene la misma autoridad que el hombre para dirigir a un equipo de trabajo.
- Los hombres están más capacitados para llevar la dirección porque son más racionales y fríos en la toma de decisiones.
- Los hombres tienen un menor absentismo laboral, nunca faltan al trabajo.
- Las mujeres temen ocupar espacios de poder como la dirección de una empresa.
- La maternidad impide a las mujeres centrarse en su trabajo.

Costumbres y celebraciones

19 (35)
Rosas, libros y enamorados nunca faltan en Barcelona el 23 de abril. El Día Internacional del Libro se convierte en Cataluña en una jornada festiva especialmente romántica. Es cuando los catalanes celebran su patrón, Sant Jordi, y salen a la calle para cumplir con una curiosa tradición popular. La costumbre es que las parejas se intercambien regalos: los hombres reciben un libro y las mujeres, una rosa. Aunque actualmente también se regalan libros y rosas los amigos y las familias.

3 Cambio

Transformaciones en el mercado laboral

7 (36)
1 ● ¡Pedro! ¿Qué tal? ¿Ya has salido del hospital?
  ■ Sí, hace una semana.
  ● ¿Y cómo te encuentras?
  ■ Mucho mejor, aunque he perdido unos kilos.
  ● Sí, se nota. Estás más delgado.
2 ● Hola, Maribel. ¡Qué sorpresa!
  ■ Hola, ¿cómo estás?
  ● Bien, bien… Oye, ¿esta es tu niña? ¿Laura?
  ■ ¡Sí!
  ● Uy, ¡qué alta! Hace dos años que no la veo, y mira cómo está de grande.
3 ● ¡Alberto! ¡Cuánto tiempo sin verte!
  ■ Hola, tía Rosa. ¿Cómo está?
  ● Estás muy cambiado, ¿qué te has hecho?
  ■ Nada. He cambiado de gafas.
  ● No, no…, y algo más.
  ■ Pues no sé…
  ● ¡Claro! Ahora llevas barba.
  ■ ¡Ah, sí! ¿Estoy guapo?

Evolución de la educación

18 (37)
No tengo que ganarme
el derecho a aprender,
es mío
el derecho a ilustrarme.

Y si por culpa
de leyes defectuosas
y errores de diseño
y porque en demasiados lugares
todavía a demasiada gente no le importa,
si por culpa de todo eso y de otras cosas
la puerta del aula
con alguien capaz de enseñar
aún está fuera de mi alcance,
todavía no está a la vista,
esos fallos mi derecho no anulan.

Así que aquí estoy.
Soy uno de ustedes.
Y por la gracia de Dios
y de ustedes, hallaré mi lugar.
No nos conocemos aún,
todavía no me conocen,
así que aún no saben
que puedo darles mucho a cambio.

El futuro es como me llamo
y lo único que reclamo
es mi derecho a aprender.

Autoevaluación

4 A y B (38)
Hoy vamos a hablar de las protestas, de las huelgas, de las movilizaciones, de la gente que sale a la calle para exigir algo, para manifestar su desacuerdo.
Mucha gente se pregunta si sirven para algo las huelgas, si tiene sentido salir a la calle a protestar. La respuesta es clara: sí. Veamos algunos ejemplos de protestas sociales que cambiaron el mundo.
El primer caso lo podemos situar en Washington, en 1927, cuando un grupo de sufragistas decidieron concentrarse frente a la Casa Blanca todos los días. Durante los primeros meses no consiguieron nada, pero un año después el presidente Wilson aprobó en el Congreso el voto de las mujeres.
El segundo ejemplo lo tenemos en la India. En 1930, a causa de un impuesto sobre la producción y la venta de la sal que venía de Londres, Gandhi comenzó una caminata por el país para protestar por la injusticia colonial. A Gandhi se le unieron miles de jóvenes, y diecisiete años después, la India consiguió la independencia.
El tercer ejemplo lo podemos situar en Sudáfrica, en 1976, concretamente, en Soweto. Los estudiantes de este barrio salieron a la calle para protestar por una nueva ley. En esa protesta murieron cientos de jóvenes, y a partir de ese momento comenzó la lucha contra el *apartheid*. Unos años más tarde, el líder del movimiento, Nelson Mandela, llegó a ser el presidente de su país.
Vamos con el último ejemplo. En 2003, en Liberia, las mujeres decidieron protestar por la guerra civil que estaban sufriendo en el país, y en la que murieron más de 50 000 personas. Con sus protestas consiguieron un acuerdo de paz entre el Gobierno y las dos fuerzas rebeldes. En 2011, Liberia se convirtió en el primer país africano que eligió a una mujer como presidenta.
Estos son solo unos ejemplos, pero no podemos olvidar que la mayoría de los derechos que ha logrado la sociedad no nos los han regalado; todos son gracias a millones de personas que un día decidieron no quedarse de brazos cruzados y salir a protestar.

4 Convivencia

Relaciones sociales

17 (39)
La convivencia en las familias ha cambiado muchísimo en los últimos años, y esto es debido, en gran parte, a la llegada de la tecnología. En la generación anterior, toda la familia se sentaba alrededor del televisor para ver juntos los programas o las películas que este ofrecía. Hasta la llegada de los vídeos, las únicas opciones que había y sobre las que se discutía eran los programas de los distintos canales de la televisión. En muchos casos, también si se quería escuchar música, había un solo aparato y este estaba en el salón. Muchas veces se discutía porque unos querían escuchar música y otros no. Hoy en día, en la mayoría de las familias de clase media, cada uno de los miembros dispone de alguna forma de escuchar música o ver una película. Debido a ello, la familia ya no se reúne en el salón, sino que cada uno está en su habitación, por lo que la comunicación es casi inexistente.
También antes había un solo teléfono que todos compartían y este era, junto con las cartas, el único medio para comunicarse con los amigos. Eran constantes las peleas entre los hermanos para poder hablar por teléfono. Hoy en día, como todos sabemos, la comunicación virtual es constante y cada uno puede escribir mensajes o hablar con alguien sin molestar al resto de la familia. Bueno, ¡excepto cuando quieres hablar con ellos y no dejan de jugar con el teléfono!

Autoevaluación

4 (40)
ENTREVISTADOR: …Y ahora queremos que nos contéis si conocéis algún caso de marginación en vuestro centro. Por favor, decid simplemente vuestro nombre primero:
- Yo me llamo Wilkin y puedo hablar de la marginación porque la he sufrido. Cuando llegué a la escuela en España, aunque hablaba español, mi idioma no era el mismo. Yo crecí en el campo de República Dominicana, y claro, las costumbres allí son diferentes, e incluso las palabras que utilizan también. Muchos compañeros se reían de mí porque no conocía ciertos tipos

TRANSCRIPCIONES

de comidas o las llamaba de forma diferente. También se reían cuando hablaba de ropa y decía *lentes*, en vez de *gafas*.

- Yo soy Jorge. Me acuerdo de que hace un par de años llegó a nuestra clase un chico a mitad de curso. No sé por qué, pero era un chico muy delgado y muy pequeño. Los otros chicos se reían de él y lo insultaban. ¡Pobre! La verdad es que yo no hice nada para ayudarle. Al cabo de tres meses dejó de venir al colegio.

- Mi nombre es Rocío. Un día salí de clase y vi cómo dos chicos mayores estaban empujando y golpeando a otro chico que era negro. No me atreví a hacer nada porque los chicos eran muy violentos, pero fui corriendo a la dirección y avisé de lo que estaba pasando. No sé exactamente lo que pasó, pero desde aquel día ya no molestaron más al chico nuevo.

- Yo soy David. En mi colegio hay muchos chicos y chicas ricos que llevan siempre ropa de marca. Muchas veces me hacen sentir mal porque hacen comentarios sobre mis zapatillas de deporte, o incluso los pantalones, porque son baratos y no están, según ellos, de moda. Me gustaría no ser observado. Para mí la ropa no es importante y me da igual. A mí tampoco me gusta cómo visten ellos, y yo no digo nada.

- Yo me llamo Fátima. A mí me gusta llevar el pañuelo, ya no solo por mi religión, sino por costumbre. Muchas veces me insultan y me dicen que me lo quite. Quieren ver cómo tengo el pelo, pero a mí me molesta mucho. Quiero que me respeten.

5 Información

Publicidad
8 (41)
Para el dolor de cabeza, tome Dolorex.
¡Dolorex es la solución!
Deje de sufrir y elija Dolorex.
Para más información, consulte a su médico.

Las instrucciones
14 (42)
Primero, dirigite hacia el norte en avenida Entre Ríos hacia avenida Rivadavia.
Luego, continuá derecho por avenida Callao.
Finalmente, doblá a la derecha hacia avenida Corrientes y te encontrás con el Obelisco.

Las redes sociales
26 (43)

1 móvil	7 instrucción
2 información	8 anuncio
3 dispositivo	9 publicidad
4 página	10 último
5 rápidamente	11 últimamente
6 campaña	12 solución

6 Bienestar

Estrés
15 (44)

1 Me gusta mucho una chica del instituto, pero… no sé cómo decírselo. Nos vemos todos los días y a veces hablamos, pero es que me pongo muy nervioso solo de pensar en decirle que me gusta… Creo que estoy enamorado de ella.

2 He perdido el móvil que me regalaron mis padres y no sé qué hacer. Estoy pensando en no decirles nada y comprar uno nuevo con mis ahorros, pero si lo descubren, se van a enfadar.

3 Últimamente duermo muy poco y estoy muy cansado. Creo que es porque estoy bastante estresado. Tengo muchos trabajos que hacer y también tengo que estudiar mucho porque el próximo año termino Bachillerato y quiero estudiar en una universidad muy conocida donde exigen una nota muy alta para entrar.

4 Quiero hacerle un regalo a mi amigo por su cumpleaños. Le gusta mucho la salsa y también le gusta mucho el fútbol. Esta semana hay un concierto de un grupo cubano muy bueno en la ciudad y también hay un partido de fútbol con su equipo favorito.

7 Ciencia

Ser científico
18 (45)

Mario Molina Henríquez nació en la Ciudad de México el 19 de marzo de 1943. Cursó sus primeros años de educación en México y a los 11 años se fue a Suiza por considerar el idioma alemán como de gran importancia en el desarrollo tecnológico.

A su regreso se graduó como ingeniero químico. En 1972 obtuvo el doctorado en Química Física por la Universidad de Berkeley. El 28 de junio de 1974 publicó en la revista *Nature* un artículo, junto a Sherry Rowland, sobre la descomposición generada por los CFC en la capa de ozono. Durante casi 20 años trataron de desacreditar su teoría, pero al final, el 11 de octubre de 1995, fue galardonado con el Premio Nobel de Química junto a Rowland y Paul Crutzen.

Su descubrimiento abrió una de las prioridades en las agendas de trabajo de las principales naciones. El cambio climático, el estado de salud del planeta y su repercusión en el ser humano son temas de máximo impacto en la actualidad. Por ello, hoy en día, el Dr. Molina es uno de los hombres más influyentes científica y socialmente, considerado como pilar en el pensamiento de desarrollo y supervivencia de la humanidad.

Autoevaluación
4 (46)

Estos son los pasos a seguir para poder participar en el concurso de ciencia de Google. Lo primero que debes hacer es familiarizarte con las instrucciones y elegir qué quieres hacer, qué quieres mejorar a través de la ciencia. El segundo paso es encontrar un tutor que te ayude y te guíe en el proyecto. No es indispensable, pero sí recomendable. El tercer paso es la experimentación. En esta etapa deberás seguir ciertas directrices oficiales para lograr que tu experimento tenga validez. La creación del sitio web para el proyecto será el cuarto paso. Y por último, deberás conocer los criterios de evaluación de tu proyecto. El proyecto será evaluado por un jurado.

8 Amor

El significado del amor
4 (47)

Amor eterno
Podrá nublarse el sol eternamente;
podrá secarse en un instante el mar;
podrá romperse el eje de la tierra
como un débil cristal.
¡Todo sucederá! Podrá la muerte
cubrirme con su fúnebre crespón;
pero jamás en mí podrá apagarse
la llama de tu amor.

Rima XI
-Yo soy ardiente, yo soy morena,
yo soy el símbolo de la pasión;
de ansia de goces mi alma está llena;
¿a mí me buscas? -No es a ti, no.
-Mi frente es pálida; mis trenzas, de oro;
puedo brindarte dichas sin fin;
yo de ternura guardo un tesoro;
¿a mí me llamas? -No, no es a ti.
-Yo soy un sueño, un imposible,
vano fantasma de niebla y luz;
soy incorpórea, soy intangible;
no puedo amarte. -¡Oh, ven; ven tú!

9 Solidaridad

Acoso
7 (48)

1 Trabajo diez horas cada día en un restaurante, pero solo me pagan ocho. He hablado con mi jefe y me dice que si no estoy de acuerdo con esas condiciones, lo mejor es que busque otro trabajo. ¿Tú qué harías?

2 Tengo problemas con Laura. Es una compañera de mi clase y mi mejor amiga hasta ahora. Antes íbamos siempre juntas, pero desde que salgo con un chico de otro curso ya no me habla. No responde nunca a mis mensajes, y a mí me pone muy triste, porque para mí sigue siendo mi mejor amiga. No sé qué hacer.

3 El otro día estábamos jugando un grupo de amigas en mi casa y empezamos a ponernos ropa de mi abuela. Una amiga me hizo una foto y salí horrible. Salí tan fea en la foto que nos dio un ataque de risa a todas. ¡No podíamos parar de reír de lo ridícula que yo estaba! Al día siguiente, la foto la tenía todo el mundo en el instituto. ¡Qué vergüenza! Creo que la ha enviado una de mis amigas; bueno, una de las que yo pensaba que era una amiga. Se lo he preguntado, pero me dice que ella no ha sido. No sé si hablar con la directora del instituto o con mis padres.

4 Esta mañana he visto cómo tres chicos pegaban a un chico de mi clase y no he hecho nada. Es un chico un poco solitario que normalmente no habla con nadie. No es amigo mío, pero me siento mal… ¿Vosotros qué haríais?

Voluntariado
22 (49)

1 LUNES: Hola. Soy Luis, de Zaragoza. Si yo pudiera cambiar el mundo, abriría las fronteras y crearía un solo país.

2 MARTES: Hola. Por suerte vivo en una casa muy grande con mi familia, pero si no tuviera un lugar para vivir… hablaría con el Ayuntamiento y pediría ayuda al Gobierno.

3 MIÉRCOLES: Si fuera el alcalde de mi ciudad, cambiaría el sistema de transportes. Ahora hay demasiados coches.

4 JUEVES: Buenos días. ¡Dejar de trabajar! ¡Ay, es mi sueño! Si pudiera vivir sin trabajar, creo que trabajaría para alguna ONG como voluntaria.

5 VIERNES: Si fuera la persona más rica del mundo, crearía puestos de trabajo para todos y ayudaría a todas las personas que pudiera.